市场真相

看不见的手与脱缰的马

MARKET SENSE AND NONSENSE

[美] 杰克 D. 施瓦格 著　　林静容 徐东升 潘禹辰 译
（Jack D. Schwager）

机械工业出版社
CHINA MACHINE PRESS

图书在版编目（CIP）数据

市场真相：看不见的手与脱缰的马 /（美）杰克 D. 施瓦格（Jack D. Schwager）著；林静容，徐东升，潘禹辰译 . 一北京：机械工业出版社，2018.2（2025.6 重印）

书名原文：Market Sense and Nonsense

ISBN 978-7-111-58971-6

I. 市… II. ① 杰… ② 林… ③ 徐… ④ 潘… III. 投资－研究 IV. F830.59

中国版本图书馆 CIP 数据核字（2018）第 011172 号

市场真相：看不见的手与脱缰的马

出版发行：	机械工业出版社（北京市西城区百万庄大街 22 号 邮政编码：100037）
责任编辑：	宋学文
责任校对：	殷 虹
印 刷：	北京建宏印刷有限公司
版 次：	2025 年 6 月第 1 版第 10 次印刷
开 本：	147mm×210mm 1/32
印 张：	10.5
书 号：	ISBN 978-7-111-58971-6
定 价：	69.00 元

客服电话：（010）88361066 68326294

给我挚爱的孩子们以及我们共渡的美好时光：

献给丹尼尔以及我们的缅因漂流时光（不过下次最好不要让我再进急诊室了）；

献给扎克里以及我们的哥斯达黎加雨林、火山口路游，以及螃蟹大游行时光；

献给萨曼莎以及群山和某个特别周末的卢加诺餐厅；

这些时光让我不禁微笑，我希望也能让你们会心一笑。

给我的爱妻，乔·安，为那些美妙的时光：

身无分文的蜜月，大雪纷飞的感恩节的博尔顿，米勒瓦斯卡和莫宏克山，墨西哥的火山，梅特尔峰，在新斯科舍和爱德华王子岛驾车飞驰，在盖斯勒度假，断崖之行，大印度之旅，冬天的黄石公园，长角湾，还有那家 Net Result 餐馆。

推荐序

当初杰克让我为本书作序的时候我简直是受宠若惊，但是现在我却要说说我的不满了。这好像对杰克有点不公平，但我还是不吐不快。我想说：为什么杰克你不早点写这本书呢？！

我多么希望 20 世纪 70 年代我念 MBA 的时候就有这本书作为参考书啊，那就棒极了。那时候学校教我们有效市场理论（今天的 MBA 也还在教这个），但是我发现这个理论完全讲不通。至少当我睁开眼睛观察现实世界，发现所有的东西都在商学院课堂教我的理论之外运行的时候，我觉得这个理论讲不通。多么希望那时候我书桌上能放着杰克这本书，里面写着简单直接的解释，以及他对有效市场理论的驳斥。这些都能帮我理解那些理论而不必那么彷徨。

对现在的年轻基金经理来说，这本书能帮助他们更好地理解风险的各个不同方面，而不只是用那些学校里教的狭隘的风险框架，或者是对风险的直觉理解，即害怕损失加上期望最好的情况（这也是我一直使用的）来判断风险，这样他们才能更深刻地理解在投资组合层面上的风险的意思。

我多么希望我能早点看到这本书，这样我就能给我的客户看，让他们知道如何看待我和其他基金经理的业绩，让他们懂得业绩不是光看近期回报，或者波幅，或者相关性，或者跌幅，又或者跑赢了谁，而是从更长远和更深刻的角度来看待所有这些因素。

我多么希望作为一个大学教授，我能把这本书给我的MBA学生看，让他们知道学校课本上教的那些都是神话和误导，让他们在被洗脑之前就拆穿它们，以免未来误入歧途。

我多么希望在这些年我参加那些投资委员会的时候能有这本书的帮助。如何看待短期业绩纪录、长期业绩纪录、风险指标、相关性、标杆、指数以及管理投资组合，这些都是多么有用的工具！（杰克，你早干吗去了？）

也许更重要的是，我可以把这本书给我的家人和朋友，这能让他们终身受益，因为他们将会了解市场如何运作，或者了解市场在何时无法正常运转。

好吧，我还是要感谢杰克写了这本清晰简洁的常识性的市场指南，虽晚犹不迟。我会把此书介绍给我认识的所有人。《市场真相》应该成为每个投资者的必读之书，而且越早越好！

约尔·格林布拉特

2012 年 8 月

前言[⊖]

多年以前，我在华尔街一个券商那里做研究总监。我工作的职责之一就是评估商品交易顾问基金（commodity trading advisors，CTA）[⊜]。监管机构要求 CTA 披露的一个数据是其已注销的客户账户中，盈利账户的比例。我惊奇地发现，基本上我看到的所有账户注销时都是净亏损的，哪怕是那些没有经历过大市亏损年度的客户！很显然，这表明投资者选择进入和退出市场的时机是多么差，以至于他们里面的大部分人都亏钱了，**哪怕他们选的是市场的常胜将军，CTA!** 投资者对时机选择难以把握表明了这样一个事实，那就是他们在投资进行顺利的时候会投钱进去，但是一旦投资发生损失他们便会退出市场。这样的投资决策看似很正常，甚至是我们的本能，但却是错误的决策。

投资者最大的敌人正是自己。大多数投资者的天性直觉恰恰让他们做了错误的决定，而且屡试不爽。华特·凯利（Walt

⊖ 前言的前两段有些文字由杰克 D. 施瓦格（Jack D. Schwager）的《交易管理：神话与真相》（*Managed Trading: Myths & Truths*, John Wiley & Sons, 1996）一书改编而来。

⊜ 商品交易顾问基金（CTA）是官方指定在期货市场上交易的基金经理所管理的基金。

Kelly）的著名动画片《勃哥》（*Pogo*）里的一句名言可以作为广大投资者的箴言："我们已经见过我们的敌人了，那就是我们自己。"

在投资上犯错误可不是菜鸟的专利。即便是职业投资者也常常会犯错误。一个最常见的错误就是基于不充足或者与现状不符的数据得出结论，而这个错误的表现形式多种多样。2000年年初的房地产泡沫就是一个经典例子。造成这个泡沫的一个主要因素就是用数学模型来对复杂的住房抵押贷款证券（mortgage backed securities）进行定价，而问题的症结正是根本没有足够的数据来建构模型。当时，那些次贷借款人无须工作、收入或者资产验证就拿到了住房抵押贷款。因为此前根本没有出现过质量如此之低的抵押贷款，因此根本就没有相关的历史数据可供借鉴。那些复杂的数学模型都是基于与现状不符的历史数据而构造，因此导致了灾难性的失败⊖。这些数学模型在没有相关历史数据可供参考的情况下，仍对充满风险的住房抵押贷款证券提供了高评级依据。投资者损失了超过万亿美元。

基于不充分或者不适当的数据得出结论在投资界毫不鲜见。以数学模型构建投资组合是另一个普遍存在的例子。通常投资组合优化模型用历史回报、波幅以及资产之间的相关性来构建最优投资组合，最优的意思是在既定波幅水平下能产出最高未来回报。但这里忽略了一个重要问题，那就是历史回报、波幅

⊖ 虽然大多数用以对住房抵押贷款证券定价的模型都使用信贷违约互换（credit default swaps，CDS）而非违约率来衡量违约风险，但是 CDS 的价格计算也受到了历史违约率的重要影响，这些历史违约率都是用不包含现状的历史数据来计算的。

以及资产相关性是否能代表未来水平。这个答案通常是否定的，也就是说数学模型推导的结果能精确地符合历史数据，但却无法对未来提供有意义的指导，有时候甚至会导致误导性的结论。然而未来，才是对投资者最重要的。

市场的理论和模型通常都是基于数学上的简便，而非实证证据。投资理论的大厦建造在市场价格是正态分布这样的假设上。正态分布假设对证券分析师而言非常好用，因为只有这样那些基于精确的概率论的假设才能成立。每隔几年，全球市场上总有那么一次价格波动会被称为"千载难逢"甚至"百万年间才有那么一次"，这些概率从何而来？这些概率都是**在价格正态分布假设下**，某个价格波动的幅度出现的概率。这些万年难遇的时间在短短数年内都让我们碰上了，难免让人怀疑这些数学模型到底是否符合现实世界里的市场状况。可惜对于大多数的学术研究和财务建制而言，这个结论并未盛行。数学上的简便战胜了现实。

一个最明了的事实就是，如果我们硬要坚持在现实市场中使用这些模型的话，很多广泛使用的投资模型及其假设都是错的。同时，投资者固有的偏见以及无根无据的信念，又进一步导致更加错误的结论和投资决策。在本书里，我们会质疑那些普遍应用于投资过程中各个方面的主流观点，包括资产选择、风险管理、业绩计量以及投资组合配置。那些普遍接受的真理在残酷的现实面前往往会显露它们的无稽。

目录

推荐序

前言

第一部分　市场、收益与风险

第1章　专家建议　/ 2

　　喜剧频道大战CNBC

　　精灵指数

　　财经通讯

　　投资见解

第2章　无效市场假设　/ 14

　　有效市场假说与实证研究结果

　　价格未必总是对的

　　市场坍塌：有何信息支持？

　　基本面的变化与股价变化之间的断裂

　　价格变化决定了金融新闻

运好还是技高？文艺复兴大奖章基金的辉煌纪录

有效市场假说的错误前提：以棋局为喻

有些投资者甚至并没有想要赢

缺了哪一块

瞎猫碰到死耗子：为何市场如此难以战胜

对有效市场假说的谬误进行诊断

为何有效市场假说注定要被经济学理论所抛弃

投资见解

第3章　历史回报的残暴统治　/　58

标普指数在市场见顶或见底后的表现

高回报和低回报年份对长线投资的含义

选择最好的板块有用吗

对冲基金：最高历史回报策略的相对业绩

为何选择业绩最优的板块或策略类型会跑输那么多

等等！我们是不是想说明……

投资见解

第4章　风险计量指标　/　90

错误计量不如不计量

风险计量指标：波动性

问题在哪里

隐含风险

如何评估隐含风险

我们容易混淆波动性和风险

风险价值（VaR）指标存在的问题

资产风险：为何其外表极具欺骗性？价格重要吗？

投资见解

第5章 波动性：不仅是风险——以杠杆ETF为例 / 115

杠杆ETF：所得非所愿
投资见解

第6章 历史业绩陷阱 / 125

潜在风险
数据相关性陷阱
过高的收益率可能反而是坏事
无可比性
过长的历史业绩往往失去意义
投资见解

第7章 回测数据，天使还是恶魔？ / 135

投资见解

第8章 如何评价历史业绩 / 138

仅仅看收益率是没有意义的
风险调整后的收益指标
索提诺（Sortino）比率
可视化业绩评估
投资见解

第9章 相关性：事实与谬误 / 168

相关性的定义
相关性体现的是线性关系
确定性系数

"荒唐的"相关性

相关性之误区

熊市中的表现

相关性与贝塔

投资见解

第二部分　以对冲基金作为投资选择

第10章　对冲基金的起源　/ 182

第11章　对冲基金概述　/ 192

对冲基金与共同基金的差异

对冲基金类型

与股票的相关性

第12章　对冲基金投资的观念与现实　/ 209

对冲基金投资的基本原理

在对冲基金中引入投资组合的优势

管理期货的特例

单一基金风险

投资见解

第13章　关于对冲基金的恐惧：人性使然　/ 219

一则寓言

关于对冲基金的恐惧

第14章　FOF表现不佳的悖论　/ 226

投资见解

第15章 杠杆谬论 / 233

武断的投资规则的愚蠢之处

杠杆和投资者偏好

杠杆何时危险

投资见解

第16章 账户管理：比基金投资更便捷的选择 / 241

管理账户和基金之间的本质区别

管理账户的主要优点

个人管理账户与间接管理账户投资

为什么基金经理认同管理账户

有没有投资策略是不适用于管理账户的

反对管理账户的四种观点

投资见解

对第二部分的补充 对冲基金的投资回报如梦幻泡影？ / 254

第三部分 投资组合

第17章 分散投资：10只股票够不够 / 260

分散投资的益处

分散投资：要多分散才合适

随机风险

异质风险

分散策略的有效性讨论

投资见解

第18章 分散投资：何时该去繁从简 / 270

　　投资见解

第19章 劫富济贫的罗宾汉投资 / 276

　　新的实验

　　投资组合重组的原理是什么

　　澄清一点

　　投资见解

第20章 波幅大就一定不好吗 / 287

　　投资见解

第21章 投资组合的构建原则 / 292

　　投资组合最优化问题

　　投资组合构建的八个原则

　　相关系数矩阵

　　投资见解

附录一 期权基础知识 / 308

附录二 风险调整后的收益指标 / 313

关于作者 / 317

第一部分

市场、收益与风险

第1章

专 家 建 议

喜剧频道大战 CNBC

2009 年 3 月 4 日，美国喜剧频道（Comedy Central）著名节目主持人乔恩·斯图尔特（Jon Steward）把 CNBC 对市场的一系列错误预言骂得狗血淋头。乔恩·斯图尔特可不是平常人，他是美国喜剧频道的毒舌脱口秀节目《每日秀》（*The Daily Show*）的著名主持人。激起乔恩·斯图尔特怒火的导火线是"里克·圣泰利⊖咆哮"，即 CNBC 节目主持人里克·圣泰利在芝加哥商品交易所报道的时候怒吼道："（政府）应该停止对那些窝囊废进行房贷补助！"这个魔性的咆哮视频在播出后瞬间传遍四面八方，并

⊖ 里克·圣泰利（Rick Santalli）是美国 CNBC 的新闻节目主持人。他曾经是 CNBC 商业新闻网络编辑，1999 年成为 CNBC 的新闻节目主持人，常年在芝加哥期货交易所大厅现场进行报道。里克·圣泰利咆哮发生在芝加哥商品交易所。——译者注

且引起了所谓的"茶党运动"[⊖]。乔恩·斯图尔特指出，里克·圣泰利和 CNBC 有什么资格指责不负责任的房主们无视一系列的市场信号？

乔恩·斯图尔特随即播出了一系列的 CNBC 视频剪辑，里面的每一段都是让当事人脸红的对市场的错误预测。乔恩·斯图尔特还在每一段视频后面加了黑底白字以强调错误所在。让我们来看看这些视频有哪些：

- 《私房钱》（*Mad Money*）节目主持人吉姆·克莱默（Jim Cramer）在回答观众问题的时候重点强调说："贝尔斯登（Bear Stearns）公司没问题！你的钱放那儿就行了！"黑底白字显示："贝尔斯登 6 天后就倒闭了。"
- 在《午餐会》（*Power Lunch*）节目里，一个股评家大赞雷曼兄弟（Lehman Brothers）说："雷曼兄弟可不是贝尔斯登！"黑底白字显示："雷曼兄弟 3 个月之后就倒闭了。"
- 吉姆·克莱默在 2007 年 10 月 4 日志得意满地推荐美国银行（Bank of America）的股票时说："不用想也知道美国银行股价肯定能到 60 美元！"黑底白字显示："美国银行今天的股价不到 4 美元。"
- 查理·加斯帕里诺[⊜]说，美国保险集团（AIG）作为美国最大的保险公司是绝对不可能破产的。黑底白字则列出

⊖ 茶党运动（Tea Party Movement）是美国保守派运动，主要内容是反对政府开支庞大，要求政府减少国债，减税，以及反对奥巴马的全民医保法令。民众普遍认为茶党运动是由 2009 年 2 月的里克·圣泰利咆哮所引发。——译者注

⊜ 查理·加斯帕里诺（Charlie Gasparino）是新闻记者。他曾经是《新闻周刊》和《华尔街日报》的著名写手，后来加入了 CNBC，广泛报道华尔街以及财经相关的内容，其著名的报道是 AIG 受到美国政府救助的事件。查理·加斯帕里诺现任职于美国 FOX News。——译者注

了 AIG 受到美国政府巨额救助的详细数目和时间。

- 吉姆·克莱默在 2007 年下半年牛气满满地说："你现在应该做的就是买入，就算是高估的股票也应该买入。我知道这听上去很不靠谱，但是你只有这样才能赚钱！"黑底白字显示："2007 年 10 月 31 日道琼斯工业指数：13 930。"⊖

- 拉里·库德洛⊖号称："次贷危机最糟的时候已经过去了！"黑底白字显示："2008 年 4 月 16 日道琼斯工业指数：12 619。"

- 吉姆·克莱默在 2008 年年中宣称，"现在是时候买买买了！"黑底白字显示："2008 年 6 月 13 日道琼斯工业指数：12 307。"

- 最后一段视频是当《快钱》（*Fast Money*）节目谈到"民众已经开始恢复对市场的信心"的时候，黑底白字随即显示："2008 年 11 月 4 日道琼斯工业指数：9 625。"

乔恩·斯图尔特感慨地说，"如果我当初听 CNBC 的话，我现在早就是百万富翁了！"他又补了一句："当然，我得先有亿万家财作为起点！"

很显然，乔恩·斯图尔特针对的目标是 CNBC，他讽刺它打着"知识就是力量"的旗号宣称自己在市场方面的专家水平，却

⊖ 道琼斯工业指数在 2007 年 10 月 11 日达到最高点 14 198，之后则一路下滑。吉姆·克莱默的预言正是在道琼斯工业指数下滑之前提出的。
　　——译者注

⊖ 拉里·库德洛（Larry Kudlow）是美国保守派评论家、经济分析师，以及报纸专栏作家。拉里·库德洛与吉姆·克莱默曾经搭档主持 CNBC 财经节目《库德洛与克莱默》，吉姆·克莱默转而主持《私房钱》后，二人分道扬镳，拉里·库德洛先后主持了《库德洛与大公司》以及《库德洛报告》。

又对这场世纪最大危机所发出的前兆信号一无所知。乔恩·斯图尔特的挑衅本与吉姆·克莱默个人无关,但以狂野演讲风格傲视其他深夜脱口秀节目主持人的吉姆·克莱默却加入了对战。在接下来的几天,吉姆·克莱默和乔恩·斯图尔特在自己或他人的节目中以主持人或嘉宾身份,与对方激烈隔空对骂。这场唇枪舌剑的结局是 3 月 12 日吉姆·克莱默登上乔恩·斯图尔特的《每日秀》的舞台,成为被采访嘉宾。乔恩·斯图尔特整场节目都在发难批评 CNBC 亵渎了新闻记者的职责,不进行采访调查而仅仅听信公司发言人的一面之词就进行报道。吉姆·克莱默并未辩解,仅说是由于企业的高管们对其当面撒谎,并同时表达了自己未能免俗的遗憾之情。

这段节目播出后引起了媒体界雪崩式的讨论,但多数写手和评论员的注意力都放在到底是谁赢了这场辩论上(多数人认为是乔恩·斯图尔特赢了)。而我们感兴趣的并不是这场所谓辩论的实质或者是结果。我们感兴趣的是乔恩·斯图尔特所诟病的 CNBC 麾下包括吉姆·克莱默在内的财经名嘴为大众提供的低劣的专家建议。我们的问题是:乔恩·斯图尔特的指责可靠吗?尽管他在 3 月 4 日节目中播出的一系列视频剪辑看似有理,但是吉姆·克莱默在《私房钱》里为观众提供的建议成千上万,并非只有乔恩·斯图尔特剪辑的这么几条。再说,无论是高手还是庸才,只要从他给出的建议里拣选一下,总能选到几条最差的建议或者预测。所以,要得出正确的结论,我们必须研究吉姆·克莱默所给出的全部预测和建议,而不是像乔恩·斯图尔特那样只挑选其中几条。

有三位研究人员恰恰做了这件事。在约瑟夫·恩格伯格(Joseph Engelberg)、卡罗琳·萨瑟韦尔(Caroline Sasseville)和杰瑞德·威廉姆斯（Jared Williams）三人（下称 ESW）的大作[⊖]中，他们研究和分析了吉姆·克莱默在《私房钱》里提供的 1 149条首次出现的"买入"建议[⊜]。这些建议的提出都是在 2005 年 7月 28 日（即《私房钱》节目开播后约 4 个月）至 2009 年 2 月 9日（即《每日秀》嘲笑 CNBC 的节目播出之前 3 星期）之间。

　　ESW 首先按照《私房钱》的选股建议建了一个投资组合，并假设每一只股票都是在建议买入该股票的《私房钱》播出的前一天收市之前买入。选这个时间点是经过精心设计的：这个时间点买入的股价是市场定价而且没有受到《私房钱》节目影响的。同时，假设每一只股票上投入的钱都是一样多。然后，他们用了50～250 个交易日不等的几个不同持股时间来计算这个"荐股投资组合"的收益率。他们发现，这个荐股投资组合的收益率与整个大市的收益率相比，并没有显著差异。

　　接下来 ESW 研究了吉姆·克莱默荐股的隔夜股价效应（即从节目播出前一天收市到第二天开始之间的股价变化百分比）。他们发现，吉姆·克莱默的荐股投资组合竟然有巨额的 2.4% 的超额投资回报。就是说吉姆·克莱默推荐的每一只股票在隔夜的涨幅减去其他市场上所有股票涨幅的平均数得到的超额收益率平均起来有 2.4% 之多。联想到吉姆·克莱默节目播出前他推荐的股票平平无奇的表现和播出后当天隔夜大涨的表现，大家不难想象假如在节目播出当天收市后才买入这些吉姆·克莱默荐股，荐股组合说不定会跑输大市。ESW 的研究表明事实果然如此：不

<hr>

⊖　EngelBerg, Joseph, Caronline Sasseville, and Jared Williams, *Market Madness? The case of Mad Money*（October 20,2010）. 原文见于 SSRN：http://ssrn.com/abstract=870498.

⊜　只研究首次出现的买入建议而非随后重复出现的建议，有利于保持样本的干净和有效性。——译者注

论持股时间的长短，在节目播出一天后买入的吉姆·克莱默荐股投资组合都跑输大市。按照持股时间的长短，吉姆·克莱默荐股投资组合的年化收益率比市场年化收益率低3%～10%。表现最差的投资组合是持有时间最短（即50个交易日）的荐股组合投资。这就说明"吉姆·克莱默光环"只需很短的一段时间便褪去光华。退一万步说，即便买市场指数也比买《私房钱》的荐股收益率更高。当然，买指数没有买股票那么有意思就是了。

我并没有给吉姆·克莱默背黑锅的意思，也无意把吉姆·克莱默写成一个不懂投资的偶像派艺人。实际上，2005年10月的《商业周刊》（*Bussiness Week*）刊登了一篇文章，披露了吉姆·克莱默作为一个基金经理在整个14年的职业生涯中投资回报复利值达到24%这样一个可观数字的事实。然而，即便吉姆·克莱默有这种强大的投资能力和对市场的充分理解，按照他的投资建议进行投资也无法得到超额回报。按照他的荐股组合，投资者得到的回报也许还不如随机拣选股票得到的回报高。

精灵指数

上文提到的对《私房钱》进行研究的文章仅仅是对一个市场专家在4年时间里给出的投资意见进行研究。接下来，我们看一个由10个市场专家在12年期间所给出的建议而构成的指数又会如何。

美国一个最著名、最长青，而且最多人收看的聚焦股票市场的节目是路易斯·卢凯瑟（Louis Rukeyser）所主持的《华尔街一周》（*Wall Street Week*），而这个节目的亮点就是"精灵指数"。精灵指数于1989年创建，其构建基于10位由路易斯·卢凯瑟所挑选的专业金融市场分析师的专家意见。这 10 位专家的意见可以用分数表示：+1 表示看好（即牛市），0 表示中立，-1 表示看淡（即熊市）。这个指数的理论值区间从 -10（即所有专家都看淡）到 +10（即所有专家都看好）。多数专家都看好（以 +5 为正式的临界值）为买入信号，而多数专家都看淡（以 -5 为正式的临界值）为卖出信号。可惜的是，这个看似完美的构建与实际产生了天大的分歧。

1990 年 10 月，精灵指数达到了其创建以来当时的最低值，-4。这个值略低于理论卖出临界值 -5，可以视为卖出信号。可惜，专家们预测的这个熊市共识恰恰是当时市场的底部以及一波牛市的起点。在 1994 年 4 月和 11 月，精灵指数分别达到 -6 和 -5，二者分别又恰好是 1994 年市场的两个底部。在 1996 年 5 月，精灵指数专家共识是牛市，与当时一个相对市场高点恰好吻合。在 1998 年 7 月，专家们的共识是牛市，精灵指数达到了 +6，而标普 500 指数在精灵指数发布几天后随即跳水达 19% 之多。1999 年年底 2000 年年初，精灵指数读出了该指数自建立以来的一系列最高点，并在 1999 年 12 月达到当时的历史高位即 +8。这个高位一直维持到 2000 年第一季度大市股指跳水。甚至在熊市的初期，精灵指数都达到过 +9 这样的历史高位。路易斯·卢凯瑟在美国"9·11 恐怖袭击"事件后终于停止发布精灵指数。可以假设当时如果精灵指数毫发无损仍然在用，应该是强烈指向卖出[⊖]。

⊖　" Louis Rukeyser Shelves Elves Missed Market Trends Tinkering Didn't Improve Index's Track Record for Calling Market's Direction （MUTUALFUNDS），" *Investor's Business Daily*,November 1, 2001. Retrieved March29, 2011, from AccessMyLibrary: www.accessmylibrary. com/article-1G2.106006432/louis-rukeyser-shelves-elves .html.

路易斯·卢凯瑟停止使用精灵指数无疑是一件大蠢事。虽然他并没有过多解释停用指数的时机选择，但可以想象，他应该是再也无法忍受精灵指数发出的卖出信号仅仅是市场当时相对低点而已。虽然精灵指数的历史表现很差，甚至可以说是对少错多，但其停用让许多市场观察人士大为叹惜，因为该指数差到让很多人都把它作为投资操作的反向指标。换句话说，听专家的话是有用的，只要你肯反着听。

财经通讯

在最后这一节，我们来分析一个更大的市场专家群体。要说哪些专家意见应该能跑赢大市的话，那自然是那些以卖股评为生的专家了，即财经通讯（financial newsletter）作者。因为如果一个财经通讯的投资建议不产生任何超额收益，按理说它将很难吸引并留住付费订阅这些通讯的读者。

那么问题来了，财经通讯推荐的股票收益真的能够跑赢指数吗？为此我找到了由《赫伯特金融摘要》（*Hulbert Financial Digest*）杂志整理的数据。这本杂志以超过30年的时间来实时关注财经通讯投资建议。1979年，该杂志的编辑马克·赫伯特（Mark Hulbert）参加了一个财经会议。在会议上他听了多场报告人宣称自己的投资建议获得了100%或者更高的年化收益的演讲。赫伯特对此深表怀疑，于是决定实时追踪这些财经顾问的投资建议。然而他发现现实与这些天花乱坠的吹嘘相去甚远。这一发现最终导致了以关注财经通讯的投资建议并计算其投资收益为使命的《赫伯特金融摘要》的诞生。从1981年创刊开始，《赫伯特金融摘要》共关注了400多个财经通讯。

　　赫伯特对他关注的财经通讯所推荐的股票逐一计算了平均年化收益。表 1-1 比较了赫伯特所关注的财经通讯荐股的平均年化收益和标普 500 指数的表现，比较的是从 1986～2010 年的每个 10 年以及总体 30 年的时间段二者的表现。（表中财经通讯任何一年的平均年化收益都是对赫伯特所关注的所有通讯在那一年表现求平均数）总体而言，财经通讯的表现在 1981～1990 年和 1991～2000 年两个 10 年明显跑输标普 500，只在 2001～2010 年这个阶段才略有小胜。从整个 30 年看，财经通讯每年跑输标普 500 达 3.7% 之多。

表 1-1　标普 500 指数与财经通讯平均年回报对比

时　段	标普 500	财经通讯均值	财经通讯减标普 500
1981～1990 年	14.5%	9.0%	−5.5%
1991～2000 年	18.2%	10.0%	−8.2%
2001～2010 年	3.5%	6.3%	2.8%
所有年份（1981～2010 年）	12.1%	8.4%	−3.7%

资料来源：Raw data on investment newsletter performance from the *Hulbert Financial Digest*.

　　如果我们只关注表现最好的财经通讯，结果会不会不同？为了研究这个可能性，我们把样本改成前 3 年平均收益率在前 10% 的财经通讯来研究。也就是说，假设我们要研究 1994 年位居前 10% 的财经通讯，我们把所有的财经通讯按其在 1994 年前 3 年（即 1991～1993 年）的平均收益率进行排序并且只取前 10%，定义为最优组。表 1-2 比较了最优通讯组和标普 500 的业绩表现，同时也列举了最差通讯组（即最底层的 10%）作为比较。我们发现这个样本选择和之前的结果并无巨大区别：最优通讯组仍然跑输标普 500 指数。不过，虽然选择最优通讯组貌似没有给我们带来什么好处，但是显然我们应该避免选到最差通讯组。因为从整个时间段来看，最差通讯组和所有的财经通讯相比，收益率都差得一塌糊涂。

表 1-2　标普 500 指数与过去三年业绩最高和最低十分之一组财经通讯平均年回报对比

时　　段	标普 500	最高业绩财经通讯均值	最低业绩财经通讯均值	最高业绩财经通讯减标普 500	最低业绩财经通讯减标普 500
1984～1990 年	15.2%	8.2%	5.0%	-7.0%	-10.2%
1991～2000 年	18.2%	16.7%	-0.7%	-1.5%	-18.9%
2001～2010 年	3.5%	3.4%	6.1%	-0.1%	2.6%
所有年份（1984～2010 年）	12.0%	9.6%	3.3%	-2.4%	-8.7%

资料来源：Raw data on investment newsletter performance from the *Hulbert Financial Digest.*

那么，会不会是计算最优或者最差通讯组所采用的 3 年这个时间跨度不够长，所以财经通讯发挥不出他们的过人优势？为了探讨这个可能性，我们重复了表 1-2 里所做的分析，但是把划分最优（即前 10%）通讯和最差（即后 10%）通讯的收益率标准的计算从过去 3 年平均收益延长至过去 5 年平均，然后再比较最优、最差组与标普 500 指数的收益率。表 1-3 显示了结果：用过去 5 年和过去 3 年收益率排序得出的最优最差组与标普 500 指数相比较并无太大变化。在整个样本时间段，用 5 年收益率排序而得的最优组仍然跑输标普 500 指数 2.6%（而用 3 年收益率排序而得的最优组跑输标普 500 指数 2.4%）；用 5 年收益率排序而得的最差组跑输标普 500 指数 9.5%（而前述用 3 年收益率排序而得的最差组跑输标普 500 指数 8.7%）。我们的结论还是那个：虽然选最优组财经通讯没什么过人优势，但千万别选最差组。

表 1-3　标普 500 指数与过去五年业绩最高和最低十分之一组
财经通讯平均年回报对比

时　段	标普 500	最高业绩财经通讯均值	最低业绩财经通讯均值	最高业绩财经通讯减标普 500	最低业绩财经通讯减标普 500
1986～1990 年	13.9%	1.7%	6.7%	−12.2%	−7.2%
1991～2000 年	18.2%	15.6%	−4.9%	−2.6%	−23.1%
2001～2010 年	3.5%	5.7%	6.4%	2.2%	2.9%
所有年份（1986～2010 年）	11.5%	8.9%	2.0%	−2.6%	−9.5%

　　不可否认，赫尔伯特所关注的部分财经通讯确实是有价值的，因为从长远来看这些通讯确实推荐了跑赢大市的股票。然而，在一开始就能准确锁定这些通讯却并非易事；原因在于过去表现优异的通讯有一部分在未来会继续傲视群雄，但是另一部分却未必如此。所以按照过去业绩来挑选财经通讯无法保证你所挑选的通讯能在未来跑赢大市。

投资错觉

◆ **投资错觉 1：** 一般的投资者听专家意见可以获利。

　　真相： 不可思议的是，专家荐股的收益率并不比随机抛硬币决定购买的股票收益率高。事实上，我这么说已经是很给面子了。大量的实证研究发现，专家荐股收益比随机买股更差。没错，这就是说，哪怕随便找只大猩猩往股票报价板上扔飞镖来决定投资的股票都不会比专家荐股的收益率差，往往还会更好呢。

投资见解

很多投资者都从各种广播和印刷媒体中听取金融专家的建议以资指引。但这些专家建议真的有用吗？在本章，我们讨论了3种情况，从大众金融节目主持人，到以10个专家意见所构建的方向性指数，乃至整个财经通讯行业。虽然这些样本都有局限性，但是得出来的结论和学术界对这个问题所得出的结论一致。大结论就是，虽然金融专家有可能在短期内因其荐股而触发市场反应，可惜这种股价波动难以捉摸，而且从长期看听从专家意见无法获利。

我对于股票投资者的建议是，要么就直接买入指数，但不是在一波大牛市之后（见第3章）。如果你有足够的兴趣和动力，就把精力和时间投在构建一套自己的投资方法上。无论哪种方法都行，唯独不要听取专家的建议。风靡一时的交易员迈克尔·马库斯⊖的投资箴言就是："你必须随心而行……只要坚持自己的风格，你就能体会到自己方法的优劣之处。试图模仿别人的风格最终会两头不讨好。"

⊖ 迈克尔·马库斯（Michael Marcus）是一名商品交易员。他因短短20年内把3万美元变成8 000万美元而成名。——译者注

第 2 章

无效市场假设

在投资上，一个最基本的问题就是我们到底能不能跑赢市场？有效市场假说对此的答案是毫不含糊的：不能，除非你只看那些运气好的投资者。

有效市场假说是一个解释市场如何定价以及定价过程的内在含义的理论。在过去半个世纪中，它一直都是对资本市场进行研究的所有学术理论基础。这个理论涵盖了投资的方方面面，包括风险计量、投资组合优化、指数投资，以及期权定价等。有效市场假说可以概括为以下几点：

- 市场上交易的资产价格反映了所有的已知信息；
- 任何资产价格的变动都说明有新的信息。

因此：

- 市场定价总是精准真实的；
- 想以任何市场已知的信息获利（即跑赢市场）是痴心妄想。

有效市场假说里，市场有效性有三种：

（1）**弱式有效**：这种有效市场假说宣称你无法用过去的市场数据跑赢市场。潜台词：技术分析（technical analysis）毫无意义。

（2）**半强式有效**（搞不好这个名字是政府官员起的）：这种有效市场假说提出，你无法用任何公开的信息跑赢市场。潜台词：基本面分析（fundamental analysis）亦毫无意义。

（3）**强式有效**：这种有效市场假说宣布即便是用私有信息也无法跑赢大市。潜台词：实施反内幕交易法律条款毫无意义。

有效市场假说与实证研究结果

如果有效市场假说可靠的话，除了靠运气，我们没有办法跑赢市场。有效市场假说的追随者堆砌了巨量的证据以证明市场无法战胜。比如，许多研究表明职业的共同基金经理的收益和股票指数收益相比总是稍逊一筹。如果有效市场假说是真的，这正是其应有之义。为何基金经理会表现不佳？原因在于如果有效市场假说为真，这些基金经理的业绩和那只用飞镖在股票价格版上决定投资组合的猩猩的业绩必然相去无几。而以飞镖随机决定的投资组合与市场指数的原理同出一辙，而且后者没有交易成本。所以有交易成本负担的基金经理的业绩稍逊一筹，这些成本包括买卖的佣金、交易滑移成本⊖（即买卖价差；bid-ask spread），以及投资费用。因此，一般而言基金经理无法跑赢大市，而他们也确实没能跑赢。支持有效市场假说的人总是拿出这些和假设相符的实证结果来证明这个理论是正确的，至少与事实极度相符。

⊖　交易滑移成本（transaction slippage）指的是在远期合同和金融工具的交易过程中，电脑显示的可以进入的时间和价格与交易实际发生的时间和价格之差。——译者注

可惜的是，以上对有效市场假说的证明有一个逻辑谬误，这个逻辑谬误如下：

- 如果 A 是真的（例如：如果有效市场假说为真）；
- 而且 A 能推出 B（例如：市场是难以战胜的）；
- 那么，从 B 就能推出 A（即：如果市场是难以战胜的，说明有效市场假说是真的）。

这个逻辑谬误在于，真命题的逆命题不一定是真命题，看看下面这个例子就清楚了：

- 所有北极熊都是白色哺乳动物；
- 但是显然，不是所有白色哺乳动物都是北极熊对不对？

实证研究虽然无法证明有效市场假说是个真命题，但是只要找到一种情况与之相悖就可以证明这个命题是个伪命题，而现实中不乏这样的例子。在下文，我们列举了 4 种与有效市场假说背道而驰的事实证据：

1. 股票市场定价显然是有瑕疵的；
2. 股价的巨大变动并不伴随着公司基本面的变化；
3. 股价波动滞后于基本面变化；
4. 如果有效市场假说是真的话，那些逆天的投资纪录就不会存在，因为这些纪录实在是好得无法以运气来解释。

价格未必总是对的

有效市场假说的一块奠基石就是假设市场价格总是完美无瑕的。而现实市场却不乏例证说明，市场价格完美是个荒谬的假设。让我们看其中几个例子。

宠物网店和互联网淘金热

宠物网店（pets.com）是互联网泡沫的产物。正如它名字所暗示的，宠物网店是一家在网络上售卖宠物用品的商店。这个商业模式的最大问题在于，其核心产品如狗粮和猫砂之类其实毛利很低，但是重量又很大，于是快递成本很高。所以这些产品在网上售卖没有任何明显的优势。实际上，网售不仅是没有优势，而且也不符合现实情况：可以想象一下，如果你家狗粮或者猫砂用完了，你显然不会在家里坐等这些东西快递过来。正因为这样，宠物网店必须把它们产品和运费合起来的价格定得很低才能吸引顾客网购。实际上它们要把定价设定在总成本之下才能卖出这些产品。这就造成了一个很尴尬的局面：宠物网店销售额越大，就亏得越多。可是即便如此，宠物网店在 IPO 之后市值竟然超过了 3 亿美元，而它连 IPO 之后的一年都没熬过去就倒闭了。讽刺的是，如果宠物网店能减少销售的话，它也许能活得久一点，因为正是这些销售量害死了它。

宠物网店并不是一个特例，而是互联网淘金热的一个代表性案例。从 1998 年到 2000 年年初，金融市场经历了对科技股尤其是对互联网股票的投机热潮。在这段时间里，大量的负现金流以及近期看不到盈利希望的企业都成功地上市了。因为根本无法对这些公司进行估值，或者说根本无法用传统的估值方式来证明这些企业的价值是正的，分析师们只好发明了一些无稽的指标，例如网页点击数或者仅仅是对网页的浏览数的估计，来对公司进行估值，然后说这是一个"新时代"的估值方式。很多估值在几亿美元甚至是几十亿美元量级的公司在一两年间就坍塌燃尽。用"烧钱"来形容这些公司其实是很恰当的，因为这些公司的末日和它们所谓的"烧钱速度"是紧密联系在一起的。它们的烧钱速度就是它们的负现金流消耗现金的速度。

　　图 2-1 描述了美国证券交易所互联网指数在 1998～2002 年的情况。从 1998 年年末～2000 年 3 月见顶，这个指数在 17 个月里不可思议地增长了 7 倍之多。然后在接下来的 18 个月里，该指数下跌了 86%，吐尽了它在之前获得的所有回报。如果有效市场假说是真实的，那么它不仅要求在 1998 年 10 月到 2000 年 3 月间这些公司的基本面的增长速度足以支持这个指数近 600% 的增长，同时也要求在其后 2001 年 9 月之前基本面的下跌能支持指数 86% 的下跌。可是显然更为合理的解释是 1998 年年末到 2000 年年初互联网指数的巨额增长根本就没有基本面的支撑，而其后的指数回落仅仅是回到其应该代表的公司基本面而已。而这个解释则与有效市场假说背道而驰，而且也需要新的理论基础来解释上述的暴涨和暴跌。

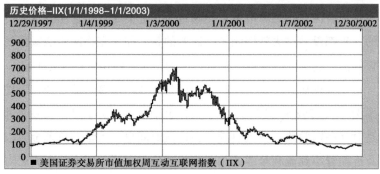

图 2-1　美国证券交易所互联网指数（IIX），1998～2002 年

资料来源：moneycentral.msn.com.

次贷投资[⊖]

次贷债券由多个单独的次级贷款组合而成，并以证券化形式

⊖　关于次贷证券更加生动有趣的描写，请参考迈克尔·路易斯（Michael Lewis）的《大空头》（*The Big Short*）。本节摘自作者杰克 D. 施瓦格的《对冲基金奇才》（*Hedge Fund Market Wizards*），中文版已由机械工业出版社出版。

销售给投资者。投资者每期会收到利息回报，这些利息的来源是单个次级贷款的借款人偿付贷款而产生的收入。这些债券通常呈多层分段结构，即从同一个贷款池里取不同等级（段次）的贷款而构成。亦即在这里面，评级最高的 AAA 评级的贷款会优先被偿付，然后到 AA 级被偿付，以此类推。换句话说，评级越高风险就越低，因此这一段次所得到的利率就越低。其中所谓的权益性段次（equity tranche）[⊖]是没有评级的。它通常会吸收前 3% 的损失。当整个损失达到 3% 之后，这个权益性段次就注销了。而那些低评级的段次会首先用于吸收贷款的违约风险，这就是它们的利率比较高的原因。举例说，一个常见的 BBB 段次（即最低评级段次）从整个次贷债券的偿付违约损失达到 3% 之后就会开始减值，当损失达到 7% 的时候，投资者就血本无归了。随着段次的提高，这个临界点会根据段次的评级发生变化，投资者在临界点之下则受到完全保护。但是，最低评级的段次，即 BBB，总是存在着至少有一部分投资会被减值的极大风险。

在 21 世纪 00 年代中期的房地产泡沫中，次贷债券中本来风险就已经很大的 BBB 段次的风险更为显著地提高了。这是因为放贷人每增加一笔放贷都会增加佣金及贷款费用收入，而同时他们通过把这些按揭贷款植入证券化的次贷债券中售卖从而将风险成功地转移，这导致了其所发放贷款的质量急剧下降。也就是说，放贷人根本不需要考虑贷款人是不是能够及时偿还贷款，而只需要考虑自己到底能放出多少贷款，于是他们真的就这样做了。他们只需要降低贷款的门槛，就可以吸引更多的人来借钱。最终他们实际上根本就不设门槛了，而所有的次贷就这样产生

⊖ 也有译者翻译为权益性证券，但是我认为这个翻译无法与 equity securities 相区分。而 tranche 是法语中的"分类、分段"之意。——译者注

了。这些次贷的特征是：

- 无须首付；
- 无须收入、工作或者资产证明（即所谓的三无贷款）[⊖]；
- 用可变利率抵押贷款（adjustable-rate mortgage，ARM）的形式，以一个比较低的利率开始，一两年之后会调整到一个较高的利率。

这种抵押贷款的低质量简直是史无前例。显而易见，充斥着这些低质贷款的 BBB 债券段次很容易就损失殆尽。

事情并没有就此结束。毫无悬念，BBB 段次是很难卖出去的。于是华尔街的炼金术士们想出了一个魔术般的办法把 BBB 段次变成 AAA。他们创建了一个新的证券化产品叫 CDO [⊜]（collateralized debt obligation），即担保债务凭证。CDO 也采用分段结构，排位前 80% 的 CDO 是 AAA 评级的，它们由 100% 的 BBB 段次的债券构成。

虽然 CDO 的分段结构与由个别贷款组成的次贷债券的结构相似，但它们之间有一个重大差异。如果抵押贷款的总体足够多元化，那么我们就可以一定程度上相信不同个体的债券之间违约风险没有相关性[⊜]，因为贷款人所处的不同地域在同一时期会有不同的经济环境，而不同的人也不见得会在同时发生财务问题。与此不同，CDO 里面的成分都是克隆的，它们全都来自各个不

⊖　英文作"忍者贷款"，即 NINJA，是 no income, no job and no assets 的缩写，即无收入、工作或资产；与"忍者"谐音。——译者注

⊜　CDO 不限于由抵押贷款组成的证券化产品。CDO 也可以由其他金融工具组成，但本文不讨论其他工具组成的 CDO。

⊜　如果债券之间的违约风险有严重的相关性，假设相关性为 1，那么一个贷款违约意味着其他所有贷款都一起违约，这样风险就很大了。如果这些贷款虽然质量不佳但是互相之间不相关，那么风险就被分散了。——译者注

同贷款池里等级最低的 BBB 段次。如果宏观经济环境变差，那么当一个贷款池里的 BBB 段次被完全减值的时候，其他贷款池里 BBB 段次被完全减值或者是严重贬值的可能性就很大⊖。这样一来，表面上看似安全的 AAA 段次开始减值的临界点，即20%，在考虑到所持有的债券之间的高度相关性也不见得安全了。你想象一下，BBB 段次的关联就像被关在一个很小空间里的一群人开始流传高度传染性的流感一样。在这个意义上，AAA段次的 20% 这个缓冲就变得像纸一样薄。

那么完全由 BBB 段次构成的债券为什么能得到 AAA 评级呢？我给出以下 3 个互相关联的解释。

（1）评级采用的定价模型只反映了历史的抵押贷款拖欠率数据。这些历史的抵押贷款数据生成的年代是在放贷人关注贷款偿付比例并要求首付和资产验证的时候得来的，和后来的三无贷款完全没有可比性。因此，历史的违约风险数据低估了后来的抵押贷款违约风险⊖。

（2）在评级所采用的假设中，对于贷款间相关性的估值低得不切实际。这些估值根本无法反映现实中 BBB 段次的高度相关，以至于一个 BBB 段次减值为零的同时其他 BBB 段次也减值为零

⊖ 虽然由单独贷款组成的次贷证券在经济下滑的时候也会呈现很高的相关性，但是这种相关性和不同 BBB 段次之间的极端高度相关性不可同日而语。

⊖ 准确地说，在 CDO 定价中广泛使用的高斯连接方程（Gaussian copula formula）使用了住房抵押贷款证券化（mortgage-backed securitization, MBS）所用的信用违约掉期（credit default swaps, CDS）作为违约风险的替代变量。然而 CDS 的价格会受到这些不相关的历史违约风险数据的严重影响。与此同时，历史上 CDS 的存在期是在房地产价格稳步上升以及贷款违约风险非常低的时候，因此不同的证券化之间的违约风险相关性很低，这就误导了 CDS 价格的计算以及导致在考虑构建 MBS 的时候，对 CDO 的风险严重低估。

的可能性无限变大。

（3）评级机构有着明显的利益冲突：发行 CDO 的人正是给评级机构提供报酬的人。如果评级机构在评级的时候过于严谨（解读：现实），他们就没法做生意了；就是说，他们完全是被激励得在评级过程中越松越好。那么有没有可能是说评级机构判断错误？我认为并非如此，判断错误只是潜意识的。虽然对于个体抵押贷款的 AAA 段次评级在一定程度上有理可循，但是对于那些只由 BBB 段次组成的 CDO 评级为 AAA 是无论如何也说不过去的。在 CDO 信用评级这件事上，要么是评级机构有利益冲突，要么就是他们根本无力担此重任。

那么问题来了，如果你是一个投资者，现在让你投资一个完全由 BBB 段次的次贷组成的 AAA 评级的 CDO，要给你比 10 年美国国债高多少的利率你会愿意投资？来，我给你高0.25% 的利率，你意下如何？什么？你觉得这很荒谬？你说谁会以这么低微的回报买一个由最差的次贷资产组成的债券？可惜现实恰恰如此。请问这样的定价又有什么道理可言？按照有效市场假说推断，这些由 BBB 段次的"三无"兼可调节利率的次贷组成的债券比 10 年美国国债高 0.25% 的定价是完全正确的。当然，你可以说这样的定价是因为买这些复杂证券的人根本就不知道这里面所隐藏的巨大风险，他们只是盲目依赖评级机构而已。可是按照有效市场假说，那些懂行的市场参与者应该把价格带回正道上才对。然而这个说法又凸显了有效市场假说在论证中的一个重大缺陷，就是这个论证没有考虑到那些无知的大众市场参与者的行为有可能，至少在一段时间内有可能，会盖过那些有知识的市场参与者的行为。而这正是当时的真实情况。

负资产：掌上电脑（Palm）和 3Com 的闹剧⊖

虽然我们很难理解 2000 年左右的互联网公司的价格，又或者是由最差的次级贷款组成的 CDO 能得到 AAA 评级这样的事实，但是我们并没有一个公式可以计算在特定时点的正确定价应该是什么（当然，信奉有效市场假说的人会说市价就是正确定价）。因此，虽然我前面列举了明显是错误定价的极端例子，这些例子却并不是关于投资者非理性的有力的数学证明。而下文马上要讲到的掌上电脑和 3Com 的例子则提供了无可争议的关于投资者非理性的证据，而且他们的错误股价在数学上也可以证明。

2000 年 3 月 2 日，3Com 出售了其所持有的约 5% 的掌上电脑的股票，其中大部分是以公开上市（即 IPO）的方式进行的。股票上市的时候掌上电脑的股价是 38 美元。作为当时市场追捧的手持电脑的领先生产商，掌上电脑的股票在 IPO 第一天就被大幅追高，甚至曾经一度达到发行价的 4 倍，高达 165 美元（这也是历史最高值）。在上市第一天收盘的时候，掌上电脑的股价是 95.06 美元。

由于 3Com 仍然持有掌上电脑的 95% 的股权，根据当时两家公司发行在外的股份数来计算，持有每一股 3Com 股份的股东相当于间接持有 1.5 股掌上电脑的股票。然而讽刺的是，在掌上电脑上市被疯狂追捧的当天，3Com 的股票跌了 21%，至收盘价 81.181 美元。按照每一股 3Com 股票所隐含的掌上电脑的股票来计算，即便只计算其隐含的掌上电脑的股价部分，3Com 的股价也应该在 142.59 美元以上（即 95.06 美元 × 1.5 ＝ 142.59 美

元）。就是说市场对 3Com 剩余部分（即去除掌上电脑之外的部分）的估值是 –60.78 美元！市场对 3Com 除掌上电脑之外的其余部分估值为负，这点毫无道理可言；在掌上电脑 IPO 达到全日最高点的时候，市场相当于对 3Com 的除掌上电脑的部分负估值高达 100 美元。这个定价更加不合逻辑的地方是，3Com 早就已经公开表示了在当年迟些时候会把掌上电脑余下的股票全部公开出售，虽然出售行为能否实现仍取决于美国国税局对 3Com 税务情况的判决，但是市场预期该判决将有利于出售的完成。那么也就是说，在一年内 3Com 的股东很快就能把手上持有的掌上电脑股票变成真实的公开发行的股票了。

　　3Com 和掌上电脑的股价无视二者在结构上的相互联系而孑然断裂已经不是简单的不合理，而简直是挑战了不可能的界限。套利者何不直接以买入 3Com 的股票并同时按 1.5 的比例卖空掌上电脑的股票？实际上，很多人这样做了，但是这些套利行为却没有让二者的股价巨差减小，因为掌上电脑的股票当时基本无法借入（这是卖空的前提），又或者借入的成本很高。虽然无法借入掌上电脑的股票这个事实能解释为何套利行为并没有马上减小两只股票的价差，但是却无法否认这是个悖论。这个问题就在于，投资者如果是理性的话，他们为何会以 95 美元买入 1 股掌上电脑的股票而不用 82 美元买入 1 股能代表 1.5 股掌上电脑的 3Com 股票？这个悖论在考虑到掌上电脑 IPO 当日有些投资者以高达 165 美元买入 1 股掌上电脑股票的时候显得尤其极端。因此，投资者在这里进行了非理性操作是无可争辩的事实。

　　上述事实说明，显然市场对掌上电脑的定价过高，或对 3Com 的定价过低，又或者二者兼而有之。然而，在逻辑上完全没办法硬说这两只股票都是正确定价的。别说正确定价了，简直是离正确定价相差十万八千里。这两只股票里至少有一只存在巨大的错误定价。

这事最终如何呢？结果正如所料：3Com 相对掌上电脑的股价逐渐收复失地。在 4 个月后，当掌上电脑分红给 3Com 股东之时，3Com 剩余部分的隐含股价从负数稳步上升至超过 10 美元。那些买入 3Com 并卖空掌上电脑的套利者挣了大钱，那些通过买入 3Com 股票而间接买入掌上电脑的人获利也远远超过那些在 IPO 的时候直接买入掌上电脑股票的人。如果有效市场假说是正确的，那这场在当时被媒体大肆报道的从市场明显错误定价中巨额获利的闹剧便不会发生了。

那么如何解释在掌上电脑出售的时候，两只股票之间发生的价格关系悖论呢？简单地说，有时候投资者的情绪会导致他们做出非理性的行为，导致股票价格和基本面之间完全断裂，这与有效市场假说总是认为价格是正确的论断背道而驰，掌上电脑是一个投资者由于对买入科技泡沫的狂热而深陷泥泞的例子，而这个泡沫在掌上电脑 IPO 之后一个星期达到了最高峰。图 2-2 描述了掌上电脑 IPO 之后的股价走势。（请注意，图 2-2 是按照掌上电脑现在的股价来刻画的。也就是说，我们根据其拆股和缩股的情况调整了过去的股价，相当于把 2000 年 3 月的股价上调了 10 倍。）从图 2-2 可以看到，以掌上电脑 IPO 收盘价为基准，其股价下跌了超过 99%。

事实上，类似掌上电脑和 3Com 这种可以用数学证明的市场错误定价的例子让我们相信，市场上众多的其他明显的错误定价，即便无法用数学来进行确实的证明，也可以确信是价格偏离：这个论断与有效市场假说框架有着重大区别。有效市场假说的世界观是，搜索市场错误定价的机会是徒劳的，因为市场价格总是对的。而与此相对的另一种观点是，市场定价有可能因为投资者情绪而偏离合理的公司基本面。这种观点表明，市场定价的错误可以用于获利（即不断利用相对于合理价格而言的折价和溢价来进行交易）。

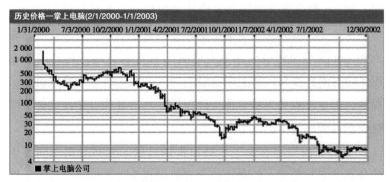

图 2-2   掌上电脑股价图（除权调整后）

资料来源：moneycentral.msn.com.

市场坍塌：有何信息支持？

在有效市场假说所描绘的世界里，股价变动是因为基本面变化而股价随之变化。因此，如果股价发生巨大变化则暗示着有重大事件发生。

1987 年 10 月 19 日，这一天在历史上称为黑色星期一，股票市场指数见证了不可思议的大跌。标准普尔 500 指数下跌了 20.5%，创下迄今为止史上最高的单日跌幅。而上述数据还远未真实反映指数下跌的幅度。由于当年纽约证券交易所的下单系统无法承受当时单量的重荷，使得标普的即期指数，这个被套利者一直保持的与标普远期指数密切相连的指数，在 1987 年 10 月 19 日的下跌远远落后于远期指数。纽约证交所技术上的延迟导致了过期的限价订单在后来才被成交（也就是说那些在当日早些时候指数还在更高价位时候下的订单后来才被成交），从而导致了即期的市场指数在 1987 年 10 月 19 日收市时候的收盘价本身就是滞后的，并且远远低估了标普指数的实际下跌幅度。而流动性更高的远期市场，由于并未受到过期定价的影响，因而更为真实地反映了这次下跌的幅度：让人震惊的 29%！甚至 1929 年 10 月 28 日黑色星期二的大跌也无法与这个大跌相提并论，因为黑色星期二的大跌仅仅跌了 12.94% [⊖]。当然 1929 年黑色星期二的第二天市场又续跌了 10.2%，但是即便将这两日的跌幅相加，也仍然比 1987 年 10 月 19 日的远期标普指数的下跌少了三分之一。而其他历史上的单日跌幅则最高不过此日的三分之一（与标普远期指数相比较）。简而言之，1987 年 10 月 19 日的崩盘是历史上其他大跌远不可及的，包括 1929 年 10 月那个臭名昭著的大跌。

那么到底发生了什么惊天动地的大事能让这天的股价单日跌幅高得地动山摇？事实上，市场评论员们搜肠刮肚也编不出个答案，他们能做的最多就是找出一个触发这次崩盘的导火索。于是他们把这次崩盘归于当时美国财政部部长詹姆斯·贝克（James Baker）当时的一个关于希望美元应该对德国马克跌值的讲话。实际上政府官员的弱化美元的这种讲话对股市根本算不得有推动作用，有时候这种讲话还被当成牛市的消息。外界另一个对 1987 年 10 月 19 日股市大跌的解释是当时众议院下属委员会推出的一个取消融资合并税务优惠的提案。虽然这个提案确实加速

⊖ 标准普尔的历史每日下跌幅度数据是由 G. 威廉·舒瓦特（G. William Schwert）1997 年的专著，《股票市场波动：大崩盘后的十年》（*Stock Market Volatility: Ten Years after the Crash*）中取得。（布鲁斯 – 沃顿金融服务文章系列，1998 年出版，65-99 页。）

了卖空，但是它发生的时间是大跌之前的 3 个交易日。因此，说这个法案导致了 10 月 19 日的大跌还真有点牵强附会，更不要说这种延迟反应与有效市场假说认为市场价格即时反映市场上所有新的信息的这个说法简直是背道而驰。

那么到底是什么导致了 1987 年 10 月 19 日的大崩盘呢？我有两个可能的解释，二者结合可能比当时任何一个以基本面来解释价格变动的方式都能更好地解释这次崩盘。

（1）投资组合保险。投资组合保险是一种市场对冲的方法，该方法预设了在投资组合价格下跌时对远期股票指数进行卖空操作，目的是降低投资组合的风险暴露（risk exposure）。卖空之后持有现金，待股票价值上升时便可增加净买入头寸以达到原定的完全头寸。投资组合保险在 1987 年 10 月的崩盘前被广泛使用，而且至崩盘为止，市场上有大量的投资是以这种对冲的方式管理的，目的是在市价下跌的时候可以自动卖空。而投资组合保险背后的假设是，市场价格是平滑移动的。但是如果哪天市价忽然大幅下跌，这个对冲策略的理论结果便会与实际结果产生巨大偏差。而 1987 年 10 月 19 日市场恰恰发生了大幅下跌，市价在一开盘的时候就跌过了投资组合保险的预设卖出临界值，这就引起了排山倒海似的卖空订单在理论模型设定的临界值以下被执行。这种卖空随即让市价变得更低，使得投资组合保险所预设的卖出机制在更低的价格下执行，这个过程就像多米诺骨牌一样，不断重复。同时，职业交易员看到了未来投资组合保险的价格会不断被拉低，于是便以卖空进行盈利，这又更加加速了市场的下跌过程。投资组合保险在 1987 年 10 月 19 日崩盘中起到的重要作用是无可否认的，而实际上这也是负责调查此次股市崩盘的布兰迪委员会（Brady commission）的一个基本结论。

（2）市场估值过高。另一个直接的解释是 1987 年 10 月的股市大跌是市场对股价过高进行回调的一个延续。在 1987 年中期市场达到巅峰之后，股息率（dividend yield）也下滑至 2.7%，几乎达到了历史最低。在这个情况下，1987 年 10 月 19 日的大跌可以看作股价回归公允市场价值的一个加速回调。

然而，这两种解释都不符合有效市场假说。第一个解释如果按照有效市场假说，价格下滑应该是对公司基本面的负面消息的反映而不应该是投资组合保险所导致的卖空叠卖空。在第二个解释下，有效市场假说认为市场价格一般而言总是正确的，这就与市场价格下滑以调整过度估值这种说法自相矛盾。

与有效市场假说不可分割的潜在假设是，市场价格变动是按照随机游走（random walk）模型进行的（亦即价格变化呈正态分布[⊖]）。这个正态分布假设使得我们得以计算不同量级的价格变动的可能性。经济学家马克·鲁宾斯坦（Mark Rubinstein）是这样绘声绘色地描述 1987 年 10 月的股市大崩盘的：

"坚信几何布朗运动假设或者是股票回报呈对数正态分布假设（这是现代金融学的奠基石之一）的人从此便要面对一个无法解释的现实：假设股票指数回报呈对数正态分布，并且年化波动为 20%（这个是 1928 年以来的平均历史波动值），那么股票市场一天下跌 29% 的可能性为 10^{-160}。这说明下跌 29% 是有多么的不可能呢？这事就算股市能运行个 200 亿年直到地老天荒宇宙尽头

⊖　更严格地说，这个假设是说市场价格的变动呈对数正态分布（lognormally distributed），也就是价格变化的对数呈正态分布。对数正态分布是个必要的假设，因为股价可以上涨超过 100%，但是如果下跌超过 100% 股价就会变成负数，而负数是不可能的。在对数正态分布中，价格上涨一个因子（k）的可能性与价格下跌为此因子的倒数（1/k）的可能性相等。比如，如果 k＝2，那么价格上涨 2 倍（即为原来价格乘 2）的可能性和价格下跌一半（即为原来价格的 1/2）的可能性相等。

也不应该发生。实际上，就算股市能在 200 亿年宇宙发生大爆炸之后重生再运行个 200 亿年这事也不该发生。"

实际上鲁宾斯坦的危言耸听还大大低估了这次崩盘的不可能性。10^{-160} 这个可能性远远比他例子里所暗指的 200 亿的平方分之一要小。有多小？ 10^{-160} 发生的可能性大概等于我们随手在宇宙里抓一个原子，然后随手再去抓一次，发现自己竟然捡到个一模一样的原子这样的概率[⊖]。

于是在有效市场假说的情景下我们对 1987 年的崩盘只有两种解释：

（1）哇！我们真是运气太差了！

（2）如果有效市场假说是对的，那么 1987 年崩盘发生的可能性属于不可能的领域。如果这个模型引向不可能，说明模型本身是错的。

基本面的变化与股价变化之间的断裂

有效市场假说认为市价会即时反映所有基本面的变化。只有那些从来没有在市场上交易过的人，或者是对巨量的与之相反的实证证据视而不见的人才能成为这种理论的拥护者。有大量的情形证明，市场价格在新信息广泛传播之后一些时日才进行调整，以下就是一些例证。

铜：对存货减少的延迟反应

2002 年，铜的存货达到了天量，因而其市场价格自然滑至

⊖　这个计算是基于宇宙间有 10^{80} 个原子的假设。数据来源：www.wolframalpha.com。

低谷。从此，铜的存货便长期逐渐下降，但是价格却延迟了至少一年都不见反应（见图 2-3）。从 2003 年下半年开始，市场终于上调了一个平台，而铜的存货量仍在下滑。这之后，尽管铜的存货量继续下滑，市场价格仍继续循势向上长达一年（即 2004 年年初到 2005 年年初）。这个缓步上升的过程最终迎来了爆炸性的上涨，铜价在一年内翻了 3 倍。讽刺的是，这个爆炸性的上涨发生在铜的存货刚刚开始稳步小幅上升之际。

在理性市场的框架下，我们不难解释为什么市场在 2002 年铜存货下降到一年后牛市的开端之间存在长长的延迟。铜存货量在 2002 年到达巅峰的数量是如此巨大，以至于其后存货即使大量下跌，市场供应也还是绰绰有余不成问题，所以市场延迟反应也在情理之中。但是第二个延迟则难以解释。为何价格在 2004 年年初到 2005 年年初之间铜存货持续下降之际反而横盘上扬，然后就来了个迟来的大牛市？

伦敦金属交易所的近期和远期月份合同价差（price spread）给了我们重要的线索（注：铜是按照不同的远期交货日以标准合同进行交易的）。一般来说，铜（以及其他可储存商品）的价差呈一个升水（contango）结构。升水是一个技术术语，指的是远期的合同月越远，其交易价格就比合同月近的合约要高。因为持有存货有成本（例如融资成本、仓储成本等），所以这种远期合同相对近期合同的交易价格溢价是可以理解的。如果市场上的供应量充足，这些商品的存储者必须得到补偿，因此远期合同会以溢价交易。反过来，如果供应量不足，那么一切就不同了。拿不到存货的担心会超过存储成本考虑，这个时候买家会担心供应量不足而对近期合同支付溢价，由此近期月份的合同会比远期月份的合同卖得更贵，这种市场结构称为贴水（backwardation）。

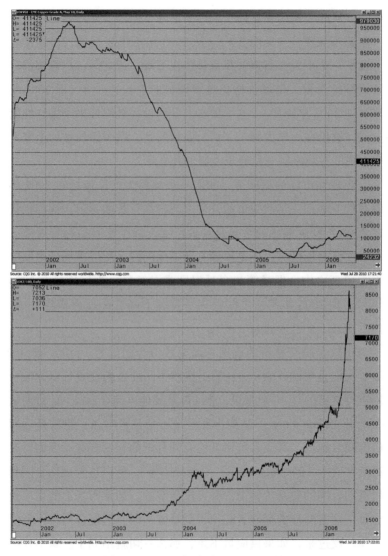

图 2-3 伦敦金属交易所铜存货（上图）及价格（下图）

资料来源：CQG, Inc. © 2012 All rights reserved worldwide.

当市场处于贴水状态，生产商对未来产出进行对冲的需要就减少了，因为如果对冲的话他们会锁定比现行市价更低的价格。更为关键的是，当对冲合同逐渐趋近到期日时，如果即期商品价格水平（cash price）保持不变或者有所升高，合同的价格就必须升高以贴近现货价格，这样远期卖空对冲头寸会产生大量的追加保证金通知（margin calls）。上述所说的对冲卖空的减少，加上昂贵的追加保证金通知而造成厂商空头回补（short covering），二者相结合会导致价格几近垂直的上升。如此说来，远期和近期合同之间的价差扩大除了可以作为市场供应量的晴雨表之外，也会对市场直接造成牛市效应。

图 2-4 描绘了 3 个月和 27 个月的远期铜交易合同价差。这个价差的变化看似与价格变化几近平行。2003 年下半年同价格的平台性上调与 2004 年年初价差结构从升水变为贴水这个时点相吻合（比较图 2-3 和图 2-4 可知）。其后铜价一年的反复上扬及其后的大幅上涨与价差结构的变化基本平行。以价差结构变化的时点来解释铜价的延迟反应并没有让有效市场假说的支持者摆脱困境。毕竟价差结构本身也是由价格来决定的。如果我们用价差结构来解释价格变化，那么问题就会变成：为何价差结构这个由价格决定的变量会延迟反映铜的基本面变化？

这是因为铜价和价差二者没能及时反映铜的基本面发生的重大变化（即存货量变化）。2006 年市场的基本面与 2005 年相比实际并没有本质差别，但是市场却以比 2005 年高出许多的价格进行交易（同时价差也出现了更高的贴水）。基本面和价格调整之间的巨大迟滞与有效市场假说关于价格会对于基本面即时进行调整的假说背道而驰。更为合理的解释是，市场的心理从不担心供应短缺逐渐变为对供应可能短缺的高度敏感，这个过程是缓慢的，它无法即时对基本面变化进行调整。

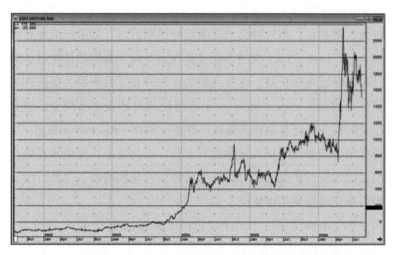

图2-4 伦敦金属交易所铜3月远期/27月远期合同价差变化图

资料来源：CQG,Inc. © 2012 All rights reserved worldwide.

房地产机器已声嘶力竭之时美国国家金融服务公司却股价暴涨

造成2008年的金融崩溃以及其后的大衰退有很多原因，但房价远远抛离历史水平的房地产泡沫在其中难辞其咎。一个世纪以来，自从采用了凯斯 – 席勒（Case-Shiller）住房价格指数，这个经过通胀调整后的指数就在70～130波动。但是在2003～2006年间的房市泡沫高峰，这个指数相比长期历史中位数翻了2倍都不止（见图2-5）。

次级房产贷款更加助燃了房地产泡沫。次贷是以将钱借给没有信用的贷款人并且无须首付，无须资产和收入验证。贷款人之间为了抢到借贷人的这种竞争如同一场竞相将钱借给最差贷款人的竞赛，而不论是从市场份额还是新增业务，美国国家金融服务公司（Countrywide）都是这场让人生疑的竞赛的大赢家。

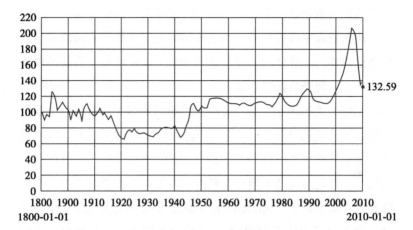

图 2-5　凯斯 – 席勒全美房产价格指数图（通胀调整后）

资料来源：www.multpl.com/case-shiller-home-price-index-inflation-adjusted/;
underlying data:Robert Shiller and Standard & Poor's.

　　在早期的泡沫年代，美国国家金融服务公司以附加贷款
（piggyback loans）的方式实际上对次贷的借贷者达到了零首付借
贷[⊖]。该公司大约一般的新增贷款都是可调节利率贷款（即 ARM
贷款），这种贷款将首年的引诱利率设得很低，其后则会大幅升
高。如果你觉得没有什么能比零首付加 ARM 的贷款质量更差的
话，美国国家金融服务公司在寻找低质量的贷款上的创造力会让
你大跌眼镜。美国国家金融服务公司发明了一种叫作选择性
ARM 的贷款方式，在这种方式下贷款人可以选择每月以低于月
供的方式进行偿付，这就无形中增加了贷款的本金。美国国家金
融服务公司在减少资产认证方面也遥遥领先，借贷者只需说出自
己的收入情况而无须任何文件证明。就连美国国家金融服务公司

⊖　关于美国国家金融服务公司的贷款政策及其操作，请见罗杰·罗温斯
　　坦（Roger Lowenstein）所著的《华尔街末日》（*The End of Wall Street*）。
　　纽约企鹅出版社，2010。

自己的雇员都把这种贷款叫作"骗子贷款"。如果任何一个贷款者的初次贷款申请被拒了，那么美国国家金融服务公司的雇员会帮助这位客户（潜台词：帮助客户撒谎）重新填写一份新的申请表，则无一例外会获得通过。

实际上美国国家金融服务公司发出了许多无须首付，无须资产和收入验证的贷款。在使用了选择性 ARM 的情况下，这些贷款甚至会变成负摊销的贷款。这样一来，在这些劣质贷款的特定结构下，任何房价的下滑都会使这些入不敷出的贷款人的所借房贷变成"水下贷款"（underwater loans，即欠的房贷比房子价值还多，卖了房子也还不起房贷），这注定了灾难。简而言之，美国国家金融服务公司的操作依赖于房价永远不停上涨，任何房地产市场的下滑都会使其孤立无援。

标准普尔/凯斯-席勒房价指数在 2006 年春天达到巅峰（见图 2-6）。与此同时，ARM 次贷的拖欠率和抵押房屋止赎（foreclosure）在 2006 年稳步上升，在 2007 年则加速上升（见图 2-7 和图 2-8）。但是尽管事情如此恶化，美国国家金融服务公司的股价却仍高高在上，甚至在 2007 年 1 月创了新高并在 2007 年上半年保持强劲。直到房市高峰回落以及违约率和抵押房屋止赎数量大幅上升的一年半之后，即 2007 年 7 月，美国国家金融服务公司的股价才崩盘。美国国家金融服务公司股价对于基本面的这种巨大延迟的反应在图 2-6、图 2-7 和图 2-8 上显而易见，是对有效市场假说里市场价格即时反映基本面变化这种说法的直接驳斥。

次贷债券无视房屋抵押赎回取消的增长

我们在前面已经讲述过离谱的次贷债券定价问题。在这里，我们要讲讲另外一个问题：这些债券对不断恶化的基本面的延迟反应。由于这些债券的背后都是极其劣质的次级贷款（例如可调节利率、无须资产和收入验证等），房地产市场的细微变化都将置这些债券于死地。那么自然在房地产市场出现下跌征兆的时候，这些债券的价格应该大幅下跌至其面值以下才对。图 2-9 描绘了 ABX-HE-AAA 指数，该指数是与 20 个次贷 AAA 评级债券相关联的信用掉期（credit swap）的指数（信用掉期是一种金融工具，是对其指向的债券的风险溢价的镜像）。由图 2-9 可见，价格一直保持在债券面值左右，直到 2007 年 7 月才跳水。

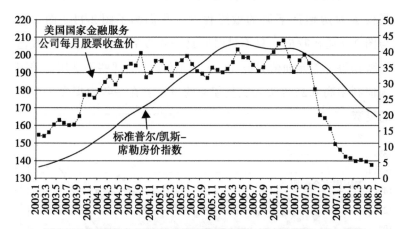

图 2-6　标准普尔 / 凯斯 – 席勒房价指数（20 城市综合、季节调整后）与美国国家金融服务公司每月股票收盘价走势比较

资料来源：S&P Dow Jones Indices and Fiserv.

那么从图 2-9 中我们是否可以推导出，房地产市场是在 2007 年夏天才开始下调的呢？图 2-10 告诉我们，实际上次贷的贷款拖欠率在一年前就已经达到过去数年来的高峰了，并且一直向上。在次贷债券于 2007 年 7 月跳水之前，贷款拖欠率已经在过去几年横向上涨至其 2 倍都不止了。房屋抵押止赎（见图 2-10）

在几个月后加速上涨，但在 2007 年中，这个数字也已经比过去翻了 3 倍多。

即便次贷债券对逐渐走弱的房地产市场应该极其敏感，但是市场对不断走高的贷款拖欠率和房屋抵押止赎不断走高视而不见的本事也是令人咋舌。说到令人咋舌，这比起有效市场假说认为价格会即时反映所有市面上的信息来说也只是小巫见大巫。面对次贷债券定价结构如此重要的信息，市场却迟迟没有反应，还拖了一年之久，更遑论"即时反应"了。为了凸显次贷债券对房地产下调的敏感程度，我们画了图 2-11。图 2-11 与图 2-9 遥相呼应，只不过时间是一年以后，彼时这个指数已经跌到每 1 美元面值只值 30 美分的地步了。那些不幸用比美国国债利率高 0.25% 买入次贷债券的投资者在一年内损失了 70% 的投资。

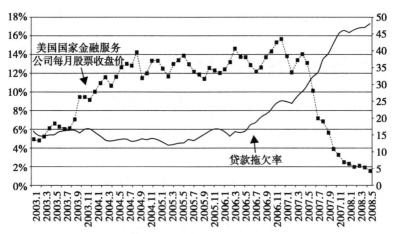

图 2-7   可调节利率次贷总拖欠率与美国国家金融服务公司每
月股票收盘价比较

资料来源：OTS（delinquency data）.

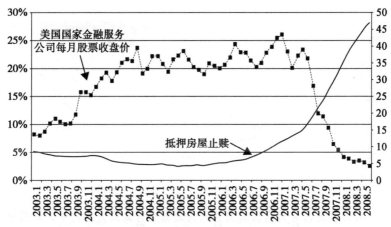

图 2-8　可调节利率次贷抵押房屋止赎及银行收回抵押（REO）
与美国金融服务公司每月股票收盘价比较

资料来源：OTS（delinquency data）.

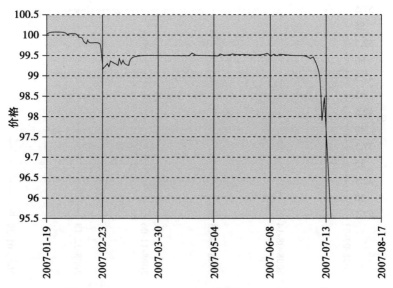

图 2-9　ABX-HE-AAA 07-1 指数，2007 年 1～8 月

资料来源：Markit.com.

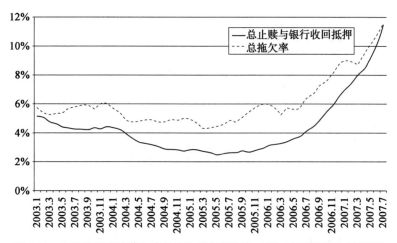

图 2-10 可调节利率次贷总贷款拖欠率与抵押品止赎（包括银行收回抵押）
资料来源：OTS.

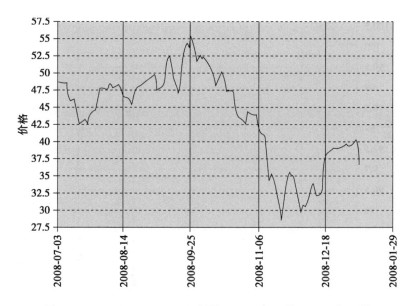

图 2-11 ABX-HE-AAA 07-1 指数，2008 年 7 月～2009 年 1 月
资料来源：Markit.com.

价格变化决定了金融新闻

当然，重要的**意料之外**的事件公之于众的时候总是会引起市场的即时反应，但是有效市场假说所假定的"价格对基本面变化总是即时反应"在更多时候却是逆向而行的，我们还不如说金融新闻总是即时反映股票价格变化更为精确。在任何一天无论市场是上行还是下行，财经记者总得为市场找点解释。因此，他们总是在当天的新闻里找到那么一点不管重不重要的巧合来解释股价变化。这个例行公事般的过程导致了一个后果，就是同样的新闻可以在市场上行或者下行反转的不同的情况下，被解释为牛市或者熊市的征兆。

2011 年 8 月 26 日发生的事就是一个好例子。市场在那天早上大幅下跌，下午却又反转大幅上升。那天市场目光聚焦在当天美联储主席本·伯南克（Ben bernanke）的一个讲话上。下面的两个新闻标题是同一个新闻通讯社发布的：

《华尔街在伯南克讲话后大跌》

《伯南克讲话留一线希望，华尔街反弹》

第一个新闻说："美联储主席本·伯南克论断美国经济涨幅难符预期，但其并无后续表示要振兴美国经济。在此讲话后，各大指数下滑超过 1%。"而第二个新闻则与第一个新闻的解释极为不同："伯南克点燃了美联储可能会在 9 月的延伸政策会议中考虑进一步刺激经济的希望。"

现在你知道了，一个消息在成为牛市消息之前就是个熊市消息。更为合理的解释是，为了迎合市场的走势，同一个事件的解读是可以截然不同的。我敢说，如果当日下午市场没有反弹的话，是绝对不会出来后面那个对伯南克讲话中正面的论调进行报道的新闻的。市场走势决定了对新闻的解读，而不是反之。

我们常常看到市场对于一个已经存在已久的基本面消息走高，或者对一个已经过去很久的由于基本面消息走得过低的价格进行回调。但是这些真实影响股价的过去已久的基本面消息却不如当日发生的那些鸡毛蒜皮的小事对新闻记者来得有价值。你什么时候看到过财经报纸会说《市场大幅上涨，因牛市基本面持续无变》，又或者《市场上扬只因对近日过分下跌正确回调》？

运好还是技高？文艺复兴大奖章基金的辉煌纪录

有效市场假说对于有些投资者能反复跑赢大市挣到钱提供了一个直接的解释：运气好。他们认为，对于一个足够大的投资者群体，概率论证明会有那么一小撮运气好的人总能在一定时间以大概率跑赢大市。举个例子，我们假设跑赢大市某个标杆值的可能性是50%，在一个由10万个投资者组成的群体中，至少有一个人能连续跑赢大市15年的概率高于95%。就是说，在一个这么大的群体里，15年里一个跑赢大市的人都没有会让人大为惊讶，虽然跑赢大市15年这个殊荣落到某一个特定的投资者头上的概率无比小：这个概率是十万分之三。有效市场假说的支持者论证说，市场参与者那么多，总会有一些人能在很长的一段时间里跑赢大市的，这不能证明他们技高一筹，只能说他们祖上积德，运气无双。这个论断看上去完全正确，但是却没有考虑到一个极其重要的方面，那就是到底跑赢到什么程度。事实是，有些基金经理不仅仅是在很长的时间内跑赢了市场的参考指标，而且他们还以大幅度胜出。如果有效市场假说是真的的话，那么我们不仅要考虑跑赢的次数，还要考虑跑赢的幅度。

我们有太多的例子可以证明"跑赢大市靠运气"这个论断的理论框架是不合理的，但是我只想举一个例子：文艺复兴大奖章基金（Renaissance Medallion fund）。该基金由数学家詹姆斯·西蒙斯（Jim Simons）领导，并且麾下有一批杰出的数学家和科学家。在 1990 年到 2009 年年初我们有数据的这 19 年当中，这个基金的平均月回报是 4.77%，而且在 90% 的月份中其回报为正。（我们用的是毛回报，而非净回报，因为我们想看的是数学上如何证明这个辉煌纪录的概率，而不是其隐含的除去费用之后给投资者的回报。）也就是说，如果你在这个期间的开始投入 1 000 美元的资本，最后能变成 3 500 万美元。

面对这种光芒万丈的记录的时候，有效市场假说的支持者总会祭出一个"莎士比亚猴子"的解释来。就是说，如果你有一群足够大的猴群，让这些猴子日夜敲打打字机键盘，总有一只猴子早晚能写出《哈姆雷特》来。这个隐喻的意思是，如果你能有一群足够大的投资者，你总能找到一两个飞黄腾达的，只不过是运气罢了。这些说法都没错，但关键问题是：你需要多少猴子才能写出《哈姆雷特》？或者说，在我们说的大幅跑赢市场的这个场景里，你要有多大的投资者群体才能找到一个像文艺复兴大奖章基金的这种辉煌成就？而事实是如果市场果真有效的话，能达到文艺复兴大奖章基金这般成就的概率是无比的小（即 10^{-48}）。就是说如果想靠运气达到复兴奖章基金的成就，这个群体的人数应该更接近于地球中存在的原子数量，而非地球上人类的数量，更不要说为数更小的市场参与者了⊖。

⊖　这个计算是基于地球有 10^{50} 个原子的假设。数据来源：www.wolframalpha.com。

有效市场假说的错误前提：以棋局为喻

有效市场假说之所以认为市场无法战胜是因为它假设每个人手里都有一些别人不知道的信息，而这个假设在概念上本来就是有问题的。实际即便每个人都有市场上所有的信息，他们对这些信息的诠释，以及所推及的市场价格或者股票价格的结论也是不同的。举个下棋锦标赛的例子，所有的棋手都知道比赛的规则，也都能看到过去棋赛冠军的棋谱，但是总是只有一小部分人能获胜。因此没办法说所有人对相同的信息的使用效率是完全一样的。市场参与者在一定程度上面对的是一个比下棋更为复杂的比赛（因为有太多变量，而且规则也在不停地变），他们与棋手有何不同？

在棋局锦标赛中，一小部分高手会利用弱者的错误赢取大部分的棋局。和下棋一样，我们也可以预料到市场中的高手会在所谓的市场棋局对市场现状进行解读，他们解读与别人同样的信息但却对于市场的可能走势得出完全不同的结论。在这个概念框架下，技巧较弱的大众投资者会犯错，并把市场价格推向错误的水平（即价格偏离了不可知的均衡值），这就为市场高手们提供了机会。简而言之，传播信息的平等不等于使用信息的平等。

由于所有的市场参与者都得支付佣金和手续费，所以主流的投资者的业绩都会低于平均水平。这个论断在零和（zero-sum）市场条件下是正确的，例如远期市场，买入的资本总和总是等于卖空的资本总和⊖。就是说如果我们假设远期市场上只有世界上

⊖　当然，有些远期市场投资者，特别是套利和对冲投资者，会在其他市场上持有相反的头寸。为了避免不必要的复杂化，我们把远期市场作为一个独立的自足的市场。

最强的 100 个投资者在其中交易的话，你可以放心地预测他们之间的多数人都会是输家。但是这个情况在市场上有大部分是买入头寸的时候会变得很微妙，股票市场正是如此。这里的关键问题不是投资者有没有赚钱，而是他们是否跑赢了市场指数，这是整个市场系统性回报的指标。在这个问题上，大量的证据证明市场参与者多数都跑不赢大市。一直以来，学术研究都反复证明了只持有多头头寸的基金是跑输市场指数的⊖。这个论断对于个人投资者、分析师，以及提供荐股的财经专栏的作者们来说都是适用的。据我所知，并没有任何一个研究表明这些群体作为总体能在很长的一段时间内跑赢市场（虽然有一小撮个人或者这些群体里的少数能做到）。

这个在所有市场上大多数投资者都无法跑赢大市的事实，给了我们有效市场假说就是真理这样的错觉。但是市场很难跑赢，不等于我们无法跑赢市场。在相信大多数市场参与者都跑输大市的同时，我们仍然可以相信有小部分技高一筹的交易者能跑赢市场（这在数量上以及在盈利程度上都无法用概率论来解释）。正如一部分棋手能不断地在棋赛中胜出一样，总有一小部分技高一筹的投资者能大幅地跑赢市场。事实上，在这两个领域，这些少数人的机会都来自其余大多数人的错误。

有些投资者甚至并没有想要赢

不仅是有些市场参与者比其他人技高一筹，而且有那么一部

⊖　什么才是"只持有多头头寸"对于我们这个论断的真实性至关重要。持有大量的空头头寸（即便净头寸是多头头寸）的股票对冲基金被证明在风险和回报的层面上是跑赢股票指数的。但是只要对冲基金既持有空头头寸又持有多头头寸，市场指数便不再是一个合适的参照指标了。

分人他们的动机并非牟利。有效市场假说假定所有的市场参与者在现有的信息下会把价格推向经济意义上正确的水平，但是有些市场参与者并不是来市场里寻求利润最大化的，而是有自己的目的。让我们来讨论以下两个例子。

（1）对冲投资者。这个群体以市场作为另一种形式的保险从而降低风险。举个例子，一个卖玉米的农民可能会以远期合同卖掉玉米，并非他认为现有价格过高，而是他想以此锁定价格。这个农民甚至可能相信现有玉米的价格已经过低而仍然持有卖空合同，因为他害怕未来玉米收割的时候价格会走得更低所以想规避风险。相似的，一个麦片生产商会买入玉米的远期合同以锁定原料的成本，而不是认为市场未来会走高。基于规避风险所做的决定会让对冲投资者买入或者卖出，这导致了价格偏离均衡，而非趋近均衡。

（2）政府。对市场进行干预以达到经济目标或者是遵循国际协议也可以催化市价偏离自然均衡水平。经典的例子可能莫过于英格兰银行在 1992 年对英镑的支持了。彼时英国是汇率机制（exchange rate mechanism，ERM）这样一个欧洲货币合约的成员国，目的在于保持各国的相对货币股价在一个预设的范围内波动。那时候德国的主要目标是要在这个协议签订后控制通胀，这个目标使得德意志联邦银行把利率保持在一个相当高的水平。为了避免货币从英镑外流至马克导致英镑贬值，以至于英镑估值无法保持在 ERM 协议范围内这样的结果，英格兰银行被迫也提高了利率。但是问题在于，当时英国正处于衰退，这样的经济现实并不适于提高利率，而相反应该降低利率。

即使英国的汇率处在汇率机制所制定的利率范围的低值，英镑的价值对于马克也是高于由两国截然不同的经济现状决定的均衡值。为了防止英镑其后对马克的价值下滑，英格兰银行只好干预市场并支持英镑。这个例子确实令人惊讶，但是现实中类似这样政府干预市场，并把价格推向均衡价格反面，给投机者制造机会的例子却并不鲜见。英格兰银行对英镑支持的企划最后被投机卖空淹没，其中的赢家有以 100 亿美元头寸卖空英镑的乔治·索罗斯（George Soros）及其同事斯坦利·德鲁肯米勒（Stanley Druckenmiller）。一旦英格兰银行放弃营救英镑，英镑价值便直落到低得多的均衡价格。索罗斯和德鲁肯米勒在这个交易里挣了超过 10 亿美元的利润⊖。

有些人认为英镑的这次大幅贬值的始作俑者是像索罗斯和德鲁肯米勒这样的投机套利者，我只能说这个结论本末倒置。英镑在一开始并未大幅滑落是由于英格兰银行的大力扶持，一旦这个市场干预力量撤出，英镑马上应声回落到由经济情况所决定的更低的均衡价值。实际上，投机者的作用只不过是提早结束了这场人为维持的英镑高估而已，并不是造成英镑大跌的原因。不错，星星之火可以燎原，但是着火真正的原因是整个结构的不稳定。

简而言之，对冲投资者和政府的市场行为会导致市价偏离其均衡值并为套利带来机会，但是有效市场假说并不容纳这个解释。

缺了哪一块

如果有效市场假说的支持者要写一本菜谱的话，他们写出来的鸡汤菜谱应该是这样的：

- 1 茶匙橄榄油
- 2 个洋葱

⊖　关于这个事件更为详细的论述参见塞巴斯蒂安·马拉比（Sebastian Mallaby）所著的《富可敌国》（*More Money Than God*），2010 年纽约企鹅出版社出版。此书提供了对冲基金行业的完整历史和主要交易员的信息。

- 1.8 升沸水
- 盐
- 2 片香叶
- 1 个大胡萝卜
- 1 根芹菜梗
- ½ 茶匙干百里香
- ¼ 量杯新鲜香菜叶
- 胡椒粉

这个菜谱看着不错，但是你有没有发现它缺了一个重要的成分：鸡。

对于那些每天在市场里交易的人来说，一个关于市场定价的，却对人类情绪对定价所起的作用绝口不提的模型，正像一个没有鸡的鸡汤菜谱。有效市场假说假定市场总是有理性地进行反应，这个说法忽视了市场交易员都是人而非机器人这个重要事实，而人总是对自己情绪比对外界信息的反应要大得多。

正如行为经济学家所一再证明的那样，人们总是不自觉地做出非理性的决定。下面举个例子。前景理论（prospect theory）的奠基人卡尼曼和特沃斯基曾做过一个经典实验。在实验里实验对象将面对两个选择：一个是他一定能拿到 3 000 美元；另一个是有 80% 的概率他能拿到 4 000 美元，但是 20% 的机会什么都得不到。问，你选哪个⊖？大多数人都会选第一个，即 3 000 美元

⊖　资料来自丹尼尔·卡尼曼（Daniel Kahneman）和阿莫斯·特沃斯基（Amos Tversky）发表的文章"前景理论：关于风险下所做决定的研究"（Prospect Theory: An Analysis of Decision under Risk），发表于《计量经济学》（Econometrica）47 期第 2 卷，1979 年 3 月出版，263-291 页。前景理论是决策理论的分支，旨在通过研究个体如何看待各种不同的选择来研究为何个体在做决定时会偏离理性决策（定义来源：www.qfinance.com）。

稳拿到手，哪怕另一个选项其实期望收益更高（0.80×4 000 美元＝3 200 美元）。之后他们给实验者另一个选择，问他们是想要3 000 美元确定的损失，还是 80% 的机会损失 4 000 美元、20%的机会不损失一分钱，这一次大多数人都选了 80% 的机会损失4 000 美元这个选项，明明这个选项的期望损失是 3 200 美元。在上述两种情况里，大部分人都选了期望值低的盈利和期望值高的损失，这些决定是非理性的决定。为什么会这样？因为这个实验反映了人类行为中对风险和收益阐释的一个奇特之处：人们在面对收益的时候是规避风险的，但是在面对损失的时候却又老想赌一赌看能否避免损失。这个行为上的奇特之处和市场交易息息相关，这就解释了为何很多人在投资损失的时候任其自生自灭，但是却在盈利的时候草草收官。因此，我们常说的那个市场的金玉良言"逐利止损"在现实中正是被大多数人反向操作的。

破产企业的股票就是人类天性如何让损失一直延续的最佳例证。在一个公司破产的时候，普通股的投资者是最后才分到钱的。就是说，公司的资产变卖之后会优先偿付债券投资者、其他各种债主，然后是雇员，之后是对政府交税，再之后是优先股投资者。如果还有剩余，则会偿付给普通股持有者。也就是说，除了很极端的情况之外，只要一个公司申请破产了，其普通股便基本一文不值了。然而我们会看到破产股却一直在比零高出许多的价格水平进行交易，要过很长一段时间才会趋向分毫无存。这是为什么呢？这是因为即便一个股票价值跌到 0 的概率是 100%，人们也会自我安慰说"我买这股票的时候花了 30 美元，现在已经跌了 29 美元了，还剩 1 美元。反正最糟的情况不就是 30 美元都跌完了嘛，我还不如放手一搏，看看有没有机会上涨呢。"人们就是这样，在面对损失的时候总是愿意承受风险，这一点能解释市场上大量的行为。

理性行为和基础经济学理论认为，当一个商品价格上涨的时候，人们对它的购买意愿便会减弱。然而，市场对于股票价格的反应却与此背道而驰。即股价越涨却越能够吸引更多的投资者来进行投资，因为他们都害怕错过一个大牛市。推到极致，便造就了资产泡沫。一个相同的基本面消息可以对应各种不同的价格水平，完全是由于人类混乱且无法预测的心理作用的影响。此前我们讨论过的互联网泡沫便是佳例。在短短 3 年间，互联网指数翻了 7 倍之多，随后又吐尽获利。对这个呈抛物线的互联网指数最好的解释就是人类心理从狂热到恐惧的变化，而不是什么基本面发生了巨大的进步或退步。

这里最重要的观点是有效市场假说置人类情绪对股价的影响于不顾，因此必然成为一个残缺的价格行为理论。实际上我们所举出的与有效市场假说相悖的例子，基本都是由人类的心理和非理性行为造成的价格扭曲。市场并没有精确地反映所有的信息，而是根据市场当时情绪的情况对信息反应过度或者反应不足。而这正为交易提供了绝佳的机会。

一个现实的关于市场运作的模型应该对公司基本面和投资者情绪兼收并蓄。在不同的投资者情绪环境下，一个完全相同的基本面消息可以引致完全不同的股价水平。在市场过去的历史中，那些市场泡沫和崩盘都证明了"全民疯狂"⊖是可以把市场价格推到任何理性估值都无法企及的层面，直至引发以任何基本面消息都无法解释的暴跌。用于描述 17 世纪的郁金香热的一句话正

⊖　这个词是从查尔斯·麦基（Charles Mackay）1841 年的经典之作书名中截取的：《非同寻常的大众幻想与全民疯狂》（*Extraordinary Popular Delusions and the Madness of Crowds*，纽约百老汇书局，1995 年版）。

好描述了当时大家争相购买回报低得可怜的劣质次级贷款债券的情形："房子和土地……都被用来支付花市上的讨价还价了。"⊖这些闹剧和众多的其他事件都无法用基本面信息的改变来解释。我们只能站在承认人类情绪的巨大影响力的角度来解释这些非理性行为。

瞎猫碰到死耗子：为何市场如此难以战胜

有效市场假说的支持者认为市场难以战胜，这一点毫无疑问。然而，他们能得出这个结论完全是瞎猫碰到死耗子。市场之所以难以战胜并不是因为市价在瞬间对市场上所有的信息进行了反应（虽然有时候市场确实反映了信息），而是投资者的情绪对市价的影响令人难以捉摸。有时候市场情绪会导致市价高居不下，完全无法反映资产公允价值，我们称之为市场泡沫。在另一些时候，市场情绪会引起市价低于公允价值，这种情况我们称之为市场恐慌。在大多数的时候，市场情绪对价格的干扰是有限的，这种市场环境接近于有效市场假说的市场环境。所以在有效市场假说（不考虑市场情绪对价格的影响）下，要么是市价和资产公允价值没有巨大分歧，要么就是我们无法确认到底市价和公允价值的分歧有多大。

虽然很多时候我们可以判断市场到底何时处于狂热，何时处于恐慌，但是却难以确认到底泡沫和恐慌已经发展到何种程度，这正是我们难以战胜市场的原因。你可以正确无误地判断市场现在公允价值何在，但是如果你操作过早，你仍然可以输得分文不剩。举个例子，假想一个投资者在 1999 年年末发现科技股加速上扬是估值过高的表现，他在纳斯达克指数到达 3 000 点的

⊖　资料来源：查尔斯·麦基著作《非同寻常的大众幻想与全民疯狂》（*Extraordinary Popular Delusions and the Madness of Crowds*，纽约百老汇书局，1995 年版）。

时候卖空该指数。没错，他确实正确估计了市场的公允价值，这个公允价值就是泡沫破裂以后 10 年期间科技股指数的价值（即 1 100～2 900 这个区间）。但是，我们这个倒霉的投资者仍然输得家徒四壁，因为他并未料到市场在其后还暴涨了 68%，在 2000 年 3 月直冲 5 048 点高峰（见图 2-12）。虽然他对市场走势的研判完全正确，他只要再等 4 个月便能在这个 10 年以来的大牛市顶部坐等丰收，可惜他的交易却因时间不对而成为巨大灾难。在这里，我们总不能再用市价完全反映市场信息来解释为何市场难以战胜了吧？

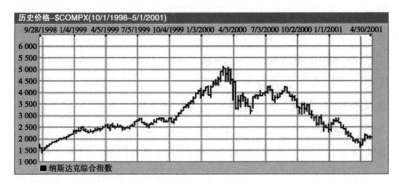

图 2-12　纳斯达克指数走势图，1998 年 10 月～2001 年 5 月
资料来源：moneycentral.msn.com.

承认市场情绪会强烈影响价格变化有一个很重要的含义，就是这个观点认为市场的情绪变化和无法预测会导出市场难以战胜这样的结论，但是并不能得出无法战胜市场这样的结论。实际上，由于市场情绪所导致的市价与基本面之间的偏差正好给市场提供了交易和投资的大好良机⊖。

⊖　我们无意把情绪和理性说成水火不容，实际上二者之间的交互反应是非常复杂的。比如，可能参与一个被市场情绪所驱动的泡沫是个理性的行为。我们的意思只不过是说情绪对市场的影响和有效市场假说的模型格格不入。

对有效市场假说的谬误进行诊断

我们现在终于可以确定有效市场假说的谬误到底是什么了。有效市场假说可以用以下几个方面来概括。

（1）市场会反映所有公开信息。

（2）因此价格永远都是正确的。

（3）新信息的降临是随机的。

（4）而价格的变化依赖于新的信息。

（5）所以我们无法战胜市场。

那么现在我们逐条看看这 5 个说法的正确性。

（1）市场会反映所有公开信息。

● 就算是真的吧。

（2）因此价格永远都是正确的。

● 错误!

● 市场交易是由人而非机器来完成的，因此人们常常对情绪的反应甚于对信息的反应$^{\ominus}$。人类的情绪会导致非理性

$\ominus$　虽然一部分交易是由计算机完成的，但这并不能否认更多数的交易行为反映了人类的决策行为。同时，计算机程序会被人修改和否决，因此计算机交易也反映了人类的情绪。一个经典的例子是 2007 年 8 月那些统计学套利基金的崩溃。统计套利（statistical arbitrage）是一种对市场中立的均值回归（mean reversion）策略，它使用数学模型来探知价格波动中的反常表现，在市价（与其模型相比）估值过高时出售股票，市价估值过低时则买入股票。由于该策略对市场的多维度（例如市场、行业、市值、地区等）进行中和，它常常需要借助巨大的财务杠杆以达到理想的回报水平。统计套利基金作为一个整体，里面各个基金常常重复买入和卖空相同的股票。2007 年 8 月，一部分统计套利基金清算了，这导致其他使用该策略的统计套利基金恐慌地发现它们的投资组合发生了巨大逆转，买入头寸下跌，卖空头寸却同时在上涨。更糟糕的是这个策略隐含的高杠杆使得它们的损失被放大。这个模型的坍塌和由于某些套利基金清算而引起的同类型基金的崩溃引起了连锁反应。在这种一片混乱和高度紧张的环境下，人类的情绪以及决策在一个本应只由计算机完成的策略里起到了重大作用。

行为并使价格偏离对基本面的客观研判。

（3）新信息的降临是随机的。

- 就算是真的吧。

（4）而价格的变化依赖于新的信息。

- 错误！
- 价格的变化远远落后于信息发布。
- 价格经常在没有新信息的情况下发生变化。比如，市场泡沫和恐慌都是靠市场动量（momentum）自给自足的，无须新信息。

（5）所以我们无法战胜市场。

- 错误！
- 价格有可能与合理的估值相去甚远。
- 价格波动和信息的方向不尽相同。
- 有些人更善于阐释信息。

为何有效市场假说注定要被经济学理论所抛弃

有效市场假说的支持者面对海量的证据无法自圆其说，却始终不肯放弃这个理论。其原因在于，这个假说给广泛的金融应用包括风险评估、最优化组合分配，以及期权定价提供了至关重要的理论依据。可惜，一个无奈的事实是，这些应用由于基础假设是错的很可能会导致错误结论。更有甚者，这些错误总是在犯错成本最高的时候最为极端（例如市场泡沫和市场恐慌的时候）。从某种程度上来说，有效市场假说的支持者正如寓言里那个一直在停车场的灯柱下找钥匙（因为只有那里有光）的人一样可笑。有效市场假设存在大量的严重漏洞，如下所述。

- 如果为真, 不可能的事已经不止一次发生了! 如果有效市场假说为真的话, 有些价格波动的幅度之大从概率上看根本不可能发生。
- 如果有效市场假说为真的话, 有些市场参与者的辉煌业绩在概率上也是不可能发生的。
- 其假定的完美价格调整机制是错的。持有信息的知情交易者对价格的影响有可能被不知情交易者的行为暂时盖过, 又可能会受到不以盈利为目的的对冲投资者或政府的行为干扰。
- 市场价格与合理估值之间产生巨大分歧简直是家常便饭。
- 价格经常在基本面消息释放之后很久才有所反应。
- 每个人都持有相同的信息不等于每个人都同等地利用这些信息。
- 有效市场假说并没有考虑人类情绪对价格的影响, 因此遗漏了这个在历史上时常 (如市场泡沫和崩盘时) 比基本面更重要的价格影响因素。

投资错觉

◆ **投资错觉 2**: 市场价格完美地反映了所有公开信息。

真相: 市场价格常常与合理的公允价值背道而驰。有时候市场价格相对于基本面过分高估, 有时候则过于低估。

◆ **投资错觉 3**: 市场是无法战胜的。

真相: 市场只是难以战胜而不是无法战胜。二者的区别至关重要, 因为这说明了有些赢家之所以成为赢家是因为他们技高一筹, 而非运气超常 (虽然不排除有些赢家是运气好)。

战胜市场之难蒙蔽了许多人，使他们认为市场是无法战胜的，除非你运气够好。

◆ **投资错觉4**：市场价格会即时反映基本面的变化。

真相：价格的变化常常落后于基本面的变化。有时候价格还受到市场情绪的影响而非基本面变化的影响。

◆ **投资错觉5**：在有效市场模型的假设下我们可以用历史价格变化来从概率上估计未来价格变化的幅度。

真相：基于有效市场的模型隐含了价格变化呈正态分布这个假设。这个假设有助于我们计算一般价格变化的概率，但是却会造成对价格大幅变化的概率的低估。这个模型假设的缺陷是致命的：现实中发生巨大亏损的风险比用基于有效市场假说的传统风险模型计算出来的发生巨大亏损的风险要高得多。

投资见解

有效市场假说是众多投资理论所依赖的理论依据，但是它大多数的重要假设都不符合市场真正运作的规律。虽然市场常常在定价方面都是有效的（或者接近有效），但是例外情形时有发生。而正是这些例外给市场参与者制造了跑赢大市的机会。我们确实难以战胜市场，认识到这一点意味着对于大多数投资者来说，教科书给出的建议可能是他们最好的选择——投资指数基金，这样你至少能挣得和市场一样。但是，难以战胜和无法战胜之间有巨大区别。如果你对市场有兴趣，愿意投入时间和精力来形成自己的一套投资策略，并且坚持遵循自己的投资计划，那么你的坚持就不要被有效市场假说吓倒。

　　市场价格仅仅受到基本面影响这个论断过于简单化了，价格是由基本面和市场情绪一起决定的。有时候人类情绪的影响甚至完全盖过了基本面的影响。例如，我觉得要解释短短 3 年内科技股指数翻了 7 倍其后又完全吐利这个事实，用市场泡沫这个解释比用基本面在这 3 年里发生了巨幅涨跌这个解释更为靠谱。人类的情绪会严重干扰市场定价，但也会给市场提供绝佳的投资机会。

第 3 章

历史回报的残暴统治

我们什么时候应该投资？在众多投资产品面前，我们又应该选择哪种产品进行投资？几乎在所有的投资决策中，历史回报都是决策的关键要素。投资者的小算盘很简单：回报高的就是好的产品，回报低或者亏损的就是差的。所以，当股市上涨的时候，投资者的购买意愿便会增强；反之，如果市场持续低迷一段时间，投资者便更倾向于变现而不是追加投资。

历史市场回报和投资者对股票共同基金的资金净投入之间存在强烈的相关关系，这点从图 3-1 可以看出。当标准普尔 500 指数开始下行的时候，投资者对共同基金的净流入也开始反转。在图 3-1 中可以看到，资本在 2002 年和 2008 年股市下跌之后大幅流出股票共同基金，但是流出之后一年（即 2003 年和 2009 年）股价却大幅上扬。

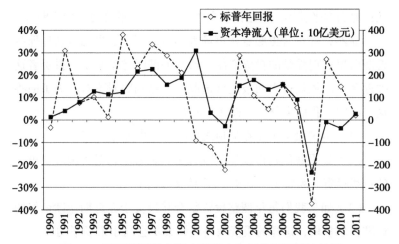

图 3-1 股票共同基金资本净流入与标普年回报比较图

资料来源：S&P returns: Standard & Poor's; mutual fund flows: 2011 Investment Company Fact Book（Washington, DC: Investment Company Institute）.

回报不仅决定了人们何时投资，同时也决定了他们会投资什么。一个投资产品如果在过去的 2 年、3 年或者 5 年中回报强劲的话，投资者的购买意愿会大大上升。那些回报稍微差强人意的，甚至是负回报的产品则会遭到投资者遗弃。投资者的这种心理是可以理解的，它由多种原因造成。首先，选择一个被历史证明能提供强劲回报的产品是完全符合逻辑的。其次，这些过去回报强劲的产品很可能在近期也得到各种评级机构的高评级。对，不出你的意料，各种基金都是以历史回报作为卖点的，这又进一步刺激了投资者的行为。杂志和报纸上的财经报道也都聚焦于过去回报好的基金。如果投资者用电脑程序在所有的基金数据库里进行挑选，无论标准怎么定，他们总会挑出一批在过去回报强劲的基金，而自动过滤那些回报较差的基金。投资组合优化程序也严重依赖历史回报，它们总是会挑选过去回报高的投资产品，虽然它们的选择也取决于回报波动性和投资产品之间相关性的约束。上面这些因素无一不强化了投资者的天性：他们本来就倾向于选择基金中近期回报高的强者而抛弃弱者。

显然，投资者更愿意在市场大涨后投资，也更愿意选择那些近期回报表现强劲的投资产品。那么关键问题就来了：投资者这种近乎自动依赖过去回报进行选股的策略到底对不对？为了回答这个问题，我们来分析下面4个问题：

（1）美国股票市场在见顶之后的几年中业绩如何？

（2）如果我们在市场见顶或者见底之后启动对美国股票市场的长线投资（例如5～20年），业绩又如何？

（3）如果我们每年调整投资组合并投资于在近期业绩最好的标准普尔板块，这样的投资策略业绩会不会高于市场平均回报？

（4）如果对冲基金只投资最近业绩最好的板块，这是不是一个最优策略？

澄清一下：我们下面将要讨论的这些研究，其结论是从市场见顶或者见底之后研究市场、板块以及策略类型的表现而得出的。因此我们不能保证未来的研究结果也会得到相似结论。但是，这些研究的出发点都是看过去的业绩走势是不是对未来业绩走势的一个强有力的指标。读者必须清楚一点，就是我们这里所有的结论都是实证结论，因此它们不是绝对真理。不过用符合实证结果的策略进行投资，总比跟它对着干要靠谱得多吧。

标普指数在市场见顶或见底后的表现

我们把标普指数1871～2011年的年份按照年回报值大小分成四组，回报值最高的一组和最低的一组显示了这些高值和低值发生的年份。然后我们来看在最高组和最低组的年份其后一年标普指数的表现[⊖]。在股票的最低组所示年份之后的一年股票平均回报为 12.4%，在最高组年份之后的一年股票平均回报为 10.5%。我们又做了一个类似的比较，这次我们按照过去 3 年的平均回报对各年进行分组。结果是类似的，只是对比更明显。在过去 3 年平均回报最低和最高的年份中，市场在其后的平均回报分别为 12.0% 和 9.9%。最后我们用过去 5 年的回报来复刻这个研究，结果过去 5 年回报最低组其后的业绩是过去 5 年回报最高组其后业绩的 2 倍，分别为 18.7%、9.4%。这些结果概括起来可以绘成图 3-2，图中清晰可见，大市回报最低的年份其后一年业绩都高于大市回报最高年份其后一年的业绩。

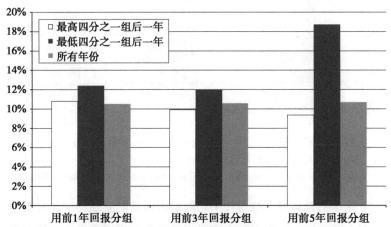

图 3-2　标普回报（含股利）：大市业绩最高和最低四分之一
　　　　组之后一年回报比较，1872～2011 年

资料来源：Moneychimp.com, which is based on Robert Shiller's data and Yahoo!.Prior
to 1926（first year of S&P index），data is based on Cowles stock index data.

在数据的数量还是相关性上进行取舍并非易事。有人会说，你这里包含了久远至 1870 年的历史时期，那时候的市场结构根

⊖　标普数据由罗伯特·席勒（Robert Shiller）构建，其中 1926 年之前用
　　的是考尔斯（Cowles）股票指数数据。

本无法代表现在的市场结构嘛。因此，我们重复了与上述完全相同的分析，但是只采用了 1950 年以后的市场数据。结果描绘在图 3-3 中。事实又一次证明，大市的业绩在回报最低年份之后的数年比回报最高年份其后数年的回报要高，分别高出 6%（按照一年回报分组）和 4%（按照 3 年回报来分组）。

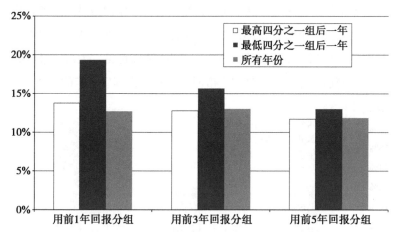

图 3-3　标普回报（含股利）：大市业绩最高和最低四分之一
　　　　组后一年回报比较，1950～2011 年

资料来源：Moneychimp.com, which is based on Robert Shiller's data and Yahoo!.

这里的教训是，取得比平均股票回报高的业绩的最佳时机是大市下跌之后。而大多数人在股市高峰之后更愿意投资，他们得到的回报会比大市所有年份的总体平均水平还要略低。

高回报和低回报年份对长线投资的含义

在前面章节中我们讨论了标普指数在最高回报年份之后单年的表现。虽然历史数据表明在高回报年份之后投资，其表现次于在低回报年份之后投资，但是一个更重要的问题摆在我们眼前：如果我们在大市高涨之后或者低谷之后进行长线投资，结果又会如何？

我们对标普 10 年平均回报按照其大小分成 4 组⊖，从 1880 年到某个结束年份，这个结束年份在 1991 年和 2001 年之间，具体是哪一年，则取决于我们测试的长线持有区间有多长。图 3-4 描绘了在大市最高和最低的组所示年份后启动 5 年、10 年、15 年和 20 年长线投资的平均年收益。对于 5 年长线来说，在大市最高或者最低之后进行投资，其平均年收益率并无不同。但是如果看 10 年、15 年和 20 年的长线投资，相比在大市最高组所示年份后启动的长线投资，在大市最低组所示年份后启动的长线投资的收益率更高，平均每年高出 2%。

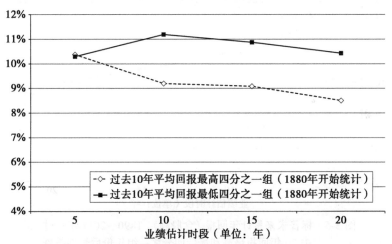

图 3-4 标普未来累计年回报（含股利），1880～2011 年：过去 10
年回报最高和最低四分之一组年份后长期投资回报比较

资料来源：Moneychimp.com, which is based on Robert Shiller's data and Yahoo!. Prior to 1926 (first year of S&P index), data is based on Cowles stock index data.

⊖ 即先算出每一年标普在过去 10 年的平均回报，然后按这个回报排序分成 4 组。例如我们一共只有 4 年，1991～1994 年，在过去 10 年平均回报分别是 0.1、0.2、0.3、0.4，那么最高组是 0.4，即 1994 年。则从 1994 年开始进行 5、10、15、20 年不等的长线投资，就是大市高涨后启动的长线投资。作者的数据里有多于 4 年的数据，那么在最高组所含的年份之后启动长线投资然后求年回报平均数，描绘出图 3-4。——译者注我们以过去 20 年回报来作为对年份分组的依据并重复上述的实验。由图 3-5 可见，在过去 20 年平均回报最低的组所示年份后启动的长线投资，总是胜于在最高的组所示年份后启动的长线投资，前者的平均年回报率高出后者 1.4%～5.4%。如果把这 4 种长度的长线投资平均回报率取个平均数，我们发现在最低组所示年份之后启动投资，比在最高组所示年份之后启动投资平均年回报高出 3.5% 左右。

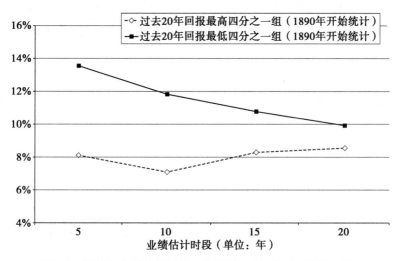

图 3-5　标普未来累计年回报（含股利），1890～2011 年：过去 20 年回报最高和最低四分之一组年份后长期投资回报比较

资料来源：Moneychimp.com, which is based on Robert Shiller's data and Yahoo!. Prior to 1926（first year of S&P index），data is based on Cowles stock index data.

虽然一般而言数据是越多越好，但是 19 世纪后期的数据恐怕无法代表现代的市场结构从而导致歪曲了结果。为了排除这个可能性，我们又重复了一下这个实验，这次我们只采用 1950 年之后的年份进行分析。当我们局限于这个时间区间的时候，在最低和最高

的组所示年份后启动长线投资，其回报差异更为明显。由图 3-6 可
见，在过去 10 年平均回报最低和最高的组所示年份后启动 4 种不
同区间的长线投资，前者的平均年回报率高出后者 1.1%～6.4%。

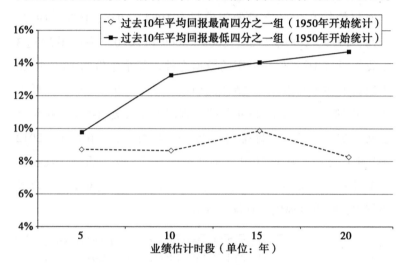

图 3-6　标普未来累计年回报（含股利），1950～2011：过去
　　　　10 年回报最高和最低四分之一组年份后长期投资回
　　　　报比较

资料来源：Moneychimp.com, which is based on Robert Shiller's data and Yahoo!.

如果我们把每年按照过去 20 年的平均回报大小进行分组，
结果更为惊人。在过去 20 年平均回报最低和最高的组所示年份
后启动长线投资的回报差异达到 6.6%～11.0%!

事情现在很清楚了。进行长线投资最好的时机就是那些自然
而然遭到多数投资者抛弃的大市大跌之后，而不是大家都狂热于
股市的时候（比如 20 世纪 90 年代末）。

读者们一定也在想，到底历史回报对于今天的长线投资有何
启示？直到 2011 年年底（也就是本书写作时候的最后一个年末），
10 年期的长线投资平均年回报为 2.9%，而过去 20 年的平均年

回报为 7.8%（见图 3-7）。这两个回报算比较低的，从 1950 年至今每年新发起的 10 年和 20 年长线投资的年回报里，这两个数的排位大约是其中的前 14% 和 11%。10 年和 20 年长线投资平均年回报均排在 25% 之后的年份只有 1974、1975、1976、1977、1978、1979、1981、1982、2008、2009 和 2010。除去最后这 3年我们没有 10 年长线投资的数据之外，其余年份的 10 年和 20年投资平均年回报都只是略低于 16%。只要 2012 年的回报低于或等于 28%，10 年和 20 年长线投资回报在历史回报中的排位就会低于 25 个百分位（即排在后 75%）。简而言之，在这个（2012年）跨年之际，除非 2012 年的回报能超过 28%，否则，现在正是个过去 10 年和 20 年历史回报都低迷的时候。这对于今天以股票作为长线投资提供了有益的启示。

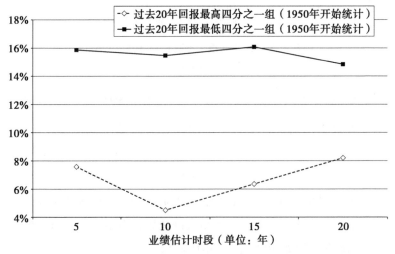

图 3-7　标普未来累计年回报（含股利），1950～2011：过去
　　　　20 年回报最高和最低四分之一组年份后长期投资回
　　　　报比较

资料来源：Moneychimp.com, which is based on Robert Shiller's data and Yahoo!.

选择最好的板块有用吗

当我们想找出高回报的共同基金时，最后必然会选出一系列聚焦于某个板块的基金，因为有些板块总是能跑赢更宽泛意义上的市场基金。投资者一般都是按历史回报来挑选心仪的基金，这就导致了间接地投资于那些在过去数年中已经实现了高回报的板块。这里一个明显的问题是，近几年业绩好的板块（以及聚焦于这些板块的基金），未来回报就一定好吗？我们用 10 个标普板块指数来为大家揭晓（见表 3-1 ）。

表 3-1　标普板块指数

编　　号	指　　数
1	可选择消费品
2	日常消费品产业类
3	能源
4	金融
5	医疗
6	工业
7	信息科技
8	材料
9	电信服务
10	公用事业

为了评估历史最优板块的业绩，我们比较下列 3 种投资策略的成果。

（1）**选择最优板块**：在每一年，我们对标普在过去一年回报表现最佳的板块进行投资。

（2）**选择最差板块**：在每一年，我们对标普在过去一年回报表现最劣的板块进行投资。

（3）**选择板块均值**：在每一年，我们对这 10 个板块进行分散投资，即每个板块投入 10% 的资金。这个投资策略所产生的年回报实际上相当于所有板块的平均回报。

我们的第一个测试是用最近一年的历史回报来选出最优和最劣的板块。由于标普板块指数从 1990 年才开始有完整的数据，所以我们从 1991 年开始分析比较。图 3-8 描绘了上述 3 个投资策略产出的净资产价值（net asset value, NAV）。我们可以看出，"选择最优板块"策略的期末 NAV 大大低于每年重新调整资本配置进行平均板块投资所产出的期末 NAV。前者的 NAV 与"选择最劣板块"策略所产出的 NAV 相比，也仅仅是稍胜一筹而已。

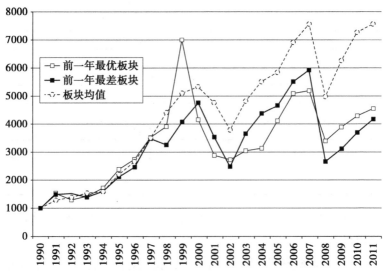

图 3-8　选择标普前一年最优板块、最差板块和板块均值策略下 NAV 比较
资料来源：S&P Dow Jones Indices.

接下来我们按照过去 3 年的表现来定义最优和最差板块，做一个相似的测试。在这里，我们测试样本的首年就是 1993 年了，因为我们需要前三年的数据来定义最优和最差板块。图 3-9 画出了这 3 种投资策略的 NAV。这一次，选择最优板块的策略不仅跑输平均投资策略，甚至于比选择最差板块的投资策略还差。

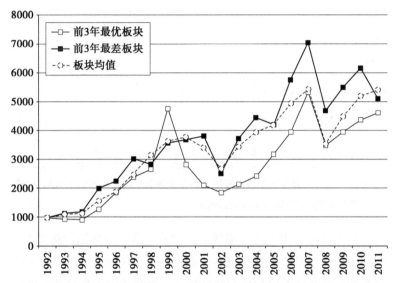

图 3-9　选择标普前 3 年最优板块、最差板块和板块均值策略下 NAV 比较
资料来源：S&P Dow Jones Indices.

　　我们第三次重复上述实验，但是这次我们用过去 5 年的平均回报来判别最好和最差的板块。由于需要过去 5 年的数据作为判别标准，我们的分析就从 1995 年开始。图 3-10 画出了测试的结果。结果在第三个测试中，选择过去 5 年业绩最佳板块来投资所产出的 NAV 最高，比"选择最差板块"和"选择板块均值"这两个策略的 NAV 都要高得多。然而，要注意的是，虽然这个策略跑赢其他两个策略，但是它的回报就像过山车一样。这一点非常重要，我们后面还会讲到。

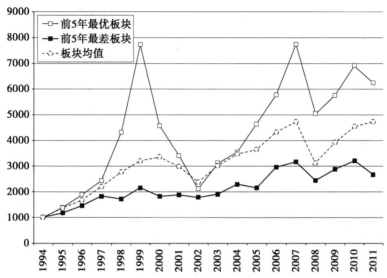

图 3-10　选择标普前 5 年最优板块、最差板块和板块均值策略下 NAV 比较

资料来源：S&P Dow Jones Indices.

在上述测试里，选择最优板块的策略在 3 个区间分析里有 2 个都不如选择平均投资的策略，而只在 1 个区间里胜出。那么我们要如何综合这些看似冲突的结果，才能得出对以历史数据选择板块投资提供有意义的启示呢？由于我们无法先验地决定到底用哪个时间区间来判定板块的优劣才是最合适的，我们只好假设把手里的资金平均分成 3 份投入。1 份投入过去 1 年业绩最佳的板块里，1 份投入过去 3 年业绩最佳的板块里，另外 1 份投入过去 5 年业绩最佳的板块里（有时候这 3 种条件，或者其中 2 种，选出来的最优板块是相同的）。我们也用与此相同的资产配置逻辑来进行"选择最差板块"投资。而"选择板块均值"策略则并没有改变。图 3-11 画出了我们同时按 3 种区间选择板块进行综合投资的结果。选择最优板块策略稍微跑输选择板块均值策略，不过至少跑赢了选择最差板块进行投资。

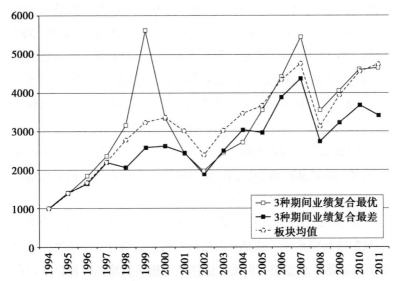

图 3-11　选择三种期间复合最优板块、最差板块和板块均值策
　　　　　略下 NAV 比较

资料来源：S&P Dow Jones Indices.

　　基于以上结果，看上去似乎选择过去业绩最佳板块并无益
处，但是也无伤大雅。然而，这件事到这里并没有结束。

　　至此，我们的分析仅仅表明了选择过去最优的板块进行投资
会得到比平均资产配置（即选择板块均值）略低的回报，但回报
仅仅是业绩的一个方面。任何有意义的业绩比较都少不了要比较
风险（这个概念我们在第 4 章里会进行正式构建）。我们在这里
用 2 个指标来衡量风险。

　　（1）标准差：标准差是对波动性的一个描述，它显示了数据
到底有多分散。在我们的分析里，它描述了回报如何波动。粗浅地
说，95% 的数据都应该落在和均值距离正负 2 个标准差的区间内。

举例说，如果平均年回报为 10%，年回报标准差为 30%，大约 95%的回报数据应该都在 –50% 和 +70% 之间。相应的，如果回报是 10% 而标准差是 10%，那么 95% 的回报都应该落在 –10% 和 +30%之间。我们应该清楚的是，标准差越大，风险越大，因为数据分布得更为分散，这就隐含了大跌可能性（当然也有大涨的可能性）。

（2）**最大跌幅**：这个统计数据看的是一只股票从最高峰跌倒最低谷的幅度。请注意，我们的分析仅采用年化数据，因此，如果采用更加高频的数据例如月回报和日回报来计算最大跌幅，无一例外最大跌幅的值会更高，除非股票的高峰和低谷都罕见地发生在每年的最后一个交易日。

图 3-12 比较了在选择最佳、最差和板块均值 3 种策略中 2个风险指标的水平。选择最差板块和板块均值这 2 个策略产生的2 个风险指标很相似。但是，选择最优板块策略的回报标准差和最大跌幅都相比其他 2 种策略更大。要知道计算风险并不仅仅是一种学术把戏，因为高风险会全然改变投资的结果。虽然表面上看选择最佳板块投资的累计回报只是略输于平均投资，但是采用这个策略的投资者可能在中途发生巨大跌幅的时候就放弃了，因此他们的回报可能永远都达不到接近平均投资得到的回报。毕竟，在现实中，投资者不可能知道什么时候自己的投资能回升。换句话说，风险越大，投资者就越可能因为止损而半途而废。

图 3-13 综合了回报和风险，生成了 2 个回报 / 风险比率。这两个比率的结果极其相似：按照回报 / 风险比率来看，"选择最优板块"的策略不仅严重次于"选择板块均值"的策略，甚至还不如"选择最差板块"的策略。这里的启示是，投资者与其聚焦于过去回报最高的板块，还不如分散投资达到平均回报。延伸开来说，选择最近回报最高的共同基金会导致跑输平均回报水平，原因是这些选择

最近业绩好的基金，很可能就集中选择了近期回报最好的板块。

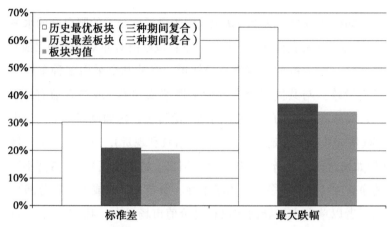

图 3-12　选择历史平均业绩最优板块、最差板块和板块均值策
略之标准差和最大跌幅比较图，1995～2011 年

资料来源：S&P Dow Jones Indices.

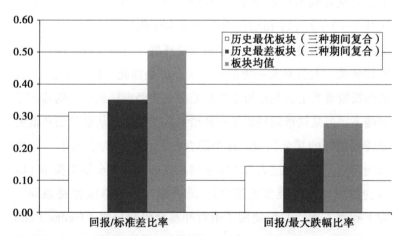

图 3-13　选择历史平均业绩最优板块、最差板块和板块均值策
略之回报 / 标准差比率及回报 / 最大跌幅比率比较，
1995～2011 年

资料来源：S&P Dow Jones Indices.

对冲基金：最高历史回报策略的相对业绩

　　如果你对对冲基金的认识仅限于最近你爱看的肥皂剧的水平（如果你不知道我说什么，提示一下：该剧由对冲基金经理出演），那么有一个关键的事情你必须知道，对冲基金采用多种多样的投资策略。与共同基金主要做多股票或债券（或二者兼有）不同，对冲基金经理的策略空间则广泛得多，比如投资于不同的市场（例如股票、固定收益、外汇、借贷和现货），或者不同的地域（例如发达国家、新兴市场、单一国家、特别地区）；或者持不同的净头寸（例如净多头、市场中性、净空头，又或者动态范围）；又或者以单向市场导向或以相对价值市场导向。我们在第 11 章还会细细讲这些投资策略。

　　不难理解，很多投资者都把资金投到近期业绩好的对冲基金，并从业绩差的对冲基金中赎回。虽然对冲基金的经理比多头基金（long-only funds）的经理要多样化得多，但是在大多数情况下，其回报的水平与当时的投资环境是否适合他的投资风格密切相关，尤其对某一类的对冲基金更是如此。在这个意义上，虽然投资者看上去是把资金从最差的基金经理转到最好的基金经理麾下，但是这也间接犯了一种错误，就是把钱从最差的基金类型转到最好的基金类型。这个隐含的投资者行为引出了一个重要的问题：就是在过去几年中业绩最好的对冲基金策略类型（即那些使用该策略类型的基金），是否能在当下继续保持强劲？为了找到答案，我们使用了由对冲基金研究公司（Hedge Fund Research, Inc., HFRI）计算的 23 个基金板块指数来为大家揭晓（见表 3-2）。

表 3-2　HFRI 对冲基金策略指数[1]

编　　号	指　　　　数
1	HFRI 股票对冲策略（总览）指数
2	HFRI 股票对冲策略：股票市场中性指数
3	HFRI 股票对冲策略：方向性量化
4	HFRI 股票对冲策略：行业 – 能源 / 基础材料
5	HFRI 股票对冲策略：行业 – 科技 / 医疗
6	HFRI 股票对冲策略：卖空策略基金平均指数
7	HFRI 事件驱动策略（总览）指数
8	HFRI 事件驱动策略：困境 / 重组指数
9	HFRI 事件驱动策略：并购套利指数
10	HFRI 事件驱动策略：私募发行 / 法规 D 指数
11	HFRI 宏观策略（总览）指数
12	HFRI 宏观策略：系统性分散指数
13	HFRI 相对价值策略（总览）指数
14	HFRI 相对价值策略：固定收益 – 有资产支持
15	HFRI 相对价值策略：固定收益 – 可转换套利
16	HFRI 相对价值策略：固定收益 – 公司指数
17	HFRI 相对价值策略：多维策略指数
18	HFRI 相对价值策略：替代收益指数
19	HFRI 新兴市场策略（总览）指数
20	HFRI 新兴市场策略：亚洲（除日本）指数
21	HFRI 新兴市场策略：全球指数
22	HFRI 新兴市场策略：拉美指数
23	HFRI 新兴市场策略：俄罗斯 / 东欧指数

[1]这里不包括母基金（fund of funds）指数，因其是多种策略的组合。

　　对冲基金策略类型投资指数是不能投资的。所以我们没办法复制这些指数的回报。那么我们下面要做的测试的假设是，假如我们随机选择每一个策略类型内一小部分对冲基金构建投资组合，其回报的期望值就可以用策略指数来替代。虽然不管如何选择，该策略内的任何子集的回报都会与策略指数回报相去甚远，但是不会出现方向性偏误。即策略指数的回报就是对单一策略投资组合的回报最好的估计。下面我们对 3 种投资策略的表现进行比较。

　　（1）选择最优的：我们每年都投资于近期回报最高的对冲基

金类型。因为只是测试目的，我们简化了前提假设，就是策略基金指数回报与单一策略的投资组合回报非常相似。

（2）选择最差的：每一年都投资于近期回报最低的对冲基金类型。因为只是测试目的，我们简化了前提假设，就是策略基金指数回报与单一策略的投资组合回报非常相似。

（3）选择均值：分散我们的投资，把资金平均分配到上述23种有 HFRI 定义的对冲基金类型中，并且每年重新调整组合。

在第一个测试中，我们以过去一年的回报来定义最优和最差的对冲基金策略类型。图 3-14 描绘了上面 3 种投资策略的净资产价值（NAV）图。可以看到，选择过去最优会导致比平均投资于各种策略低得多的期末 NAV，甚至比选择过去最差的策略也略输一筹。

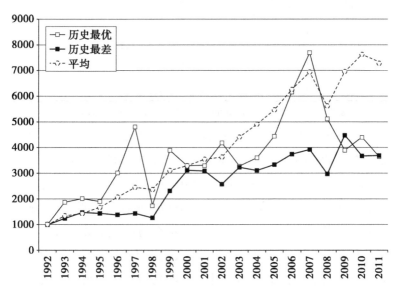

图 3-14　选择过去一年历史最优、最差和平均 HFRI 策略类型 NAV 比较

资料来源：Data from HFR（www.hedgefundresearch.com）.

接下来我们做一个相似的测试，但是用过去 3 年回报来定义最优和最差的对冲基金策略类型。图 3-15 画出了 3 种投资策略的 NAV 图。这一次，选择近期业绩最优的投资策略表现之差更为惊人。按年回报算，平均投资于各个对冲基金策略类型的期末 NAV 要比投资近期业绩最佳的策略类型的 NAV 要高出两倍有多。同时，投资近期表现最差的策略类型得到的期末 NAV 是投资于近期表现最优的策略类型的 NAV 的 4 倍。

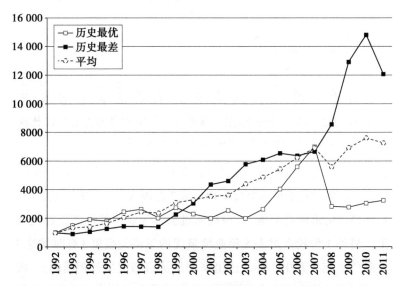

图 3-15　选择过去 3 年历史最优、最差和平均 HFRI 策略类型 NAV 比较

资料来源：Data from HFR (www.hedgefundresearch.com).

我们又第三次重复了上述测试，这次我们用过去 5 年回报来定义最优和最差的对冲基金策略类型。结果画在图 3-16 里。再一次，我们看到选择近期业绩最优的对冲基金的表现最差，另外 2 种投资策略的最终 NAV 都是它的 2 倍左右。

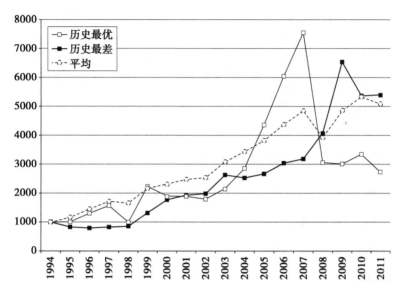

图 3-16　选择过去 5 年历史最优、最差和平均 HFRI 策略类型 NAV 比较

资料来源：Data from HFR (www.hedgefundresearch.com).

　　为了求出一个能囊括上述 3 种期间所定义的投资策略的结果，我们最好假设把手里的资金平均分成 3 份投入。1 份投入过去 1 年业绩最优的策略类型里，1 份投入过去 3 年业绩最优的策略类型里，另外 1 份投入过去 5 年业绩最优的策略类型里（有时候这 3 种条件，或者其中 2 种，选出来的最优策略类型是相同的）。我们用同样的等分方法来投资于近期表现最差的策略。而投资均值的策略仍与之前一样。图 3-17 描绘了囊括 3 种期间的复合分析结果。结果正如我们预料的那样，选择近期最优的策略导致了迄今为止最差的回报，它期末的 NAV 仅仅是另外 2 种策略的期末 NAV 的一半。

　　虽然投资于近期最优策略给出的回报最低，但这还不是全部。投资于近期最优策略不仅导致更低回报，而且还承担了更大的风险。图 3-18 比较了 3 种期间复合分析的相对风险，即标准差和最大跌幅。投资近期最优策略的方法比另外 2 种方法在标准差和最大跌幅指标上都高得多。图 3-18 有一点尤其值得注意，就是投资最优策略隐含的最大跌幅与投资最差策略隐含的最大跌幅之间的巨大断层：前者的最大跌幅非常高，后者非常低。这一实证结果表明，投资于近期最优回报策略非常可能导致巨大跌幅，而投资于近期最差的策略则不太可能遭遇过大跌幅。

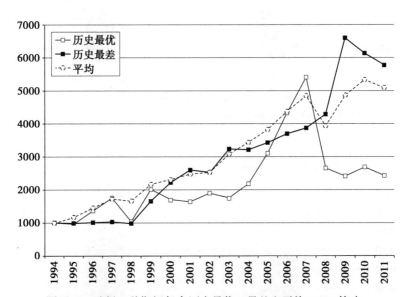

图 3-17　选择 3 种期间复合历史最优、最差和平均 HFRI 策略
　　　　类型 NAV 比较

资料来源：Data from HFR(www.hedgefundresearch.com).

既然投资近期最优策略在回报和风险指标上的表现都最差，那么比较回报 / 风险比率的结果也就不言而喻了。图 3-19 描绘了这个比较结果。投资近期最优策略的回报 / 风险比率与投资最差和投资均值策略回报 / 风险比率相比，相差极大。

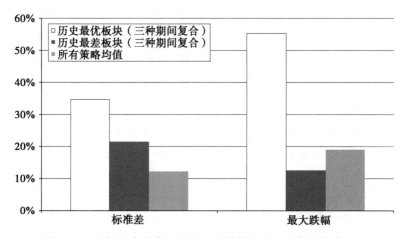

图 3-18　选择历史最优、最差和平均策略（三种期间复合）
　　　　　之标准差及最大跌幅比较，1995～2011 年

资料来源：S&P Dow Jones Indices.

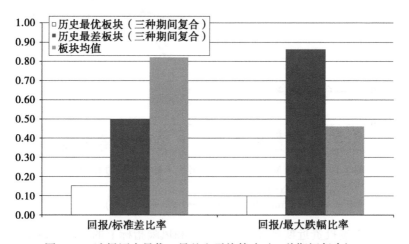

图 3-19　选择历史最优、最差和平均策略（三种期间复合）
　　　　　之回报 / 标准差比率、回报 / 最大跌幅比率比较，
　　　　　1995～2011 年

资料来源：Standard & Poor's.

这个教训甚为明确。在对冲基金投资上，偏向于过去回报最优的对冲基金是一个极其误导的方法。一般而言，投资者进行反向操作，即投资于近期业绩最差的策略，反而能更为受益。鉴于大多对冲基金的业绩都受其策略类型的巨大影响，前述的分析表明把资金从业绩最差的基金经理转到业绩最好的基金经理麾下只会降低未来回报，而毫无增益。同时，为了避免任何误解，我们的分析基金表明近期业绩最佳的策略类型在未来倾向于跑输其他策略类型，但是我们的结果无法回答在同一种策略类型下，近期表现好的基金会不会跑赢近期表现不好的基金。

为何选择业绩最优的板块或策略类型会跑输那么多

我们已经看见了，对于股票投资，选择最优的板块最多给出了平均回报，但是风险却极大；对于对冲基金投资，3 种投资方法所产生的回报相去甚远，选择近期表现最优策略明显跑输选择均值或者选择近期表现最差的策略。这就引出了一个问题，为什么过去表现好的投资项目在未来表现却那么差。这里有 4 种可能的解释。

（1）**基本面变了**。通常一个行业或策略在当前基本面环境好的时候都会表现良好。但是，我们没有理由假设这些在过去提供强劲回报的客观条件会在未来仍然保持强劲。这个论断也同样适用于低回报的行业和策略。举例来说，可选择消费品行业在经济衰退的时候会表现尤其差。但是除非你认为经济衰退会在未来持续，否则过去的业绩历史不仅与决策毫不相关，而且还会误导对未来潜在回报的估计。基本面的转变可以解释为何过去低回报的行业在未来会跑赢过去高回报的行业。

（2）供应的变化时滞。如果一个行业里的公司利润非常之高，那么现有的公司就会不断扩张，同时也会吸引更多的行业竞争。这导致了未来的供应增加，对未来回报有负面影响。

（3）策略的拥挤。如果一个对冲基金策略盈利能力很强，那么就会吸引更多的经理采用这个策略，同时也会引致投资者在这个策略上增加资产配置。这种基金经理人数和资产数额在一个策略类型下的增长会削弱这个策略的盈利边际。同时，对同一个交易的竞争加大，也会增加清盘过程中的亏损。

（4）情绪导致价格偏差。大牛市会吸引投机行为，同时会把市价推离均衡价格（虽然这个论断和我们在第 2 章详细讨论过的有效市场假说相悖，但是现实的情况就是如此）。在这种情况下，近期回报高的行业或者策略很可能就是那些已经过分高估的行业或者策略，因此极其容易在大市下调的时候受到伤害。

等等！我们是不是想说明……

有些读者可能对本章导出的结论感到不适。在前面几节里，我们指出在高回报期间之后投资会比在低回报期间之后投资收益更低，而且投资于近期回报高的板块和对冲基金策略均导致未来业绩欠佳。那么这些分析是不是要推出用过去回报来选择基金是浪费时间甚至是适得其反？我们是不是要说，投资者选择过去回报差的基金比选择过去回报好的基金要好？答案既肯定也否定：这取决于在多大程度上该基金的业绩受到市场或者板块的影响。

多头基金（即共同基金）

如果一个基金和市场或者行业高度相关（其实多头基金大多如此），那么其业绩就反映了市场或者行业的状况而不是基金经理的能力和投资过程。举例来说，一个所谓的衣柜基金⊖（closet index fund），即与其所选择的指数相差不远的基金，天生就和市场高度相关。对于一个衣柜基金而言，取得高回报并不表明该基金有什么相对优势，而只不过说明了市场也见证了相似的高回报而已。虽然衣柜基金是一个极端的例子，但是多数多头共同基金都可以称为"准衣柜基金"。这些基金与其投资组合里包含的股票所代表的不管什么指数（即有着相似大小公司、行业、国家或地区的指数）都高度相关。相反，一个多头和空头头寸相互抵消的市场中性（market neutral）的基金与市场的相关性则很小。在这种情况下，基金的业绩会反映基金经理的选股技巧，而非仅反映大市的方向。

举个例子。假设你现在正在看电视，看着看着出来一个广告，讲的是一个能源板块的基金在过去 2 年、3 年和 5 年中的回报非常强势。那么这个辉煌的历史回报是不是说明了基金经理特别有才华，又或者说这个基金特别值得投资？如果这只基金和能源板块高度相关的话（实际上这是常见的情况），那么该基金的业绩只不过反映了板块的业绩。而且正如我们之前看到的那样，超强的近期板块回报对未来业绩是个反向指标，或至少是个很弱的指标。

大多仅持有买入头寸的基金业绩主要取决于某一个参照指数的业绩，而不是更为多元化的基金经理的能力。在这些基金的世

⊖　亦有译作"伪基金"。此处取直译，因为觉得衣柜基金更能生动表现基金像中药铺一样含有各种股票，从而与大市相关。——译者注

界里，即使基金经理的能力能够贡献业绩，这些贡献也远远比不上市场和板块对它的影响。这里的教训是当你研究一个仅持有买入头寸的基金业绩时，你其实基本上是在研究这个板块或者市场的历史业绩，这些信息无法帮助你选择好的基金并在未来盈利，有时候甚至会导致致命的错误。

对冲基金和 CTA 基金

那么根据历史业绩来选择对冲基金或者是商品交易顾问策略基金[⊖]（commodity trading advisor strategy，CTA）是否有帮助，这是个更复杂的问题。虽然这些基金经理的历史业绩在一定程度上反映了他们的选股技巧，但是对于能否以他们的过去业绩来预测未来业绩，还存在以下几点局限性。

（1）策略风格会影响业绩。对于很多对冲基金来说，回报更多地取决于当时市场的环境是否适合这种策略，而不是对策略的特定的执行力。对于某些基金来说，策略类型的影响尤其重要。下面我们举 2 个例子来看看策略类型本身是如何影响业绩的。

- 并购套利策略。当一个并购的交易被宣布的时候，目标公司的股价会升至接近但是低于宣布的收购价，而股价之所以打了个折扣是因为这个交易最后能不能完成尚为

⊖ CTA 的官方定义是商品交易顾问，指在商品期货交易委员会（Commodity Futures Trading Commission，CFTC）注册，并成为国家期货协会（National Futures Association，NFA）会员的经理人。而 CTA 这个词在以下两个方面引人误解。①一个 CTA 指的是一个基金，或者是一个账户管理经理，他们直接进行投资，而非如名字所示只是一个"顾问"。② CTA 不一定要如其名字所示进行商品交易。大多数 CTA 也在各种金融板块交易远期合约，包括股指、固定收益（fixed income）以及外币。具有讽刺意味的是，很多 CTA 从来不进行商品期货交易，他们只进行金融期货交易。

未知数。这个折扣随着时间变化以及交易成功的可能性越来越高的时候会慢慢变小，并且在并购顺利完成之后消失。并购套利基金的盈利模式是买入并购的目标方股票（同时，如果并购是以某种比例交换股票而不是现金收购的话，则还需对冲卖出收购方的股票）。如果交易顺利完成，对冲基金就赚到了由于折扣消失带来的盈利，同时如果交易告吹，对冲基金也能最小化损失。

并购套利策略高度依赖于并购事件以及到底股价的折扣有多大。当市场上并购活动巨幅增加时，例如1999~2000 年，以及 2006 年，并购套利策略基金的业绩就会大好。然而，如果市场上并购活动不活跃，例如2001 年和 2005 年，那么这些基金就会得到负回报。因此，一个并购套利策略基金到底能取得多少回报，很可能取决于过去市场的并购活跃程度而不是基金经理的能力，同时我们也没理由认为过去的并购活跃程度能预测到未来并购活跃程度。再者，考虑到并购活动对经济周期的依赖性，我们甚至可以说过去几年的并购活动是未来几年并购活动的反向指标。

- 可转换套利策略。可转换债券是一种公司债券，债券持有人有权以特定价格把债券转换为一定数量的股票。实质上，可转换债券就是公司债和买入期权的合体。因为隐含的期权是有现金价值的，所以可转换债券比普通公司债券支付更少的利息。可转换套利策略的盈利模式通常是买入可转换债券，并同时卖空其期权所隐含的股票数量作为对冲，以抵消隐含的净买入头寸（这种方式叫作"delta 对冲"）。

如果可转换债券所隐含的期权价值定得很低并且当前的流动性正常的话，可转换套利策略业绩会很好。反之，如果这个策略异常拥挤，就会把价格推高，导致隐含的期权价格升高，而且因为很多基金可能会同时变现，流动性也会受阻。这样可转换套利策略的业绩就会变差。一个经典的例子是2008年投资者大幅赎回，导致对冲基金大量变现。因为大多数的对冲基金都是在同一边（即买入方）的，这些变现售卖导致了市场供求失衡，降低了可转换债券的价格。那些本来没有受到投资者赎回影响的基金经理也因为其他基金的变现而遭受损失，导致了他们原有的一些投资者赎回。就这样，这个由于基金经理在一个流动性很差的市场变现而导致损失的恶性循环将损失越滚越大，最后有更多的投资者赎回而导致可转换债券的价格一直下跌。基本上2008年所有的对冲基金都损失了，而且大多还是巨额，HFRI可转换套利策略指数在2008年也下跌了33.7%。

在上述两种情况里，即2008年的熊市和2009年的牛市，可转换套利策略基金的业绩都更多地由当时的环境决定，而不是基金经理的能力。即便是最牛的基金经理在2008年也亏钱了，而即便是最差的基金经理在2009年也赚钱了。如果你去看看2008年可转换套利策略基金经理所亏的数额之大，你就会知道这与基金经理能力无关，同时也无法作为对未来业绩的预测。

与上述并购套利策略及可转换套利策略相似，市场环境对其他许多策略类型有着举足轻重的影响并决定了基金经理的业绩。因此，对多数对冲基金来说，历史业绩无非说明的是市场环境对该策略类型的影响，而非基金经理的相对能力高低。同时，我们在本章的前面几节讨论过，选择最优历史回报的对冲基金的投资理念会严重跑输选择最低历史回报的对冲基金的投资理念，这说明了对于依赖于某种策略的对冲基金经理来说，历史业绩对于预测未来业绩是个反向而非正向的指标。

（2）市场依赖。对于一些对冲基金和 CTA 来说，历史业绩仍然是受大市而非投资能力的严重影响，虽然这个影响比大市对多头基金的影响要小。比如说，很多股票对冲基金常年持有大额净多头头寸，那么它们的业绩必然高度依赖于股票市场的发展方向。很多债务对冲基金（credit hedge funds）常常会承担债务违约风险。对这些基金来说，信用价差（credit spread）变化的方向至关重要。信用价差指的是高回报债券（或者其他债务金融工具）与美国国债之间的利息差。

对于 CTA 来说，绝大多数的基金经理都选择追随趋势的策略。这些基金经理在市场延续某一趋势的时候都会业绩良好，但是一旦市场上下波动，他们的业绩就会凭空落地。这是因为价格的反复会变成错误趋势信号，我们称之为锯齿损失（whipsaw losses）。对这些随势基金而言，市场走势对基金业绩的影响远远大于其投资交易体系对业绩的影响。当远期市场趋势明确的时候，即便是最烂的基金经理也能挣到钱。相反，当市场环境变差，即便是最好的随势基金经理也难免亏钱。我们对这些随势 CTA 基金业绩判断的最好标准其实不是它们过去回报 / 风险比率如何，而是他们与其他随势 CTA 相比较而言的相对回报 / 风险比率如何。

（3）隐含风险。有些对冲基金所采用的策略看上去在多数时候风险都很低，但是对于一些尚未在过去业绩中显现出来的极端巨大风险却毫无还手之力。对于这些基金，历史业绩是个迷惑人的指标，因为它并没有显现出这些策略里隐含的巨大风险。隐含风险是一个至关重要的概念，我们放到第 4 章详细讲述。

（4）过去和未来的业绩相关性。虽然有些业绩最佳的基金经理将持续在未来保持业绩强劲，但是在更多的例子里过去业绩超群的基金经理在未来业绩一败涂地。总体而言，过去和未来业绩之间并无强烈的相关性。

根据上述理由，历史业绩可能不仅仅毫无助益，甚至会扰乱方向。然而我无意于证明历史业绩对预测对冲基金和CTA基金的未来业绩毫不相关。很明显，有些基金经理是靠技艺超群而业绩彪炳。我们在第2章所讨论的文艺复兴大奖章基金就是绝佳的例证。因此，通过选取过去业绩超群的基金经理来得到未来业绩超群的基金经理至少在理论上是可行的。但是说到底，历史业绩对于预测对冲基金的未来业绩而言是个很弱的指标，虽然有时候还是有点用的，这二者之间差异很微妙，难以判别。我们给出的建议是如果这个对冲基金策略与市场或行业相关性太大，则历史业绩不是一个好指标。

投资错觉

◆ **投资错觉6**：在大市好的时候应该买入股票。

真相：大量的实证结果证明，大市在低估之后的业绩更好。所以要投资股票，最好的时机是大市崩盘之后。

◆ **投资错觉7**：在投资对冲基金的时候，应该关注那些过去业绩好的对冲基金。

真相：投资于近期业绩好的对冲基金策略类型会导致业绩不佳，表现为回报低，同时风险高。事实上实证结果表明，我们应该反向而行，即选择那些近期业绩差的策略类型，反而表现会好得多。

◆ **投资错觉 8**：应该投资于那些拥有辉煌历史回报的基金。

　　真相：多头基金受当下大市的影响多于受基金经理选股技巧的影响。因此，正如前面我们所示，大市在近期走高，很可能之后就会走低而不是继续走高。尤其是用回报／风险比率指标来看，投资于近期回报高的多头基金会导致盈利低于平均水平。同样的结论也适用于那些受到市场和行业影响的对冲基金策略类型。由于近期回报高的对冲基金很可能在未来走弱，因此选择在此策略类型下的对冲基金会导致风险高而回报低。虽然有些对冲基金不在此列，但是总体而言选择近期回报高的基金进行投资不仅仅毫无助益，有时候还会对我们的投资业绩产生致命的打击。

投资见解

　　投资者的决策通常都受到投资产品近期历史回报的影响。实际上，即便历史回报对投资决策分析有影响，这个影响也非投资者所希望的。就是说，近期历史回报常常是未来历史回报的一个反向指标，而非正向指标。

　　过去超凡脱俗的业绩只有当市场条件在未来也将继续相同的情况下才可能得以延续。这个想法往往无法实现，甚至当世事变化时还将完全逆转。正如评论家乔治 J. 丘奇（George J. Church）曾写道："每个时代的蠢事各有特色，但其基本原因却只有一个，就是人们总觉得过去发生的事在未来也会同样一直发生下去，所以对自己脚下发生的地动山摇漠不关心。"

第 4 章

风险计量指标

错误计量不如不计量

很多损失的发生并非因为忽视了风险的存在，而是因为没有正确估计风险。正如你与其开着一辆时速表持续低估 25 英里[⊖]的车，可能还不如开一辆没有时速表的车来得更安全。因为如果你没有这个机械上替你计算速度的仪器，你可能就会因为缺乏信息而额外注意路况。然而，当你依赖于一个你以为正确但是却持续低估速度的时速表，那么你会持续低估自己的速度从而更容易发生车祸。与此相似，当你进行投资的时候，依赖于一个持续低估风险的指标还不如不用任何风险计量指标。事实上，历史上很多投资者发生巨大损失的情况都不是忽视风险，而是采用了不精确的风险计量指标。

也许对采用不精确的风险计量指标还不如没有指标这个论断

⊖ 1 英里 = 1.609 3 千米。25 英里约为 40 千米。

的最佳例证就是 2007～2008 年投资者所遭受的高达数万亿美元的投资损失了，即我们在第 2 章详细讨论过的关于对次级抵押债券进行证券化的例子。投资者买入这些证券是因为评级机构给了它们 AAA 的评级，这个评级的做出完全没有数据支持（即这些债券含有的都是质量低得史无前例的次贷）。假设投资者在没有评级的情况下考虑这些无须首付、无须资产和收入验证的贷款，而回报仅仅比美国国债高出百分之零点几，你觉得他们会买入多少这些债券？我觉得他们一个子也不会投。然而投资者因为评级里隐含的认证却投入了大量的资本。由评级机构提供的这些错得离谱的风险评估导致了投资者的巨额损失以及银行和金融业的海啸，这一切本来都不必如此。错误的风险评估给了投资者错误的保证，因此还不如没有风险评估，因为没有信息的情况下，投资者反而会更加谨慎。

风险计量指标：波动性

我们通常以标准差（standard deviation）来衡量波动性（volatility）。标准差衡量的是数据的离散程度。当回报离期望值（期望值通常是历史平均回报）越分散，标准差就越高。为了说明标准差到底是什么，我们假设回报呈正态分布⊖。在此假设之下，

⊖　正态分布的意思是，回报数据呈钟形分布，即离均值越近的区间数据更多，离均值越远，数据越少。在金融学的一系列计算里我们常常使用正态分布假设，原因是这更接近现实情况，同时还能大大简化我们对许多统计指标的计算（一个正态分布由两个值来定义：均值和标准差）。然而在现实中，很多市场和回报数据并不是正态分布，而是很多值都离均值很远。在这种情况下，采用正态分布假设就会低估数据离散的程度，从而导致对极端事件发生的可能性估计不足。一个经典的例子就是 1987 年 10 月 19 日的股票市场大崩盘。我们在第 2 章讨论过，如果采用正态分布假设的话这个大崩盘根本不可能发生。在这里我们是从理论上讨论正态分布以及依此对未来回报进行估计，而不是讨论正态分布假设是不是一个合理的假设。

回报数据应该有 68% 的机会落在离均值正负一个标准差的区间内，有 95% 的机会会落在离均值正负两个标准差的区间内。举例说，如果有两个基金经理，他们的平均投资回报都是 15%（即未来投资回报的期望值是 15%），但是标准差却大为不同，一个是 5%，另一个是 20%。表 4-1 比较了这两个基金经理的业绩情况。

表 4-1　两个基金经理的业绩比较

	平均年回报	年化标准差	未来回报均值有 95% 可能性会落在哪个范围
A 经理	15%	5%	5%～25%
B 经理	15%	20%	−25%～55%

虽然这两个基金经理的平均回报（即未来期望回报）都是 15%，但是 B 经理的未来业绩不确定性更大。有 95% 的可能性 A 经理的年回报会在 5% 到 25% 的范围。因此，对于 A 经理来讲，即便在最差的情况下（在 95% 这个统计水平内），其回报仍然很可能会大于 +5%。相反，相同的 95% 概率范围却导致了 B 经理的年回报可能会很高，达到 55%，但也可能会巨亏，达到 −25%。在这个意义上，波动性高说明未来不确定性高，从而风险更高。通常，当投资者提到低风险基金的时候，他们指的是波动性较低（即年化标准差较低）的基金。

实质上，标准差描绘的是期望回报的不确定。这一点非常直观，标准差低就说明实际回报数据不会偏离期望回报值太远，而我们是用历史数据平均值来估计期望回报的。当然，这里隐含的假设是，过去回报是未来回报的最佳估计。相反，当标准差高的时候，这表明实际回报和期望回报之间会有巨大的差异和不确定性。同时，从某种意义上来说，标准差衡量的是未来回报平均偏离均值多少。对偏离均值越远的回报，它给予更高的权重，这个描述提供了我们对标准差的另一种直观阐释⊖。

　　值得注意的是，标准差只是衡量回报的波动性但是却未必反映了亏损的可能性。假设有一个基金，每个月都亏损 1%。这个基金的标准差为 0（因为回报没有波动），但是却绝对会亏钱⊖。

　　让我们看看标准差是如何用于测量未来回报的 95% 的可能性区间的。图 4-1 画出了一个真实存在的基金的净资产价值（NAV），我们把这个基金叫 X 基金。虽然 X 基金有着很高的波动性，即 10% 月标准差，年化 35%，但是由于 12 个月回报均值达到 79%，这个高波动性便不成问题了。同时，X 基金的业绩一直都很强劲，它在超过 70% 的月份都是盈利的，只有 2 个月亏损超过 4%，同时最大跌幅（即股票峰值与低谷之差）也仅仅是 15%，只持续了 1 个月。X 基金的回报和标准差数据表明，有 95% 的概率任何 12 个月的回报都会在 9% 和 149% 之间，即 [79%+/-(2×35%)]。虽然这个概率区间范围如此之大都是拜高

　　⊖　标准差的计算在任何数据表程序里都能找到。但是如果读者很想知道标准差是如何计算的，下面就是其计算的步骤。

　　　　（1）把过去回报（例如过去每个月的回报）一一与平均回报相减。

　　　　（2）对上述的每一个差进行平方并加总。

　　　　（3）除以 $N-1$，N 是回报的个数。

　　　　（4）开平方。

　　　　（5）假设上面我们采用的是每月回报。那么把上面第 4 步计算出来的标准差乘以 12 的开平方以得到年化的标准差。

　　　　在第 2 步我们对每一个差进行平方，其目的是让负数差和正数差对计算结果的影响方向一致。同时，也使得大的差异得到更高的权重。而第 4 步则对平方进行反向操作。标准差的公式可以表示为：

$$SD = \sqrt{\left[\sum (R_i - M)^2 / (N-1) \right]}$$

　　　　在这个公式里，R_i 是每个月 i 的回报，M 是均值，N 是回报的个数。

　　⊖　这个古怪的例子是密尔特·巴尔（Milt Baehr）在我们多年前一次谈话中给出的，他是对冲基金 Pertrac 的创始人。

波动性所赐，但是即使是在这个范围的底部，也说明有 95% 的概率任何 12 个月的回报至少是 9%。

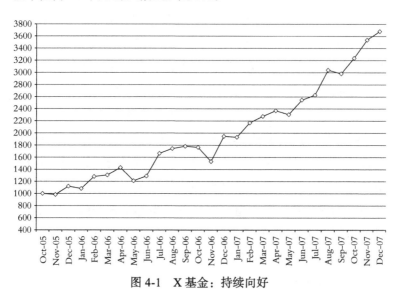

图 4-1　X 基金：持续向好

　　图 4-2 里面我们加多了一个月的数据。因为这一个月的额外数据，最近 12 个月的回报均值从 89% 下降到了 –66%！这个 –66% 的回报远远低于我们刚才说的以 95% 的概率以及标准差推导出的区间底部，即 9%。那么到底发生了什么事？为何用标准差计算出来的区间底部无法正确计量现实低值？

问题在哪里

　　要回答上面的问题就要追溯到一个关于风险计量的根本思想：**只有当历史回报能够有代表性地反映未来回报的时候**，以波动性来估计未来有多大的下行风险是可行的。但是，我们常常无法确定这个假设是否合理（至少交易回报不符合这个假设），有些时候我们甚至能肯定这个假设不合理：X 基金的例子就是个最佳例证。为了更好地理解为何这个假设可能会不合理，我们来分析一下 X 基金的投资策略。

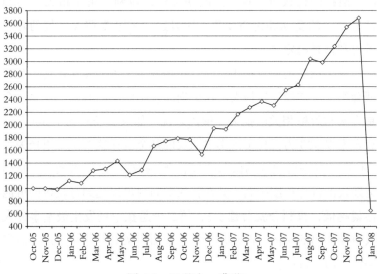

图 4-2　X 基金：哎哟！

注意：如果读者对期权不太熟悉的话，可以先参考一下本书附录一提供的关于期权的基本知识。这有助于理解本章余下的部分。

X 基金的投资策略主要是卖出价外（out-of-money）期权。比如，如果一个股指在 1 000 点交易，与 X 基金同类的基金便会卖出以 1 100 为行权价（strike price）的买入期权（call option）以及以 900 为行权价的卖出期权（put option）。前者给投资者以 1 100 点买入指数的权利，后者给投资者以 900 点卖出指数的权利。在绝大多数情况下，市场在期权所限定的可行权期间不会达到这两个水平，因此这些期权在到期后便一文不值。在这种情况下，基金便全额获取了期权的权利金（premium）并以此盈利。只要市场没有碰到巨大而突然的价格变动，从而使得市价超过了（或者跌穿了）上述的买入（或者卖出）期权的行权价，这个策略便会带来盈利。由于市场不会经常遭到大的变动和价格变化，所以这一类策略在大多数的月份里盈利都是稳定的。

这个策略的弱点在于，一旦市场发生了大的变化，这个策略就会遭受严重的加速损失。这个损失发生的原因有两个：第一个是直接与价格相关的损失。举例来说，如果市场跌到了800，那么卖出以900为行权价的卖出期权的基金就在这个交易里损失了100点，减去所收入的微薄的权利金（权利金之所以微薄，是因为期权的价外程度越高，其在行权期间内可以达到行权价的可能性就越低，权利金就会越小）；第二个是在市场发生极端事件人人争相售出的时候，波动性会大大增加，从而进一步增加了所售期权的内在价值。

问题的真正致命之处是对于期权的卖方来说，只要价格变动引致损失开始发生，就会随之以指数级速度增长，这是因为标的市场价格（underlying market price）变化与期权价格之间的关系。由于标的市价微小的百分比变化而导致期权价格变化的百分比我们称为期权的 delta。一个 delta 等于 0.5 的期权说明当市场波动 1 点，期权价格会波动 0.5 点（一个有代表性的例子是行权价离现行市价比较近的期权）。价外期权由于其在行权期内达到行权价的可能性很小，所以 delta 很低。举例说明，X 基金所出售的期权其 delta 就低至 0.1。这意味着当市场价格向行权价趋近 1 点，该期权损失的可能性也只是 1/10。但是，当市场持续推进，delta 就会稳步上涨：当市价与行权价相等的时候达到 0.5，当期权变成价内（in-the-money）的时候达到 1.0。因此，当市场持续不断向期权的反方向进展的时候，风险敞口（exposure）就会逐步上涨，导致加速损失。简而言之，类似 X 基金的策略是那种在多数时候都会赢，但是一输就会输很大的策略类型。

图 4-1 所描绘的期间正是市价平缓变动，波动性较低的时段，这种市场环境对期权出售策略大为有利。因此，X 基金在这段时期业绩良好一点也不奇怪——这只是说明了该基金敞口数量之大（即卖出大量期权）而已。但是假如期权出售策略不是在这个历史记录所显示的时期运营的话，它也有可能会遭受大的损失。如果投资者理解了这种策略运营的方式，就会理解历史的数据对未来可能发生的一系列事件并没有代表性，因此用历史数据推出的例如标准差或者其他统计量都不能作为风险计量指标。

X 基金这个例子所凸显的核心问题不是波动性到底是如何误导我们对风险的计算的，而是一个更宽泛地探讨，就是任何基于历史数据计算的风险计量指标都有可能误导我们，如果基于计算的历史数据对未来业绩不具有代表性的话（比如当时恰好是大市对这种策略最有利的时候）。这样，大家广泛使用的基于波动性的风险计量就可能是误导性的，因为波动性的计算基于历史纪录。

总之，这里最重要的启示是，基于历史纪录的风险计量（例如标准差或者其他统计数据）很可能高度误导我们的决策，特别是当之前的市场有利于该种策略，但是从更长的一段时间看这种有利条件又不存在的时候。投资风险计量指标之所以常常引致投资决策的致命错误，是因为这些指标值考虑了可见的风险，即从历史纪录里清晰可见的损失或波动性，而没有考虑隐含风险，即最近历史记录里没能体现出来的市场发生大幅逆转的可能性。

隐含风险

隐含风险是那些在最近历史纪录里看不出来的风险，因为相关的风险没有在最近发生。隐含风险很少发生，但是它们一旦发生，我们的投资便会受到严重负面影响。隐含风险的主要类型有以下几个。

- **做空波动性风险**（short volatility risk）：这个类型的风险正是类似基金 X 的策略所面对的风险。这种策略在市场平稳和波动性较小的时候能盈利，但是很容易在市场波动性大幅增加的时期风险剧增——金融危机和市价大幅下跌便是这种时期的例子，而且二者还常常同时发生。

- **市场风险**：虽然对冲基金通常会兼有多头和空头头寸，但是有些对冲基金的策略类型会偏向于持有多头头寸（例如股票对冲，或新兴市场等）。因此，很多这些对冲基金的业绩便取决于市场的方向。例如，图 4-3 描绘了标普 500 指数和股票对冲基金指数之间强烈的相关关系。那些在某个市场板块里主要进行多头交易的对冲基金在市价下滑的时候会遭受巨大损失。如果这些基金类型的历史数据里没有熊市的数据（即大市大幅下滑的数据），那么市场风险，即市场下跌的风险，便是隐含风险。

图 4-3　股票对冲基金指数与标普 500 指数对比（以 2003 年 1
　　　　 月 1 日数据为基数 100）

- **流动性风险**：如果一个基金持有大量流动性很差的头寸，那么当它们在需要马上变现的时候，不管这种变现是因为策略改变还是为了满足投资者赎回，此时都会遭受严重损失。要从流动性很差的头寸里脱身意味着它们要以很大的折扣进行出售，尤其是大单出售。而流动性并非一成不变，在市场向好、波动性较小的环境下，即便低流动性投资组合也能顺利出手而无须太多折价；但是在熊市里，这些低流动性投资组合要变现可是难上加难，历史数据有可能无法正确反映变现可能性。投资者需要意识到，对于低流动性投资组合而言，市价可能无法真实反映该组合在需要变现时的真实价值。其中，微型股多 / 空策略（microcap long/short）和操作低流动性信贷工具的信贷策略便是其中一二例，它们无不隐含着巨大的流动性风险。

讽刺的是，流动性风险总在市场环境最差的时候最大。在金融危机下，市场心理都是寻求自保，这时候大量的投资者便会从基金赎回以变现他们手里的投资，这时候流动性情况便最差。而多数基金持有的头寸都是相同的，这一点又更加扩大了在人人追求避险的时期供求之间的差异，导致了更加巨大的买卖价差（bid-ask spread），这就使这些基金的变现成本更高。2008年9月和10月的市场恐慌便是最佳例证。

- **杠杆风险：**有些对冲基金策略需要很高的杠杆才能实施。例如，有些基金采用趋同策略（convergence strategy）。这一类的策略会买入和卖空非常相关的股票，希望它们的价差会逐步收窄，最后能低于统计数据所定义的"正常范围"。但是由于这些策略是在多维度上来寻找匹配的买入和卖空头寸，它们所寻求的交易价格变化是非常小的，因此只有量大才能盈利。所以这一类型的策略通常都会有很高的杠杆方能运营。这些基金一般在很长一段时间内波动性都很低，最大跌幅（drawdown）也很小。然而在市场大幅变现开始之后，这些高度相关的金融工具之间的价差便会变大，并且会在很长一段时间落于正常范围之外。这样的市场变现事件就会导致巨大损失，而且该损失与这些头寸相连的杠杆直接相关。

在多种多样的对冲基金策略中，有些对冲基金会借入杠杆以提升回报。因此而使用的杠杆在市场逆转的时候也会导致巨大损失。如果市场暂时对这种策略利好，那么其历史数据就不会包含未来市场发生逆转的可能性风险。

使用杠杆的另一个问题是使用什么样的杠杆工具。无法匹配是一个问题，即用短期杠杆来提升长期资产投资的回报，比如借入短期的商业贷款来购买担保债务凭证（CDO），这里的风险是中途有可能资金接不上。

虽然过量或者不当使用杠杆是造成对冲基金可能遭受巨大损失甚至最终严重到要爆仓的主要原因，但是我们需要知道有时候杠杆是降低风险的一个工具。一个经典的例子就是琼斯模型（Jones model）对冲基金，这部分内容我们会在第 10 章详细讨论。同时，关于风险和杠杆之间的关系是对冲基金投资者最常见的一个误解。这一点我们在第 15 章里会详细讲述。

- **信贷风险**：很多在借贷领域运行的对冲基金采用的策略是以低利率借入资本，并投入于高回报的工具，例如垃圾债券（junk bond）。假设它们以 4% 的利率借入资本，而垃圾债券的平均收益是 8%，那么如果这些债券价格不变的话，这些对冲基金便挣到了其借入资本的 4%（加上其所管理的全部资产的 8%，这些资产是没有资本成本的）。如果借入的金额等于其所管理的资产的金额，即杠杆因子（leverage factor）为 2，那么总回报就是 12%，这里仍然假设债券价格不变。就是说，借得越多（即杠杆越大），挣得就越多。如果信贷价差（credit spread）越小，即美国国债和高收益金融工具（例如垃圾债券）之间的差异越大，那么这个策略的盈利就会越大。这是因为这些对冲基金不仅从它们买入的证券和借贷成本之间挣到翻倍的钱，同时手里债券的升值也会让它们得到资本利的（capital gain）。（注意，信贷价差变小表示债券价格升高⊖。）

⊖ 这里我们假设利率水平不会升高过多以至于抵消了由信贷价差缩小而带来的收益。

当信贷价差稳定或者缩小的时候，多数信贷基金都会呈现稳步增长的 NAV 水平，即便发生损失，一般也都是适度的，发生频率也很低。但是这个策略的事件风险就是信贷价差并非单向变化。虽然在大多数情况下信贷价差的变化都在合理范围内，但是偶尔当市场发生危机或者破产可能性变大的时候，信贷价差会突然暴增。这些事件一旦发生，高收益债券（例如垃圾债券、新兴市场债券）的价格就会一落千丈，导致资本损失远远大于由低息借入杠杆而产生的收益，从而使基金蒙受巨大损失。注意，在图 4-4 描绘的例子里，HFR 固定收益公司债指数（HRF fixed income corporate index，该指数是信贷对冲基金的指数）在 2007 年年中到 2009 年年初便碰上了信贷价差急剧扩大的时候。在这种情况下，信贷风险和杠杆风险会产生负向合成效应，即该基金杠杆越高，信贷投资的损失越大。

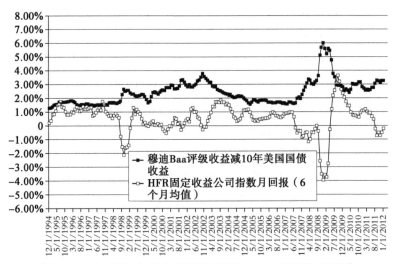

图 4-4　HFR 固定收益公司指数月回报（6 个月均值）和信贷
价差（穆迪 Baa 评级收益减 10 年美国国债收益）比较

从上述讨论可以看出，如果对冲基金采用的策略受我们讨论的这些事件风险的影响，这些策略在很多时候都会运行平稳，也没有太大的资产跌幅，只是在很极端的一些情况下会偶尔惨跌（可能市场风险除外，因为其逆转发生更为频繁）。实际上，这些策略会呈现两种截然不同的状态，如果我们仅仅根据那些好的状态就得出普适的结论，结果只会对投资者有害。

　　一个合理的风险评估不仅仅要求我们考量历史数据产生的风险指标（例如标准差和最大跌幅），同时也需要我们考量隐含风险。如果隐含风险对策略影响巨大，那么用基于历史数据产生的风险指标来估计风险会导致估计严重不足。虽然基于历史数据的风险指标已经是量化指标了，但是我们却没办法确定到底应该如何计量和权衡那些在历史数据里没有发生的风险事件。因此这里关键问题就变成，虽然我们知道应该考虑隐含风险，但是在实际操作里到底如何鉴别和计量隐含风险呢？

如何评估隐含风险

　　鉴别和计量隐含风险（就是那些在历史数据里没有但是投资策略又深受其影响的事件风险）需要我们采用定性和定量相结合的办法。

量化指标

　　虽然历史数据可能没有包括那些会影响基金或者策略的事件，但是我们仍然可以用这些数据来找出这些风险。以下就是历史数据如何用于找出隐藏风险的例子。

　　● **相关性**。这个数据看的是两个变量是如何同步变化的。相关性的数值可以从 −1.0 到 +1.0。这个数值越接近 1.0，说明两个变量的变化越同步（即同向变化）。相关性指数不能证实二者有无因果关系，但是可以在一定程度上表明因果关系的存在（我们在第 9 章还会详细讨论相关性）。举例来说，假设一个对冲基金的历史业绩很接近图 4-3 所描述的股票对冲基金指数业绩。到 2007 年 10 月为止，这个历史数据都表明了基金的趋势是稳步向上，而且最大跌幅很小，最差的时候就是区区 3%。这个历史数据所表明的风险可谓非常低。

但是，如果我们查看这一系列的历史数据和标普 500 指数在同期的回报，我们会看到二者 NAV 在 2007 年 10 月都到达顶峰，并揭示了二者相关性指数是 0.72——这个数值很高，暗示着两组数据之间有着很强的相关性。因为 2007 年 10 月之前标普 500 指数一直都逐步增长，下跌也有限，那么相关性高的意思就是这只基金稳步上升、下跌有限的历史业绩只不过反映了当时市场环境有利于它的策略，而不是它风险低。相关性高同时也意味着如果市场发生逆转的话，该基金也会大跌，而这件事后来确实发生了。实质上，按照相关性，即使其历史数据并未显现出任何巨大损失，市场逆转时该基金的业绩下降是可以预测的。相关性也可以用来计算任何基金受其他市场风险因素影响的敏感度，比如对信贷价差增大的敏感度。

- **Beta**。一个基金相对于参照指数的 beta，指的是当指数变化一个单位时，基金的期望回报变化。例如，一个基金的 beta 等于 0.7 意味着该基金在参照指数盈利 1% 的时候它能盈利 0.7%；而当参照指数亏损 1% 时，该基金亏损 0.7%。这里我们再次假设有这么一个对冲基金，其历史业绩很接近于图 4-3 所描述的股票对冲基金指数业绩，而它对于标普 500 指数在 2007 年 10 月之前回报的 beta 是 0.47。这意味着当市场下跌时，该基金的损失可以高达标普 500 指数的一半左右。虽然基金比指数的风险要低得多，但是该基金的 beta 仍然表明了极大的股票风险敞口。有趣的是，随后在 2009 年 2 月标普 500 指数大跌 53% 的时候，这只指数的跌幅为 30%，比标普跌幅的一半高出少许。

Beta 和相关性这两个指标之间有着数学关系，它们只是在不同层面揭示了相同的信息。相关性指标提供的信息是一个回报数据与其参照物之间的关系大小程度，而 beta 提供的信息是参照系变化 1% 的时候回报数据会变化百分之几[⊖]。

- **在回报为负的月份取平均回报。** 受到风险影响的基金在不利市场条件下总是业绩不佳。因此在评估风险的时候，仅仅考虑在市场为负的月份里该基金的回报比考虑该基金在所有月份的回报要更好，这就是俗语所谓的以简取繁。例如，一个基金在历史数据里亏损很小的原因可能是历史数据取得的时期正好是市场有利的时期，而不是因为它风险管理做得好。因此，如果我们仅取市场不利情况下的基金历史回报，就可以看到在市场下行时候该基金可能的跌幅。

⊖ 数学上，beta 等于相关性乘以数据的标准差与参照系的标准差之间的比率。举例来说，如果相关性等于 0.8，数据的标准差是参照系标准差的一半，那么 beta 就等于 0.4。

- **在市场回报为负的月份盈利的可能性有多大。**它指的是
  当市场下行时候，该基金有多大概率上行。这个数据计
  量的是该基金在熊市承受风险的能力。

定性评估

历史数据只不过是风险评估的一个着手点。当历史数据显示
了该基金有着高风险的时候，这说明未来市场下行的时候基金会
遭到损失。然而，这句话却不能反过来说，即当历史数据无法证
明风险存在的时候，不等于说未来就没有风险。投资者必须问自
己一个问题：历史回报数据的来源是什么？详细地说，投资者须
确定到底这些历史回报数据在多大程度上受到市场头寸或者信贷
风险、做空波动性、头寸低流动性、杠杆水平的影响。所有这些
因素都使得在大多数时间基金的回报是平稳的，但是在投资者大
幅避险的市场环境下就会遭到重大打击。

这些定性评估可以用评分表来进行量化，即对每一项风险打
分然后加总。例如，每个风险因素可以给一个 1～10 的数值，1
表示风险最低，10 表示最高。比如，一个仅交易 G-7 国货币的
外汇基金在流动性风险上将会是 1，而一个有着 10 亿美元管理
资产的微型股（microcap）基金的流动性风险则可能为 8～10。
再举一例，一个市场中性的股票基金其市场风险评分应该为
1～2，而一个多头基金的市场风险评估则会接近 10。就这样，
我们可以对每一个风险因素进行打分并加总。虽然这个方法难
免有点主观，但是对于找出未来潜在高风险的基金甚有助益，
哪怕这个风险在历史数据里尚未清晰显现。我们来假设有两个
基金，二者的波动性都很低，股票跌幅也不大。但是，我们对
它们的定性风险评估却不同，如表 4-2 所示。虽然历史数据可能

显示两个基金的风险相似，但是定性分析的打分表却清晰表明 B
基金的风险高得多。

表 4-2　风险打分表

	市场风险	信贷风险	做空波动性风险	流动性风险	杠杆风险
A 基金	3	1	1	1	3
B 基金	8	8	7	8	7

我们容易混淆波动性和风险

　　波动性通常是风险的代名词，这个误解正是人们错误估计风
险的关键问题所在，因为波动性仅仅是风险计量的一小部分，只
不过是它很好量化，所以人们就用它来替代对风险的评估。一个
综合的风险评估还必须考量隐含风险（即事件风险），而这些风险
常常更为重要。

　　这个对波动性和风险关系的误解也常常导致投资者以为波动
性低的基金就是风险低的基金，可笑的是很多时候波幅高的基金
反而风险更低。例如有些基金策略在很大程度上受到事件风险的
影响（例如做空波动性或者是做多信贷风险），如果不利事件在
历史上没有发生，这些基金的数据都会呈现出平稳和波动性小的
特征，而且 NAV 会持续增长，最大跌幅也会很小。这些基金呈
现出来的低波动性仿佛表明它们是风险低的投资产品。可惜事实
是，不利事件在历史数据中没有发生，不等于风险就不存在了。
如果采用类似于 X 基金的做空期权策略，只要波动性一直维持很
低，看上去（相对于回报来说）它们的风险很低，但是只要波动
性大幅增加，风险就会爆表。所有受事件风险影响的投资产品，
它们的运行都存在两种割裂的状态：一种是大市向好时候的良好

状态，另一种是不利事件发生时候的灾难性状态。仅仅基于两种状态值来估计基金业绩是愚蠢的行为。将低波动性等同于低风险，就好比根据夏天测量的气温来预言湖水永远不会结冰一样。

低波动性和高风险是可以并存的。一个基金如果二者兼而有之，其特点大多如下所述。

- 它采用的策略是那种在多数时候都能获得中等盈利，但是有很小的概率会发生巨亏。
- 它的历史纪录涵盖的时期正好是市场向好的时候。
- 在它历史记录涵盖的时期内，重大的不利事件没有发生。

这里我们的目的只是要警示大家，低波动性和低风险并不等同。然而，这并不是说低波动性就意味着高风险。诚然，有些波动性低的基金也是风险低的基金。这里的关键在于判断低波动性到底是什么造成的。如果历史波动性低是因为这个策略是在多数时候盈利、极个别情况下巨亏而造成的话，那么我们在评估风险的时候就得把不利事件的可能性作为评估的一部分，而无论这个不利事件在历史上是否发生过。然而，如果历史波动性低是由于该策略对风险进行了严格管控（例如每笔交易的损失不得高于0.5%），这种情况下低波动性就等于低风险。

波动性指标在没有考虑到隐含风险的情况下会低估总体风险水平，但是在另一些情况下却又会高估总体风险水平。例如，有些基金经理采用的策略限制了下行风险，但是上行空间很大。这里我们假设一个 Y 基金，它的主要策略就是在预期市场会发生大幅变动的时候买入价外期权。这种策略如果损失的话，也只是损失了购买期权那小小的权利金，但是上行空间却是开放的。因此，只要基金经理能挑对时机，他的历史记录有可能会显现很高的波动性，因为他可能一下子就挣大钱了。但是这种时候其实风险很小，因为能损失的也就是那一点权利金。所以实际上这个基金经理的历史记录将会是高波动性与低风险共存的。

要注意只买入价外期权的 Y 基金并不是只出售价外期权的 X 基金的反面。只买入价外期权这种策略虽然每月的损失有限，但是长此以往连续损失却可能累计成为巨大损失。同时，出售价外期权的基金实际上是对价格变动的一种保险，因此从长期来看能得到类似于保费的净收入（虽然这是以承受巨大损失的可能性作为代价的），这就说明买入价外期权的策略会遭受净损失。因此，为了确保做多期权的策略能够盈利并且长期损失不超过一定范围，基金经理就必须很有技巧地选择在何时买入期权，而不是持续买入期权。

这么说来，波动性既不是高风险的充分条件，也不是必要条件。之所以不是一个必要性指标，是因为历史纪录里没有发生让波幅变高的市场事件；而之所以不是一个充分指标，是因为有些时候高波动性只是说明过去盈利的波动性大，但是下行的风险已经受到了严格控制。

风险价值（VaR）指标存在的问题

风险价值（value at risk，VaR）是一种假设在最差情况下犯了最糟的错误导致的最坏损失情况估计。VaR 可以视作一个设定的损失门槛，即在一定范围的高置信区间（通常是 95% 或 99%）内损失不可能更低的临界值。VaR 可以用绝对值也可以用百分比来表示。比如，假设置信区间 99% 的日 VaR 为 3.2%，说的是在 100 天交易里，只有 1 天损失会超过 3.2%。如果想把日 VaR 转换成月 VaR，只需将日 VaR 乘以 4.69，即 22 的开方（我们假设每月有 22 个交易日）。也就是说上述 3.2% 的日 VaR 可以转换为 15% 的月 VaR，它说明在 100 个交易月里面只有 1 个交易月损失可能在 15% 以下。使用 VaR 的方便之处在它对于不同投资产品混合而成的投资组合提供了一个最坏打算的估计，并且哪怕未来组合发生变化也仍适用。

VaR 的计算方法有多种，但是不管哪种方法都依赖于投资组合在过去某个期间的波动性和投资组合内产品的相关性，这就是问题所在：**这里的假设是未来的波动性和相关性与过去的一样。** 可惜的是，这个假设常常错得离谱。举个例子，2007 年年初，一个投资于高评级次贷债券的投资组合其 VaR 会显示风险极低，因为在过去一段时间证券化的次贷债券一直价格稳定。VaR 甚至对未来可能发生的灾难不会提出一丝预警，因为过去的价格变化没有预示这种灾难会发生。

就是说，如果过去的市场向好，而投资者又偏好风险的话，VaR 很可能对未来最差情况的损失估计严重不足。这些最坏的情况包括市场逆转、投资者从趋险转为避险。在这种大家都急于变现的时期，不仅单个投资产品的波动性急剧增加，而且不同市场不同产品之间的相关性也大大增加，这个现象被称为"相关性趋向于 1"。当大市像串联一样运动时，任何波动性水平所显示的风险都将被放大。例如 2008 年，对冲母基金（funds of hedge funds）损失大大超过了 VaR 所预示的范围，原因就是那些哪怕原本并不相关的对冲母亲基金都在同一时间遭受了巨大损失，因此经营对冲母基金所依赖的风险分散荡然无存。造成这个现象的是市场变现的多米诺效应：由于市场向下，因此一些对冲基金遭遇了大规模的赎回从而变现其持有资产，在这种情况下原本毫不相干的对冲基金也因为市场供求变化遭受了损失，从而强化了这个变现循环。当很多对冲基金在同方向进行变现的时候，市场暂时出现了由于低价变现而产生的供求巨大失衡，从而点燃了整个对冲基金界的广泛损失。

VaR 在市场正常的条件下是一个不错的风险计量指标。它的问题症结在于巨大的风险总是出现在市场被恐慌的变现潮淹没而表现异常的瞬间。VaR 就好比是一个在 60 英里（约 96.6 千米）/时以下表现正常、但是在 60 英里以上就总是低估速度的汽车时速表，它在你最需要精确读数的时候却总是错的！ VaR 只是一个基于统计数据生成的最糟情况估计，它很可能会让投资者忽视了他们投资组合里的巨大风险。如果是这样的话，用 VaR 来估计风险，还不如不要估计风险的好。

资产风险：为何其外表极具欺骗性？价格重要吗？

让我们来看看下面这个例子：两个不同的对冲基金，它们都采用做多和做空相结合的策略对高收益债券进行操作，并且以对冲方式来中和利率风险。哪一个基金看上去风险更大？

（1）A 对冲基金: 买入高评级公司债券，卖空低评级公司债券。

（2）B 对冲基金: 买入低评级公司债券，卖空高评级公司债券。

看上去似乎 B 对冲基金的风险更大对不对？但是不一定哦，请看如下描述。

- 做空高评级公司债券风险很低，因为信贷价差收窄的可能性很小（因此其价格上行的空间不大），但是做多高评级债券却有可能风险很大，假如这些债券未来评级有可能下调的话。

- 虽然低评级债券债务违约的可能性更大，但是这个可能性已经从当前市价里打了折扣，有时候当前市价的折扣甚至过大。

- 当债券价格横盘的时候，卖空低评级债券在某些情况下有可能会遭受更大损失。因为低评级债券的负担更重（因为它们必须支付更高的利息）。

指引：单凭信贷质量很难构成对风险的正确评估。质量不是风险的度量，性价比才是。

投资错觉

◆ 投资错觉 9：评估风险总是有好处的。

真相：错误的风险评估不如没有风险评估，它给了投资者错误的安全感。

◆ 投资错觉 10：波动性高说明风险高。

真相：虽然波动性高常常意味着风险高，但是这个论断对有些策略不适用，即那些严格管控了下行风险，并由于其历史异常高回报造成高波动性的策略不适用。例如，一个有能力的基金经理可能知道在何时买入价外期权而盈利就属于这种情况。采用做多价外期权的策略可以限制每一笔交易的下行风险，但是有意思的是基金经理的能力越强，他的波动性就会越大，因为他在挣大钱的同时也推高了波动性。

◆ 投资错觉 11：低波动性意味着低风险。

真相：只有当历史数据能代表性反映未来市场情况的时候，低波动性才意味着低风险。否则低波动性只是说明不利事件在历史数据产生的时期并没有发生，而不说明风险低。这里引用一句马来人的谚语：不要以为静水无鳄鱼。

◆ **投资错觉 12**：历史损失的频率和大小提供了良好的风险计量。

真相：任何策略隐含的重大风险都可能在历史上并没有发生过，因为这些事件都是异常市场条件的产物。因此，由于没有考虑到隐含风险，这些历史损失会引致投资者大大低估风险程度。

◆ **投资错觉 13**：市场价格正确反映了投资组合的价值。

真相：对于那些持有很多流动性低的头寸的投资组合来说，投资组合到了真的需要变现的时候，可能价值远远低于现在的市价，这是因为现有头寸可能出现大幅的价格滑落。

◆ **投资错觉 14**：风险价值（VaR）是对最坏情况下损失的一个良好估计。

真相：在现有波动性和所持投资组合里产品之间的相关性无法对未来的指标构成有代表性估计的时候，VaR 会严重低估最坏情况下的损失。当市场环境从利好过渡到全民清算的时候，我们投资组合发生的损失可能远远低于 VaR 所估计的门槛。当我们调整 VaR 来适应新的情况的时候，所遭受的损失早已经发生了。

投资见解

标准的风险计量指标通常都无法正确反映实际风险。所有的大众使用的风险计量指标常常无法反映巨大风险的来源。比如最常使用的波动性指标，就难以反映那些间或出现的事件的风险。更糟糕的是，那些容易受到极端事件影响的投资策略在大多数时候总是表现出很低的波动性。因此，那些用波动性指标来挑选低风险投资的投资者很容易就选到了实际上高风险的投资。

任何完全基于历史数据计算的风险指标都是有问题的，投资者还需综合考虑我们这章里面讨论到的各种隐含风险，这些风险在历史纪录中并不清晰可见。一个综合的风险考虑包括了基于历史纪录的风险计量指标，同时必须考虑该投资策略内生的风险，以及基金经理的风险管控措施。仅仅基于历史数据得出的风险估计就好比保险公司按照历史索赔纪录以及房屋市价对一个 5 年新的房子进行保险一样，这个保险丝毫没有考虑这个房子的地点，哪怕这个房子坐落在洪水区。历史纪录没有因为水灾而索赔，不等于这个房子的风险很低！换言之，没有证据显示高风险，不等于有证据表明低风险。

第 5 章

波动性：不仅是风险——
以杠杆 ETF[⊖]为例

波动性通常被视为风险。然而，就像我们看到的，这远远不够，甚至是荒唐之至。大多数投资者没有意识到过大的波动性其实降低了收益。同样幅度的涨和跌并没有得到一个打平的结果，而是带来了负收益；而且，涨和跌的绝对值越大，最后损失也越大。举例来讲，第一年 50% 的收益和第二年 50% 的亏损（或者反过来）导致了最后 25% 的净亏损（见表 5-1）。

表 5-1　波动性对于收益率的负面影响

	初 始 净 值	收益百分比	结 束 净 值
第一年	1 000 美元	+50%	1 500 美元
第二年	1 500 美元	−50%	750 美元

⊖　ETF（exchange traded fund）即交易所交易基金，通常用于跟踪指数。
　　——译者注

给定相同的平均月收益，随着波动性的增加，复合收益率稳定下降。表 5-2 比较了 5 种 12 个月的收益序列情形，在每种情形中包含 6 个月的盈利和 6 个月的亏损，其中绝对值以 2% 的大小递增。在所有的 5 种情形中，平均月收益率都是 1%。在情形 A 中，6 个月是 3% 的盈利而其余 6 个月是 1% 的亏损（平均下来，是每个月 1% 的盈利）。在这种情形下，年化的复合收益率稍高于算术收益率（12.4% 对比 12%）⊖。我们保持每个月的平均收益不变，但是把盈利和亏损的绝对值依次递增 2%——可以惊人地发现，复合收益率稳定地下降。到了情形 E，虽然每个月的平均收益还是 1%，复合收益率居然是 –9.2% 了。简而言之，波动性降低了收益！

表 5-2　5 种平均月收益为 1% 的 12 个月收益现金流对比

	6 个盈利月份 的盈利百分比	6 个亏损月份 的亏损百分比	12 个月的 复合收益率
A	3%	–1%	12.4%
B	8%	–6%	9.5%
C	12%	–10%	4.9%
D	16%	–14%	–1.4%
E	20%	–18%	–9.2%

杠杆 ETF：所得非所愿

投资人如果没有正确意识到波动性带来的负面效应，容易意外承受损失。最好的例子就是众多投资人购买杠杆 ETF 的经历。一般来讲，投资人购买 2 倍杠杆 ETF 是为了获得普通 ETF 收益

⊖　复合收益率 =$(1.03)^6 \times (0.99)^6 - 1 = 0.124$ 或者 12.4%。算术收益率 =$(6 \times 3\%) + [6 \times (-1\%)] = 12\%$。

的 2 倍[⊖]。但不幸的是，随着时间的流逝，当市场上涨时，投资人会发现盈利小于市场涨幅的 2 倍；而市场下跌时，损失却超过了市场跌幅的 2 倍。这个现象对于做空杠杆 ETF 同样适用，也就是说，当市场下跌时，收益小于跌幅的 2 倍；而市场上涨时，损失却大于市场涨幅的 2 倍。

　　加了杠杆以后，看似同样的 ETF 和指数成分股，绩效却大相径庭。这个结果令人震惊；而对于其中真相，许多投资者却如雾里看花。为了说明这个关键部分，我们以最流行的标普 500 ETF 为例。如图 5-1 所示，在 2007～2011 年这个阶段标普 500 指数 ETF（SPY）下跌了仅仅 4%，但是 2 倍杠杆超级标普 500 ETF（SSO）的损失却超过 41%。换言之，购买杠杆指数 ETF 的人比用 50% 的保证金比例购买无杠杆指数 ETF 的人多亏 37%，而二者承担的市场风险看似并无差别。

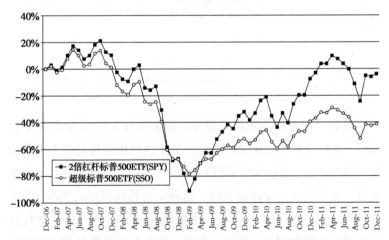

图 5-1　2 倍杠杆标普 500ETF(SPY) 和超级标普 500ETF(SSO)
　　　　对比，从 2007 年 1 月 1 日开始

⊖　大多数杠杆 ETF 是 2 倍杠杆的，但是也有 3 倍杠杆的 ETF。在本章，
　　我们默认所说的杠杆 ETF 是 2 倍 ETF。在本章中讨论的杠杆 ETF 缺点
　　对于 3 倍 ETF 依然适用，并且更加显著。

投资者买入做空标普 500 ETF（SDS）是为了在下跌的市场中获得盈利，而如果买入相应的杠杆 ETF，则令他们失望透顶。如图 5-2 所示，杠杆做空 ETF（SDS）的损失甚至超过了杠杆做多 ETF（SSO），亏损达 58%——整整比 2 倍的做空指数收益，也就是 4%，低了 62%。

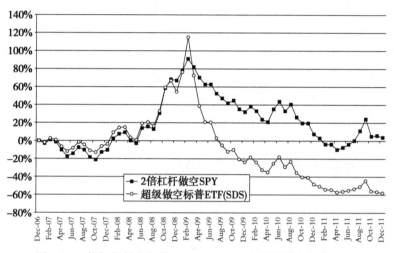

图 5-2   2 倍杠杆做空标普 500ETF(SPY) 和超级做空标普 500
ETF(SDS) 对比，从 2007 年 1 月 1 日开始

最后，考虑投资者买入相等的做多杠杆 ETF 和做空 ETF 的情形（相同仓位的 SSO 和 SDS）。虽然这种组合持仓看上去是市场中性的（多空仓位大致可以互相对冲），但实际结果却让人大失所望。相比投资于单独的 ETF，这种组合持仓将损失 99%（为了将这种组合持仓和单独持有 2 倍做多杠杆 ETF 和 2 倍做空杠杆 ETF 进行直接的对比，图 5-3 中所示的百分比变化是相对于双边投资中的单边收益的）。

表 5-3 对比了持有标普 500 指数 ETF 多头和空头的收益与持有标普 500 杠杆 ETF［超级标普 500 ETF（SSO）和超级做空

标普 500 ETF（SDS）］的收益。对很多并不熟悉合约设计的杠杆 ETF 投资者来讲，图 5-1、图 5-2、图 5-3 和表 5-3 所示的结果是令人震惊的。

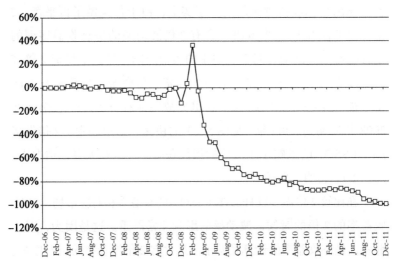

图 5-3　超级标普 500ETF（SSO）加上超级做空标普 500ETF（SDS），从 2007 年 1 月 1 日开始

表 5-3　等值 10 000 美金投资于标普 500 指数 ETF 的盈亏统计：2007~2011 年

投 资 选 项	盈　　利
买入 10 000 美元标普 500 ETF（SPY）	-390 美元
买入 20 000 美元标普 500 ETF（SPY）：10 000 美元用 2 倍杠杆	-780 美元
买入 10 000 美元超级标普 500 ETF（SSO）	-4 140 美元
卖出 10 000 美元做空标普 500 ETF（SPY）	390 美元
卖出 20 000 美元做空标普 500 ETF（SPY）：10 000 美元用 2 倍杠杆	780 美元
买入 10 000 美元超级做空标普 500 ETF（SDS）	-5 800 美元
买入 10 000 美元 SSO 和 10 000 美元 SDS	-9 940 美元

原因何在？为了保持杠杆比例，杠杆 ETF 是每天仓位再平衡的⊖。因此，每个交易日，2 倍杠杆 ETF 的收益率大致是对应市场收益率的 2 倍。可是，随着时间的推移，2 倍杠杆 ETF 的收益会偏离目标收益越来越远。事实上，由于每天做了再平衡，2 倍杠杆 ETF 的收益率取决于含有 2 倍波动率的每日收益序列的复合收益率。波动性对于收益率的负面影响，导致了投资 2 倍杠杆 ETF 的绩效远逊于在对应市场投资 2 倍资金。尽管杠杆 ETF 也可能在某些强烈的趋势市场里面战胜非杠杆 ETF——例如在 2008 年后期到 2009 年（见图 5-1）的快速下跌市场中，2 倍做多 ETF（SSO）的跌幅小于 2 倍的指数跌幅——但在大多数情况下，杠杆 ETF 会明显跑输。

在比较 2 倍做多杠杆 ETF（SSO）的收益率和对应市场（SPY）收益率的 2 倍的时候，波动率的影响非常严重。这是因为，对于前者，最终收益率的计算是基于一列含有 2 倍波动率的收益序列。举例来讲，假设一个市场在前后两个时间段里面往上各涨了 10%，最后的收益率是 21%（即 1.1×1.1＝1.21）。2 倍做多 ETF 的目标收益率是这个数值的 2 倍：42%。实际上，2 倍做多 ETF 在每个时间段有 20% 的收益，导致最后 44% 的收益率（即 1.2×1.2）。在这个例子中，将波动率加倍使得结果更好。不幸的是：在绝大多数情形中，随着时间的流逝，更高的波动性带来的是不利结果。

当市场价格是往一个方向移动时，不管是往上还是往下，杠杆 ETF 的表现都会超过杠杆比例；但是当市场震荡时，杠杆 ETF 的表现就会不尽人意。表 5-4 和表 5-5 里面的两阶段例子说明了做多杠杆 ETF 和做空杠杆 ETF 的收益特征。

⊖ 仓位再平衡是指调整整个股仓位使得成分股的比例和指数一致。——译者注

表 5-4　市场收益率的 2 倍与 2 倍杠杆 ETF 之比较

	第一阶段收益	第二阶段收益	最后阶段收益	市场收益的 2 倍（目前收益）	2 倍 ETF 收益与市场收益的 2 倍对比
市场	+10%	+10%	+21%	+42%	
2 倍杠杆做多 ETF	+20%	+20%	+44%	NA	+2%
市场	−10%	−10%	−19%	−38%	
2 倍杠杆做多 ETF	−20%	−20%	−36%	NA	+2%
市场	+10%	−10%	−1%	−2%	
2 倍杠杆做多 ETF	+20%	−20%	−4%	NA	−2%
市场	−10%	+10%	−1%	−2%	
2 倍杠杆做多 ETF	−20%	+20%	−4%	NA	−2%

表 5-5　做空市场收益率的 2 倍与 2 倍做空 ETF 之比较

	第一阶段收益	第二阶段收益	最后阶段收益	做空市场收益的 2 倍（目前收益）	2 倍 ETF 收益与做空市场收益的 2 倍对比
市场	+10%	+10%	+21%	−42%	
2 倍杠杆做空 ETF	−20%	−20%	−36%	NA	+6%
市场	−10%	−10%	−19%	+38%	
2 倍杠杆做空 ETF	+20%	+20%	+44%	NA	+6%
市场	+10%	−10%	−1%	+2%	
2 倍杠杆做空 ETF	−20%	+20%	−4%	NA	−6%
市场	−10%	+10%	−1%	+2%	
2 倍杠杆做空 ETF	+20%	−20%	−4%	NA	−6%

比较 2 倍杠杆 ETF 和其目标收益率（对于做多杠杆 ETF 而言是指市场收益率的 2 倍，对于做空杠杆 ETF 而言是做空市场收益率的 2 倍）时，请牢记以下几点。

（1）在价格同向变动时，杠杆 ETF 不是赚更多，就是亏更少。

（2）在价格反向变动时，杠杆 ETF 不是赚更少，就是亏更多。

（3）相比做多杠杆 ETF，做空杠杆 ETF 相对目标收益率的偏离会更大。

（4）收益的前后顺序并不会影响最后的结果。真正起作用的在于：收益是连续相同方向的，还是反复震荡的。

在具有强烈趋势的市场（也就是单边市场）里面，相比 2 倍市场涨跌幅这个目标收益率，杠杆 ETF 会赚得更多，或者亏得更少。但是，在稍微复杂的市场环境里面，包括带有回调的牛市和带有反弹的熊市里面，杠杆 ETF 将会赚得更少，或者亏得更多。经过足够长的时间，做多杠杆 ETF 很有可能在市场上涨的阶段内产生亏损，而做空杠杆 ETF 也很有可能在市场下跌的阶段内产生亏损。持有时间越长，杠杆 ETF 产生的负收益偏离就会越大。

长期投资者应该避免买入杠杆 ETF。如果希望提高杠杆率，直接购入 2 倍仓位的无杠杆 ETF 将会获得更高的收益。如果增加杠杆是买入杠杆 ETF 的主要动机，那么考虑以下几个杠杆工具无疑是更好的选择。

（1）利用保证金购买 2 倍仓位的无杠杆 ETF。

（2）如果存在期货工具，则买入保证金比例更低的指数期货。

（3）买入深度实值期权，其 delta 值一般是接近于 1.0 的（也就是说，它的价格波动与市场的价格波动基本一致）。相比买入现货，买入深度实值期权所需的资金会少很多[⊖]。

⊖　深度实值期权一般只含有内在价值（也就是说，几乎不含有时间价值）。因此，随着时间的推移，这些期权在时间价值上的损失很小。如果想更好地了解这个方法，请参考丹·卡普林格（Dan Caplinger）的文章，"A Better Way to Double Your Returns"，January 8, 2011, www.fool.com.

除了进行短期交易或者作为做空的工具，杠杆 ETF 一般不是好的选择。投资者应该尽量避免！

◆ **投资误区 15**：波动性仅仅是一个风险度量。

　　真相：过大的波动性会显著降低收益。给定平均的月收益，越高的波动率将导致越低的累计收益率。

◆ **投资误区16**：2 倍杠杆 ETF 是一个很好的利用杠杆的工具，能够得到近似 2 倍市场收益率的回报。

　　真相：杠杆 ETF 仅仅在单日内提供近似杠杆倍数的回报。在长时间内，2 倍杠杆 ETF 的收益率和 2 倍的对应市场收益率会大大偏离。虽然这种偏离可能更好也可能更坏，但是除了强烈的单边市场（也就是说，相比主要趋势，震荡非常有限），2 倍杠杆 ETF 的表现通常会落后于目标收益（市场收益的 2 倍）。市场的震荡越是多，并且持有时间越是长，杠杆 ETF 的落后程度就越大。而且，做空 ETF 的偏离程度会更大。如果长期持有杠杆 ETF，收益可能会比目标收益低太多，甚至在明显牛市的情况下产生巨大的亏损。

投资见解

波动性通常被认为是一种风险（负面的评价），其实它还对收益率有着重要的影响。波动性降低了收益率！给定相同的月度收益率，波动性越大，累计的收益率就越低。

波动性的这个负面作用使其成为进行多元化投资的一个原

因。投资者进行多元化投资（每一项投资标的拥有相同的平均期望收益率），比仅仅进行一项投资，来得要好。这不仅仅因为更低的风险（众所周知的理由），还因为多元化的投资组合在降低波动率的同时提高了复合收益率。事实上，多元化投资组合的收益率通常比组合中超过平均水平的投资标的的收益来得高。这意味着，除非你特别自信能选中一项明显高于平均水平的投资标的，否则还是进行多元化投资更好。多元化投资提高了收益率，还附带了降低风险这个好处。波动率对于复合收益率的影响也是第3章中过去最好的行业或者基金往往比平均收益率来得更差（并且有更高的风险）的原因之一。简言之，投资人寻求更低的波动率不仅仅为了降低风险，更为了提高收益。

波动性对于收益的影响在杠杆 ETF 上显露无遗。就像在本章中指出的一样，波动性的这个负面影响能够使得杠杆 ETF 大大跑输同期市场。因此，除了做空和短期交易这两个目的，投资人应该避免使用杠杆 ETF。

第 6 章

历史业绩陷阱

跟踪的历史业绩记录既可能是有帮助的也可能是来捣乱的。从历史业绩进行推断的主要陷阱包括以下几点。

（1）潜在风险。

（2）无关数据。

（3）承担过高的风险而非管理技能带来的优秀业绩。

（4）无可比性。

（5）过长的历史业绩往往失去意义。

潜在风险

历史业绩误导性的主要表现是未知风险。在一个基金的存续期中，投资策略可能对于某个小概率事件进行了风险暴露，而恰巧这段时间没有发生这个事件，因此历史业绩没有反映。在这种情况下，历史业绩是不具代表性的，或者说，具有极强的误导性。这里的核心概念已经在第 4 章中进行了讨论。

数据相关性陷阱

图 6-1 展示了债券市场在过去 30 年的强劲上涨。想象一下：在广泛使用的投资组合优化模型中使用债券这个投资标的。在给定的波动率（作为风险度量）条件下，投资组合优化模型会给出一个最高预期收益的投资组合。这个模型的结果是基于历史上各个投资标的的预期收益和波动率，以及它们互相之间的相关性，进行计算的。一般来讲，债券的上涨势头越强越稳定，在最优投资组合中的占比也就越高。

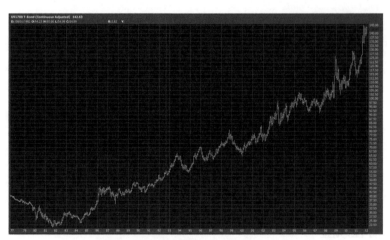

图 6-1　美国国债期货主力连续合约

注：期货主力连续合约图表展示了连续持有国债期货多头的净值变化，并考虑了合约展期的价格调整。

资料来源：Thinkorswim for TD Ameritrade.

在投资组合优化模型中有一个隐含的假设：历史数据是未来决策的可靠依据。这个假设合理吗？具体到债券，过去 30 年的业绩和未来业绩的相关性有多强？债券市场长期牛市的驱动力来自从 1980 年开始的商品熊市和同期的低通胀。虽然自 2002 年开始商品市场触底反弹，但是通胀继续低迷，后者得益于 2008 年及之后的经济危机。债券的长期牛市（或者说，利率的长期下跌），与自 1979～1980 年开始的两位数的通胀率下跌到 2008 年后期不足 2% 的通胀率的这个大势，是亦步亦趋的。

然而，债券的未来前景与过去的历史业绩似乎并无关联。债券利率已经从 1981 年的 15% 跌到目前的 3%，无论如何展开想象的翅膀，未来下跌的空间都是极其有限的。对于未来的预测，过去利率的下跌（债券的上涨）不仅仅没有指导性，更是一个"不可能"指标。我们很难想象未来 30 年，利率可以从 3% 跌到 –12%。相反，利率长期大跌之后，大反转倒是很有可能。得益于快速发展的世界经济带来的强劲需求，商品价格已反转形成长期上涨趋势。到目前为止，由于较高的失业率，尽管商品上涨，通胀还是保持低水平。不过，随着失业率的改善，通胀率似乎也要重拾升势。进一步，宽松货币政策的延迟效应叠加了对于债台高筑的担心可能导致未来长期内上升的通胀和利率水平（也就是下降的债券价格）。

具有讽刺意味的是，过去在牛市中起主要作用的因素在未来可能是导致熊市的因素。过去的债券牛市是由于长期以来利率从非常高的位置跌落至非常低的位置，而未来的下跌空间已经十分有限，进入上涨轨道的可能性反而会很大。进一步来讲，利率的长期下跌说明利息收入已经充分地下降了。在此背景下，过去 30 年债券市场的昂扬走势更像是未来债券会持续走低的理由，而不是在一个投资组合中提高债券权重的理由。

历史业绩仅仅在历史能够推断未来的时候有借鉴意义。但是，大部分时候，我们没有理由做此假设。就像债券的例子一样，有时候，过去的历史业绩其实是一个反向指标。在没有搞清楚过去如何推断未来之前，千万不要用历史业绩作为投资决策的依据。

过高的收益率可能反而是坏事

优异的收益绩效未必就是一个好的指标。有时候，过高的收益率反映了基金经理倾向于承担更大的风险而不是其优秀的管理技能。来看一下 1998～1999 年股票长 / 短仓的明星基金经理。那些重仓科技股股票（尤其是互联网股票）的基金经理会大幅跑赢市场。这段时间内，越高的风险暴露——在互联网股票上持有重仓——意味着越高的业绩表现。市场对于持有过高估值，而在基本面上一文不值的股票的基金经理给予了过高的回报，从而导致了这些股票更高的价格。那些小心谨慎、克制自己不过度投机的基金经理大幅跑输市场。因此，在 2000 年年初选择基金经理的投资人很可能倾向于选择风险最大的投资组合而不是最高水平的管理技能。大多数在 1998～1999 年表现最好的基金经理在随后 2000 年 3 月开始的互联网泡沫中伤亡惨重，整个科技板块巨幅下跌直到 2002 年。

另一个优异表现来自过高风险而不是管理水平的例子是 2003～2007 年采用信贷利差策略的对冲基金。擅长高收益债券投资的偏多的对冲基金得益于债权收益和资金成本的价差而表现出色。利用杠杆，价差带来的利润翻了好几倍。成也萧何，败也萧何，杠杆可以提升利润，但随着信贷利差的收窄或者拉大，资本成本的收益和损失也会同步放大。2003～2007 年，高收益债券的信用利差逐步缩窄，意味着资本收益提高了利息收入。那些用了最高杠杆和承担了最高信用风险的基金经理同时受益于利息收入和资本收入（由于利差的原因）。因为信贷息差并未急剧扩大以反映长期暴露的风险，所以由增加杠杆而承担的额外风险并不显著。那些根据过去 3～5 年的历史业绩，在 2007 年年中，选择信贷利差对冲基金的投资人很有可能选择了那些承担最大信用风险而不是拥有最高管理技能的机构⊖。可悲的是，信贷利差的急剧扩大，导致杠杆下的成倍损失，那些承担最大信用风险的对冲基金在随后的两年内糟糕透顶。

投资陷阱在于有时候过去优异的业绩其实反映了负面的过高的风险，而非正面的过人的管理技能。如果市场条件十分有利，过高的投资风险将不被察觉——非常合拍的市场条件导致了优异的业绩。而且，某些极端的行情鼓励了投机（例如，互联网泡沫、信贷利差泡沫），而这些狂欢大大加剧了市场往后形成拐点的可能。在这种情况下，过去不仅仅没有代表性，还具有严重的欺骗性。投资人必须要理解助力优异业绩的原因并且合理判断未来是否能够延续辉煌。2000 年年初重仓互联网股票的基金经理可能会有一个漂亮的业绩曲线，但是理解背后原因的投资者才能对此风险保持警惕。正如保罗·鲁宾（Paul Rubin）指出的，"千万不要被牛市中的光环冲昏头脑"。

无可比性

考虑以下两个在策略池中候选的基金，我们以最大回撤作为主要的选择标准。

⊖ 当然，许多做信用利差的基金经理没有过度暴露信用风险，也在 2003～2007 年这个阶段取得了骄人战绩。问题在于，其他许多表现优异的基金经理是因为过度暴露了信用风险才取得好的业绩。投资人要有能力判断业绩的来源，从而在两者中进行分辨。

（1）基金 A：最大回撤 25%。

（2）基金 B：最大回撤 10%。

哪个基金的风险更大？许多读者可能认为这是一个幼稚的问题。难道不是很明显基金 B 的风险更小？错了，未必是！事实上，以上的信息完全不足以回答这个问题。假设我们提供更多信息，如下所示。

（1）基金 A：最大回撤 25%，历史业绩时间 7 年。

（2）基金 B：最大回撤 10%，历史业绩时间 3 年。

如果更小回撤的基金历史业绩的时间也更短，我们实际上无法判断哪个基金的风险更小。如果基金 A 在最近 3 年的最大回撤仅仅 5%（相比基金 B 的 10%），那么似乎基金 A 的风险就更小。这里的问题在于我们不知道基金 B 如果也有 7 年历史业绩的话最大回撤是多少：也许会远超过基金 A 的最大回撤。

公平起见，比较必须基于相同的时间段。正如上例，如果最大回撤是主要的比较标准，比较就必须从两者都有的业绩时点开始，而不是从各自的起始点。对于其他比较标准，也是一样。

假设我们想比较两个偏多股票型对冲基金的平均年化复合收益率。基金 A 从 1995 年开始，基金 B 从 2000 年开始。如果比较是从各自的起点开始的，那么基金 A 拥有了巨大无比的优势，因为它在前几年的牛市里面进行了交易而基金 B 没有。在这个例子里面，拥有更长历史业绩的基金获得了优势；但在另一些例子里面，结果是反过来的。比如说，从 1997 年中期开始运作的基金会比从 1999 年初开始运作的基金吃亏许多，因为它经历了1997～1998 年的熊市。同样的，我们可以通过将起点对齐，来避免比较上的误区。

对于基金的比较必须基于相同的基准，请记住以下这些原则。

（1）时间段。就像上面例子所讲，如果两个基金是从不同时点开始的，那么统计数据必须要从两者时间段一致的历史业绩中进行计算。

（2）策略风格。比较两个不同策略风格的基金是没有意义的，因为它们的业绩往往取决于对应的市场特征。将偏多股票型对冲基金和固定收益套利基金做比较是不合适的。因为在趋势上涨的市场中，前者占有巨大优势；而在趋势下跌的市场中，后者占有巨大优势。

（3）参与交易的市场。相比管理技能，市场环境对于业绩的影响往往更大。即使两个基金经理是采用同一类交易策略的，但如果交易不同的市场，业绩结果也会大相径庭。举例来讲，假设两个做趋势跟踪期货交易的对冲基金（CTA），一个只交易商品期货，而另一个只交易外汇期货。当一个市场发生了巨大的趋势，而另一个市场窄幅震荡（一种非常难赚钱的市场环境），比较结果其实只反映了市场的趋势特质，而非基金的管理水平。

过长的历史业绩往往失去意义

通常认为长的历史业绩会比短的历史业绩更具有说服力。这个常识其实并不一定完全正确。由于以下原因，更长的历史业绩可能并没有实际意义。

（1）策略和投资组合发生了变化。资产管理规模的快速增长会使得投资策略和交易市场发生巨变。举例来讲，长短仓股票对冲基金往往受益于小市值股票的高速增长。随着管理规模的增长，仓位被迫往更大市值的股票迁移；小市值股票的仓位配比被迫降低或者完全放弃。此举可能大大降低该基金的未来业绩。因此，早些年的历史业绩对于当前的管理风格并不具有说服力；或者说，利用太久远的历史业绩可能会高估该基金的未来潜力。

（2）策略效率在衰退。一个基金早些年靓丽业绩的主要驱动力很可能由于市场结构的变化或者竞争对手的进入而发生衰退。因此，由于之前的市场环境更为有利，早些年的收益率会远高于最近几年的收益率。可惜的是，昨日不再来。一个很好的例子是做趋势跟踪策略的 CTA 取得的长期骄人业绩。在 20 世纪70 年代、80 年代和 90 年代前期，趋势跟踪 CTA 的年化收益远远高于市场平均水平。随着更多使用类似策略的 CTA 基金进入，这类策略的回报/风险比率大大降低。一般来讲，那些从20 世纪 70 年代开始的 CTA 基金在前期的业绩会远高于当前水平。我们经常见到历史业绩中的分水岭，在此之前是光彩熠熠而在此之后平淡无奇。由于助力辉煌业绩的市场环境很难重现，因此把相应的历史业绩作为未来潜力的佐证，似乎是"水中月、镜中花"。

（3）基金经理发生了更迭。拥有长时间历史业绩的基金往往更换了基金经理。随着时间的推移，一个基金的创始管理人由于成功的业绩，很可能升迁至管理岗位，而雇用或者指派其他基金经理来负责此基金。有些时候，原先的基金经理可能部分或者完全退休。另一些时候，在大机构内，虽然原先的基金经理离开或者被另一个取代，该基金仍然挂在其名下。当一个基金的管理人发生了重大更迭，早期的历史业绩一般是没有意义甚至是捣乱的。

以上任何一个原因都能导致长的历史业绩并没有比短的历史业绩更有说服力。

◆ **投资误区 17**：利用历史业绩作为未来投资决策的依据是合理的。

真相：正如我们在债券例子中指出的那样，如果有理由相信助力过去优异业绩的历史条件在未来不会重现，那么历史业绩就没有意义。同样的，如果我们有理由相信助力过去优异业绩的投资策略会发生衰退，那么历史业绩也不可信。

◆ **投资误区 18**：中等回撤下的历史高收益，一般是个优点。

真相：有时候，过高的收益率反映的其实是在有利的市场环境下承担过高的风险，而不是高超的资管技能。如果某个风险是小概率事件，而恰恰在基金存续期没有遇到该风险事件，那么历史业绩所展示的证据是不足够的。理解业绩背后的来源对于分析未来的潜力至关重要。

◆ **投资误区 19**：在定量的评价中，拥有较高回报 / 风险比率的基金经理比拥有较低回报 / 风险比率的基金经理来得要好。

真相：经常可以见到，不同基金经理的历史业绩从不同的时间节点开始，而他们的业绩往往是由不交叉重叠的时间段的表现所决定的。正确的方法应该是只比较相同的时间段（而不是从各自的起始点开始）。另外，交易相同市场并且采用类似策略的基金经理之间的比较才有意义。

◆ **投资误区 20**：越长的历史业绩越有意义。

真相：有时候，如果在管理期发生了重大变更，越长的历史业绩其实越没有意义。事实上，越长的管理期越有可能发生重大变更。

投资见解

虽然历史业绩是进行未来投资决策的关键依据，但是一知半解地使用这个信息往往会得出南辕北辙的错误结论。投资人需要理解的关键点在于助力历史业绩的因素是否会在未来成立。在很多情况下，答案是否定的。举例来讲，一个在牛市中表现亮眼的基金经理未必能在震荡市和熊市中也跑赢大盘。有些时候，优异的历史业绩仅仅反映了在顺利的市场环境下基金经理承担的过高风险，而非过人的管理技能。投资人必须要理解业绩的来源和隐含的风险。

第7章

回测数据，天使还是恶魔？

回测数据是一个很微妙的术语，它常常被错误地使用。经常，当实际收益不存在或者需要被修改时，回测数据被用于表示假设收益率。在实践中，回测数据既可以是天使，也可以是恶魔。

考虑一个回测数据是恶魔的例子：一个新创立的基金中基金往往以所选基金前几年的历史业绩的组合结果作为母基金业绩的估算。这个方法很容易让投资人误以为估算结果是可信的，毕竟所有历史业绩都是真实的。但是，问题在于只有业绩表现好的基金才被选中了，而在若干年以前，哪些基金会脱颖而出却无人知晓。因此，没有理由相信当前的基金组合能够在若干年以前被"幸运地"选中，并且在几年的运行中还保持不变。虽然每个基金的收益数据都是真实的，但是在母基金中每个基金的权重却被严重地用"未来数据"预设了，因此估算结果其实是"事后诸葛亮"，具有严重的欺骗性。

另一个回测数据是恶魔的例子是这样的：一个管理全市场股票的基金经理决定成立一个新的行业基金。很自然的，我们会以这个投资组合中表现最好的那个行业板块的历史业绩作为新基金的回测数据。同样的，我们也采用了真实的数据作为估算的依据。但是我们没有意识到的是，这个选择过程是事后诸葛亮。不论市场行情如何，总有某些板块会比其他板块表现更为出色（强势板块）。可是，没有理由相信当前选出的板块会在未来仍然表现出色。

看到这里，你可能认为回测数据害人不浅，应该被坚决摒弃。但实际上，这也不对：回测数据有时候会比真实数据更有意义。考虑以下这个例子：一个投资经理在创立新基金之前是在个人账户进行交易的，该历史业绩没有考虑基金管理费用。这个时候，该历史业绩其实被高估了（即使未来基金的表现仍可以达到历史水平），因为没有减去基金管理费用。很明显，计入基金管理费的历史业绩才是正确的。在此例子中，采用回测数据不仅没有错误，而且还比真实数据更加合理。

以上两方面的例子说明：回测数据相比真实数据，既可以是误导的，也可以是修正的。想给回测数据一刀切，是不对的。

关于回测数据，有以下两个关键问题。

（1）回测数据中是否含有事后诸葛亮的信息？

（2）回测数据是否比真实数据更为合理？

对于这两个问题的回答决定了是否应该采用回测数据。在第一个例子中，新成立的基金中基金采用了所选基金组合的历史业绩作为母基金历史业绩的估算结果，母基金的基金经理利用了"后见之明"选择基金组合。很显然，没有母基金经理会选择历史最差的基金作为他的投资组合。因此，这里的回测数据就是事后诸葛亮。同样的，在第二个例子中，基金经理从全市场投资组合中选择一个行业板块作为一个新基金，选择的过程也是事后诸葛亮。相反地，在没有考虑基金管理费的历史业绩中加入修正值并没有利用"后见之明"，而是使得结果比真实业绩更为合理。

◆ **投资误区 21**：回测数据为真实业绩提供了一个合理的参考。

真相：虽然有些时候，这个假设是正确的；但是如果无意中采用了事后诸葛亮的信息，回测数据是具有严重欺骗性的。

◆ **投资误区 22**：回测数据应该被坚决摒弃，不能作为真实结果的参照。

真相：虽然有些时候，这个假设是正确的；但也有些时候，估算结果比真实结果更加合理——就比如真实历史业绩中的管理费被低估了。一般来讲，当没有利用事后诸葛亮的信息，而仅仅用当前的参数修正历史业绩中的管理费用的时候，回测数据是更为可信的。

投资见解

就像每个硬币都有两面，回测数据也是如此。有时候回测数据应该被摒弃；有时候回测数据应该被采纳。区别在于回测数据是否做了事后诸葛亮，这至关重要。

第 8 章

如何评价历史业绩

仅仅看收益率是没有意义的

试想你正在网上搜寻伦敦的酒店。你在两个网站上面找到了同一间房同一时间的如下两个价格（都是含税价）。

网站 A：320

网站 B：250

哪个更好？答案似乎是显而易见的，但其实不是。有一次，当我在某次会议上向听众提出这个问题时，有个听众大声回答道："这取决于是否有早餐？"然后我揶揄道："那么这顿早餐真是有点贵呢。"但是，至少那个听众的思路是对的——其实我提的问题信息不充分，问题中没有指明币种。如果 320 是美元而250 是欧元呢？这就改变了一切，不是吗？

你可能会想："普通人在比较价格时，一般是假设相同的货币。你这样是抬杠！"的确是。但问题是，投资人在选择投资标的时却经常犯这样的错误，他们只考虑收益率。在比较收益率的时候不考虑风险，就好比在比较酒店价格的时候不考虑货币。风险就是收益率的分母。

表 8-1 列出了两个基金经理的数据，哪个表现更好？我们假设业绩中并没有第 4 章讨论的隐含风险的问题，那么标准差就是风险合理的估算值。我们还假设这两个基金经理都是胜任的。

表 8-1　两个基金经理的比较

	收　益　率	风险（标准差）	回报 / 风险比率
基金经理 A	10	5	2 : 1
基金经理 B	25	25	1 : 1

许多投资者会选择基金经理 B，理由是："为了得到更高的收益率，我愿意接受更高的风险。"这个理由合理吗？在表 8-2 中，我们加入了第三个投资方案，将投资 A 增加到 3 倍杠杆。3 倍杠杆的基金经理 A 拥有比基金经理 B 更高的收益和更低的风险。因此，即使是风险偏好的投资者也应该选择基金经理 A：其实可以用杠杆将风险调整到期望水平。

表 8-2　两个基金经理的再次比较

	收　益　率	风险（标准差）	回报 / 风险比率
基金经理 A	10	5	2 : 1
基金经理 B	25	25	1 : 1
3 倍杠杆的基金经理 A	30	15	2 : 1

我们可以把风险看成一个洞穴——越深的洞穴，越大的风险；而收益率是一个沙堆；杠杆则是一个铁锹，如果需要，它

可以将沙子从风险洞穴中移到沙堆上。也就是说，增加风险的同时增加收益率——如果投资人认为目前的投资过于保守。同样的类比，采用负向的杠杆（即持有现金），我们也能够将沙堆上的沙子移到风险洞穴，从而将风险和收益同时降低。从这个意义上讲，利用杠杆，风险和收益率是完全可以根据需要调整的。

　　为了讲解这个概念，我们再用图 8-1 里面的例子进行分析。假设过去的业绩是可以预测未来的——至少聊胜于无——哪个基金经理的业绩更好呢？答案似乎是不确定的：基金经理 C 的收益更高，而从最大回撤角度看，基金经理 D 的风险明显更低。哪个基金经理水平更高，似乎是模棱两可的。在图 8-2 中，我们还是比较基金经理 C 和 D，但是这一次，我们把基金经理 D 的杠杆提高了一倍⊖。现在，很明显基金经理 D 无论从收益还是风险的角度都是更胜一筹：具体来讲，D 获得了明显更高的净资产价值（NAV），同时净值曲线的最大回撤也是更小（虽然已经杠杆加倍）。虽然图 8-1 中的基金 C 的收益高，但是投资者可以使用 2 倍杠杆投资基金 D，从而获得更高的收益和更低的风险。结论是：收益率仅仅是一个有瑕疵的度量，真正合理的是用回报 / 风险比率。

⊖　基金经理 C 和 D 都是交易期货的商品投资顾问（CTA），因此提高杠杆只需要使用更多的保证金（也就是说，不需要借入资金）。我们不考虑利息收入，因此杠杆加倍（不管用增加保证金还是借入资金）也意味着把图 8-1 中的收益率乘以 2。（假如收益中含有利息收入，那么把杠杆加倍不是刚好把收益率加倍，因为多占用的保证金就不能提供利息收入了。）

图 8-1　两条净值曲线

图 8-2　低风险的基金经理增加 1 倍杠杆后的结果

　　如果现实中我们不能用杠杆，怎么办？例如，在图 8-1 中，我们没有可行的办法提高基金 D 的杠杆，但还是要在 C 和 D 里面选择一个，该怎么办？这个时候，风险和收益比较要捆绑在一起考虑了：投资者要么选择收益高、风险也高的基金 C，要么选择收益低、风险也低的基金 D。看上去，风险承担能力强的投资者会选择基金 C。他们会说："我不管基金 C 的风险有多高，只要最后的收益高，就可以了。"这个想法其实是错误的，问题在于：他们很有可能从不巧的时间点开始投资——事实上，这极有可能——然后马上面对巨大的回撤；如果他们最后坚持了下来，那最后还有一些收益，如果没有，那么最后往往亏损出局。收益曲线波动越大，投资者越有可能在巨大的回撤以后放弃而等不到最后的收益。毕竟，在现实中，投资者不知道这个基金未来是否可以收复失地。所以即使基金 C 最后创出新高，投资者往往坚持不到最后，等来可观的收益（即使在净值上升过程中买入的投资者，也会在利润下降或者抹平之后退出）。波动越大，越大比例的投资者会亏损出局。

　　因此，我们需要一个风险调整以后的收益率，而不是收益率本身，作为比较的依据。下一节中，我们将讨论若干种这样的风险调整后的收益率指标。

风险调整后的收益指标

　　本章中提及的公式见附录二。

夏普比率

　　夏普比率是使用最为广泛的风险调整后收益率。夏普比率的定义是平均超额收益率除以其标准差。超额收益可以认为是超过无风险收益（例如，美国长期国债利率）的那部分。举例来讲，如果平均收益率是每年 8%，而美国长期国债利率是每年 3%，那么超额收益就是每年 5%。标准差可度量收益率的波动性（详见第 4 章 "风险计量指标：波动性"）。本质上，夏普比率是经过波动率标准化以后的平均超额收益。

夏普比率有以下两个基本问题。

（1）收益率是基于算术平均值而不是复合收益率。投资者关注的收益率往往是复合收益率，而不是平均收益率。收益曲线波动越大，由实际（也就是复合）收益率推导出的平均收益率就越高。举例来说，考虑一个两年阶段的投资，前一年是 50% 的收益而后一年是 50% 的亏损，平均收益率是 0%，但是投资人实际感受到的收益率是负 25%（因为 150%×50%＝75%），也意味着 –13.4% 的平均年化复合收益率（因为 86.6%×86.6%≈75%）。

（2）夏普比率不区分上行波动和下行波动。夏普比率中的波动指标——标准差——并没有完全反映大多数投资者感受到的风险。投资者只在乎损失，而不是波动本身。他们不喜欢下行的波动，但喜欢上行的波动。我至今还没有遇到投资者抱怨说上个月基金经理赚了太多钱了。可是，夏普比率里面的标准差并不区分上行波动和下行波动。夏普比率的这个特点导致了夏普比率得出的排名和投资者的直观感觉有所矛盾[⊖]。

图 8-3 比较了两个基金经理的收益状况，他们的收益相同但

⊖ 公平起见，在某些情形下，过高的上行波动可能意味着潜在的过高的下行波动；从这个意义上，夏普比率是一个合理的指标。但是，对于下行风险控制非常严格，同时又能捕捉偶然的高额收益的策略（也就是右偏的策略），夏普比率是明显不合适的。

收益曲线很不一样。哪个基金经理看上去风险更高？不看下文，先试着回答这个问题。

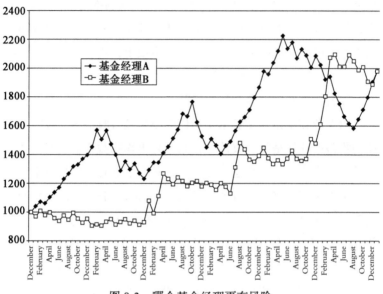

图 8-3 哪个基金经理更有风险

很有可能，你会选择基金经理 A。基金 A 有三段超过 20% 的回撤，其中最大的有 28%。而基金 B 的最大回撤仅仅只有 11%。但是，基金 B 的标准差是 30%，而这是夏普比率的分母。最后，虽然 A 和 B 的最后收益率相等并且基金 A 还有着更大的回撤，基金 A 却有着更大的夏普比率：0.71，而 B 是 0.58（这里假设 2% 的无风险利率）。为什么会这样？因为基金经理 B 在一些月份赚了太多钱，正是这些月份大大增加了标准差，也降低了夏普比率。虽然大部分投资者会明显地喜欢基金经理 B 的收益曲线，但是夏普比率却使得他排名靠后。

夏普比率排名和投资者偏好之间的矛盾，促使人们去寻找其他收益风险指标来克服这个缺点。在我们讨论其他指标之前，先思考这个问题：一个负的夏普比率意味着什么？

我们常常见到负夏普比率的基金，它们的收益低于无风险收益，这时夏普比率就毫无意义。当夏普比率为正的时候，更大的波动性（标准差）这个缺点，会降低夏普比率，这在逻辑上是正确的。而当夏普比率为负的时候，更大的波动性却增加了夏普比率值——也就是，一个负数被更大的数相除以后，变得负值更小了。比较负的夏普比率会得出荒谬的结论。表 8-3 提供了一个例子。相对无风险利率，基金经理 B 的亏损翻倍了（从 –5% 变到了 –10%），而且波动率是基金经理 A 的 4 倍。事实胜于雄辩，无论从收益还是波动看，基金经理 B 都远远差于基金经理 A，但是基金经理 B 却有一个更高的夏普比率（更小的负值）。这个荒谬的例子直接说明了当夏普比率是负值的时候，大的波动反而意味着高的夏普比率。那怎么处理负的夏普比率呢？直接忽略它们！它们完全没有意义，而且荒谬之至。

表 8-3　两个负夏普比率的基金经理的比较

	平均年度回报率	无风险回报	额外回报	年化标准差	夏普比率
基金经理 A	–3%	2%	–5%	5%	–1.0
基金经理 B	–8%	2%	–10%	20%	–0.5

索提诺（Sortino）比率

索提诺比率解决了上述夏普比率的几个缺陷。首先，它采用了复合收益率，这个能够代表在一定时间内的实际收益率，而不是算术收益率。其次，也是最重要的，索提诺比率只专注于定义下行偏离度，也就是说只考虑最低可接受收益（MAR）值以下的偏离；相反的，在夏普比率里面，我们采用了标准差，同时考虑了向上和向下的偏离。具体来讲，索提诺比率定义为超过 MAR 的平均复合收益率除以下行标准差。在索提诺比率中，MAR 可以被设置成任意值，但以下三个值是最常见的。

（1）0。标准差仅仅对负收益进行计算。

（2）无风险利率。标准差针对所有低于无风险利率的收益进行计算。

（3）平均收益率。标准差针对所有低于平均收益率的收益进行计算。这个公式最接近标准差，但是只考虑了下半部分的收益。

经常的，一个基金经理获得比夏普比率高的索提诺比率就被认为他的收益是正偏离的，也就是说，正收益普遍大于负收益。其实，这类比较是不正确的。索提诺比率和夏普比率不能直接比较。从定义看，即使基金的最大亏损大于最大盈利，索提诺比率都会毫无悬念地更高。索提诺比率偏大的原因是，标准差只针对一部分收益进行了计算——那些低于 MAR 的——但是用了计算下行偏离的所有收益序列的数量作为分母。因为它区分了上行和下行偏离，相比夏普比率，索提诺比率更加直观地反映了投资者的偏好；从这个意义上讲，它是比较基金经理更好的工具。不过要注意的是，索提诺比率只可以和其他索提诺比率比较，不能与夏普比率进行比较。

对称下行夏普比率

威廉·津巴[⊖]提出了对称下行风险（SDR）夏普比率，其设

⊖　William T. Ziemba, "The Symmetric Downside-Risk Sharpe Ratio", *Journal of Portfolio Management*（Fall 2005）:108-121.

计思路与索提诺比率类似，但是为了避免索提诺比率相对于夏普比率偏大的缺点，做了一个重要的改进。SDR 夏普比率定义为复合收益率减去无风险利率，再除以下行标准差。这里的下行标准差和索提诺比率中的计算基本一致，除了一点：为了补偿只有基准⊖以下的收益率计算入标准差，需要再将标准差乘以 2。用来计算下行标准差的基本可以是任意值，但是和计算索提诺比率的MAR 一样，有三个值是最常用的：0、无风险利率和平均收益率（在论文里，津巴用 0 作为基准）。和索提诺比率不同，SDR 夏普比率（基准设为平均值）可以和夏普比率直接对比⊜。

SDR 夏普比率（用任意的基准值）比夏普比率更受欢迎，因为就像从投资人的角度来说，SDR 夏普比率考虑了上行风险和下行风险之间的区别。SDR 夏普比率也比索提诺比率更受欢迎，因为它们的计算几乎一模一样⊜，但是前者可以和夏普比率直接对比。进一步来讲，比较一个基金的 SDR 夏普比率和夏普比率，

⊖ 津巴在这里用基准，而不是 MAR 来定义下行标准差。如果用中位数作为基准，那么只有一半的收益用于计算下行标准差，因此标准差乘以 2 就是一个精确的调整。对于其他基准来说（例如 0、无风险利率、平均收益率），在基准以下的数量未必是一半，用 2 作为乘子是一种近似的调整。

⊜ 极其精确地讲，对于对称的收益率，SDR 夏普比率会偏小一点点，因为 SDR 夏普比率用复合收益率而不是夏普比率中的算术收益率，而算术收益率一般大于或等于复合收益率。不过，假设基金的平均收益率是大于无风险利率的，如果在计算下行标准差的时候用了 0 或者无风险利率作为基准，对于对称的收益率，SDR 夏普比率会比夏普比率大一点点，有如下两个原因。①在基准以下，样本的数量少于一半，因此 2 作为乘子没有完全补偿。②无风险利率（特别是 0）以下的下行标准差一般小于平均值作为基准计算的值。这两个因素导致下行标准差比标准差小，从而使得 SDR 夏普比率高于夏普比率。

⊜ 除了引入 2 这个乘子，使得 SDR 夏普比率和夏普比率可以直接对比，SDR 夏普比率和索提诺比率的唯一区别是前者从复合收益率中减去无风险利率，而不是 MAR（可以是也可以不是无风险利率）。

投资人可以看出基金经理的收益是正偏的还是负偏的。

收益亏损比率（GPR）

收益亏损比率（GPR）的定义为月度收益之和除以月度亏损的绝对值之和[⊖]。这个业绩指标代表了累计的收益和累积的亏损之间的比值。举例来讲，一个 GPR 值为 1 的基金意味着：平均来讲，要获得一元的月度收益就要忍受一元的月度亏损。收益亏损比率只考虑损失的绝对额，而鼓励上行的波动，后者只计入收益部分。

GPR 比率和夏普比率、SDR 夏普比率、索提诺比率的主要区别在于 GPR 比率不区分 5 个 2% 的亏损和 1 个 10% 的亏损，而后面三个指标对于某个大亏损的扣分会很严重。这里的不同在于，后面三个指标中，标准差或者下行标准差的计算对在基准收益率（例如，平均收益率、0、无风险收益）和亏损之间的偏离进行了平方。举例来讲，如果基准收益率是 0，一个 10% 亏损的标准差平方是 5 个 2% 亏损的标准差平方的 5 倍（$10^2 = 100$；$5 \times 2^2 = 20$）。相反的，在 GPR 比率的计算中，两种情况都是在分母中加入 10%。如果投资人对于固定的亏损是在一个月份里面发生还是分开在若干个月份中发生并不在意，那么 GPR 比率是一个比 SDR 夏普比率和索提诺比率更合适的指标。然而，对于那

⊖　我用 GPR 这个绩效指标很多年。我不知道之前是否有人在用这个指标，虽然这个指标是收益 / 风险度量和收益 / 回撤度量的参考指标。GPR 与盈利因子类似，后者常用于评价交易系统。收益因子定义为盈利的交易之和除以亏损交易的绝对值之和。盈利因子用于交易，而 GPR 用于时间段（例如月度）。数学上，很容易证明如果盈利因子的计算应用于月度收益，盈利因子等于 GPR+1，并且产生的排序和 GPR 的排序是一致的。对于熟悉 omega 函数的喜欢定量的读者，请记住 omega 函数在 0 点的取值是 GRP+1。

些认为一个巨大的亏损比若干总和一样但是每个幅度更小的亏损更糟的投资人来讲，就只能另请高明了。

虽然 GPR 比率一般应用于月度数据，但其实也可以应用于其他时间周期。如果能取得日数据，由于样本量大，GPR 比率可以得出一个统计上更为显著的结果。越长的时间框架，就会得出越高的 GPR：因为在短期内可见的亏损会在更长的时间段内平复。从我的经验来看，对同一个基金，日 GPR 值平均是月 GPR 值的六分之一。大致来讲，对于月度数据，GPR 值大于 1.0 就是不错的，大于 1.5 是相当好的。对于日数据，相应的值分别为0.17 和 0.25。

GPR 相对于其他指标的一个优势是即使对于负收益，该指标得到的排名仍然保持一致，也就是说，一个小的 GPR 负值是比大的 GPR 负值更好的（这个关系对于其他指标未必正确）。GRP 等于 0 意味着所有盈利之和等于所有亏损之和。GRP 的理论最小值是 –1，发生在没有盈利月份的时候。GRP 越接近 –1，盈利之和相对亏损之和的比例就越小。

尾部比率

对于投资者来讲，一个重要的疑问是基金的上行和下行极端收益率哪个更大。那些经常取得微小盈利但时不时经历巨大亏损的基金经理（负偏度的基金经理），相对那些经常有些小幅亏损但时不时取得巨大盈利的基金经理（正偏度的基金经理），风险性更大，也更不受待见。虽然，有一个统计值叫作偏度——表示收益率分布相对正态分布含有更多的右侧（正）还是左侧（负）长尾（极端事件）的统计量——但是这个值很不直观（除了正负符号以外）。

尾部比率衡量极端的收益偏向于正侧还是负侧，直观上很清楚。尾部比率只需要一个参数输入，即上端和下端分位数阈值。举例来讲，如果阈值设为10，尾部比例就是收益率的前10%的平均值除以收益率的后10%的平均值。如果收益率是正态分布的，尾部比率等于1。如果尾部比率明显小于1，意味着最大的亏损比最大的盈利来得要大，如果尾部比率明显大于1，则意味着相反的情况。举例来讲，如果尾部比率为0.5，说明收益后10%的亏损的平均值的大小是收益前10%的盈利的平均值的大小的2倍——可以认为该基金经理是比较冒险的。

MAR比率和卡玛（Calmar）比率

MAR比率定义为复合收益率除以最大回撤。卡玛比率的计算与MAR比率完全一致，除了只考虑最近3年的数据。这两个比率是基于历史最坏情况计算的，有其积极意义；但这种风险评价方式仅仅依赖于一次事件，其统计显著性并不明显。进一步来讲，如果考虑整个追溯周期，MAR值对于拥有更长业绩的基金经理更为不利，因为业绩期越长，越有可能遇到更大的回撤（卡玛比率没有这个缺点，因为根据定义，它只考虑了最近3年的数据）。正如我们在第6章讨论的一样，不同基金经理的比较必须要在同一时间段，这一点对于MAR比率至关重要。

收益回撤比率

收益回撤比率（RRR）与MAR比率和卡玛比率类似，也是复合收益率除以一个回撤指标。但它们之间有一个重要差别：不同于单次回撤（最大回撤），RRR用收益率除以平均最大回撤（AMR），就是每个月开始的最大回撤的平均值。每个月的最大回撤值等于下面两者的最大值。

（1）当前持有的投资者可能的最大累计损失（从前面 NAV 的最高点到当前月份的 NAV）。

（2）新进入的投资者往后可能经历的最大累计损失（从当前的 NAV 到往后最低点的 NAV）。

之所以采用两个值来决定每个月的最大回撤，是因为上述任何一个条件在表示一个小回撤的时候，都可能有偏差。第一个条件对于体现早期月份的最大回撤无能为力，因为大的回撤还没有开始。出于类似的原因，第二个条件对于体现晚期月份的最大回撤力不从心。用了两个条件的最大值，我们就真正保证了的每个月的最坏情况。平均最大回撤就是每个月的最大回撤的平均值。收益回撤比率会比 MAR 比率和卡玛比率有意义得多，因为它是基于多个数据点（每个月一个）而不是单个数据点（整个业绩期的最大回撤）。

风险调整后的收益业绩指标之比较

用我们讨论的各种风险调整后收益指标，表 8-4 比较了表 8-3 中的两个基金经理 A 和 B 的业绩结果。有趣的是，最广泛使用的夏普比率得到了和其他指标相反的结论。夏普比率认为基金经理 A 明显占优，而其他指标都认为基金经理 B 更好——很多还明显胜出一筹。基金经理 A 和 B 有着相同的累计收益率，所以他们之间的唯一区别是其收益曲线蕴含的风险。夏普比率采用所有月份收益的标准差作为风险度量，得出基金经理 B 的波动大，因而更具风险。然而，基金经理 B 的大多数波动是正收益带来的——这是投资人乐于看到的，并不是缺点。虽然基金经理 A 总体的波动率更低，其下行波动却远远大于基金 B——这一点跟大多数投资人的直观感受是一致的。夏普比率不区分上行和下行波动率，而其他指标则区分。

表 8-4 各种风险调整后收益指标的比较

	基金经理 A	基金经理 B	B 相对于 A 的比例
夏普比率	0.71	0.58	82%
索提诺比率（0）	1.27	1.44	113%
索提诺比率（无风险利率）	1.03	1.15	112%
索提诺比率（平均收益）	0.87	0.94	107%
SDR 夏普比率（0）	0.75	0.85	113%
SDR 夏普比率（无风险利率）	0.73	0.81	112%
SDR 夏普比率（平均收益）	0.62	0.66	107%
收益亏损比率	0.70	0.71	101%
尾部比率（10%）	1.13	2.86	253%
尾部比率（5%）	1.10	2.72	247%
MAR 比率	0.41	1.09	265%
卡玛比率	0.33	1.70	515%
收益回撤比	0.77	1.67	218%

虽然，除了夏普比率，所有风险调整后的收益率指标都用下行波动作为分母，但它们的处理方式不一样，就导致不一样的结果。

（1）索提诺比率和 SDR 夏普比率。这两个比率都以某个值（例如 0）以下的收益率标准差作为分母，其加在下行标准差数值的权重与其大小成比例。因此，一个大的损失相比多个小的但总和相等的损失，会导致更低的结果。这两个比率不受亏损月份顺序的影响。两个分开的 10% 亏损的月份和两个连续的 10% 亏损的月份，导致的结果是一样的；虽然后者有着更大的净值回撤。

（2）收益亏损比率（GPR）。GPR 直接用亏损的大小作为分母。和索提诺比率以及 SDR 夏普比率不同，一个大的损失和若干小的但是总和相等的损失，导致的结果是一样的。这个区别解释了为什么用 GPR 衡量，基金经理 A 和 B 几乎相等，但是如果用索提诺比率和 SDR 夏普比率衡量，基金经理 A 明显差许多：基金经理 A 有大的但是更少的亏损，但是两者的亏损总额是类似的。在针对亏损的顺序这个问题上，GPR 和索提诺比率以及 SDR 夏普比率是一致的，也就是说，它没有对连续或者临近的亏损扣分。

（3）尾部比率。尾部比率着重衡量最极端的收益和亏损。尾部比率对于衡量基金的最大部分的亏损是否大于最大部分的盈利十分有效。用尾部比率评价，基金经理 B 相比基金经理 A 的优势极其明显：B 得到几笔大的盈利，而亏损只有中等，但 A 是相反的。

（4）MAR 比率和卡玛比率。和那些与顺序无关的评价指标不同，这两个比率受收益顺序的影响很大。一段持续集中的亏损会比同等大小但是分散的亏损严重得多。这两个指标都只考虑最大的净值回撤。因此，在最大回撤期以外的时间段内发生的回撤，都没有被计算进去。由于基金 A 的最大回撤远大于基金 B，这两个比率对于两者的评价结果有天壤之别。

（5）收益回撤比率（RRR）。RRR 是唯一一个考虑所有下行标准差以及连续或者相近亏损的指标。和 MAR 比率以及卡玛比率只体现最大回撤不同，RRR 的计算考虑了所有的亏损和回撤。

表 8-5 总结并比较了不同风险调整后收益指标的各种特征。

表 8-5　风险调整后绩效指标的特征

特征	夏普比率	SDR夏普比率	索提诺比率	收益亏损比率	尾部比率	MAR比率和卡玛比率	收益回撤比率
是否考虑上行波动	√						
是否只考虑下行波动		√	√	√	√	√	√
是否体现了所有的下行波动	√	√	√	√			√
是否对于大亏损进行超过线性正比的扣分	√	√	√		√		
是否考虑亏损的顺序问题						√	√
是否专注于极端收益					√		
是否对于净亏损的收益保持排名一致				√	√		

哪个收益/风险指标是最好的

某种程度上，选择哪种收益/风险指标取决于个人投资者的偏好。这些绩效指标的主要优点和缺点总结如下。

1. 夏普比率。虽然夏普比率应用最为广泛，但由于对上行波动也进行了扣分，它常常计算出与投资者直观印象不符的结果。

2. 索提诺比率。这个指标克服了夏普比率最主要的缺点，即它只对下行波动而不是全部波动进行惩罚。而且，索提诺比率采用了复合收益率，和整个阶段的实际收益率是吻合的；而夏普比率采用的是算术平均收益率，和整个阶段的实际收益率不一致。

索提诺比率的一个缺点是它不能和夏普比率直接比较，因为它的计算结果偏大。

3.SDR 夏普比率。这个比率采用了和索提诺比率一样的思路，但由于额外的调整，其能够和夏普比率直接比较。和索提诺比率类似，SDR 夏普比率也采用复合收益率而非算术平均收益率。由于 SDR 夏普比率和索提诺比率的排名几乎一致，并且具有和夏普比率排名进行直接比较的优势，所以它对投资者是一个非常好的选择。同时用两个比率是多余的。

4. 收益亏损比率。和索提诺比率以及 SDR 夏普比率类似，GRP 比率只对亏损进行风险调整（在索提诺比率和 SDR 夏普比率中，0% 是常用的最低可接受收益率或者说基准）。GRP 对于损失采用和大小成比例的权重，而索提诺比率和 SDR 夏普比率对大的损失进行了放大。投资者如果认为一个 10% 的月度损失和 5 个 2% 的月度损失是一样的，则倾向选择 GPR；如果认为 1 个 10% 的月度损失更严重，则倾向选择 SDR 夏普比率。

5.尾部比率。根据定义，尾部比率仅仅考虑一小部分收益（20% 或者更少），所以它一般不作为单独的风险调整后的收益指标使用。它专注于极端收益，因此是一个很有用的补充指标。

6. MAR 比率和卡玛比率。这两个指标都对接连发生的亏损进行风险计算和扣分。其他比率（除了 RRR）则不受收益顺序的影响。这两个比率的缺点是风险是定义为一次单独的事件（最大回撤），有损于它的统计性和代表性。

7. 收益回撤比率（RRR）。这个比率同时考虑下行标准差和亏损的连续性。相对于 MAR 比率和卡玛比率，它的优势表现在它反映了所有的回撤，即每个月度的可能最大回撤，而不是一次事件和一个统计值：最大回撤。虽然 MAR 比率和卡玛比率也可以被用作反映最坏情况的参考指标，但 RRR 作为收益回撤比率更为恰当。

可视化业绩评估

在本章中，我们将发现业绩曲线可以体现出比统计结果更为直观的印象（对收益和风险两者都是）。

净值（NAV）曲线

正如图 8-3 中所示，净值图提供了极其有效的方式去评价历史业绩。这张净值图描述了 1 000 美元随着时间的复合增长曲线。举例来讲，2 000 美元表示本金从起始点开始到某个时间点翻倍了。净值图提供了一个对于过去业绩从收益和风险两个方面的直观印象。事实上，如果投资人只能有一样工具来进行绩效评价，那么净值曲线无疑是最佳选择。

可是，如果我们采用传统刻度的净值图表去描述长期的业绩，往往会导致错觉。考虑图 8-4，在继续往下读之前回答以下3 个问题。

（1）业绩曲线的第一部分收益高还是第二部分？

（2）业绩曲线的第一部分风险高还是第二部分？

（3）考虑收益 / 风险指标，是第一部分高，还是第二部分？

如果你在上述任意一题中选择了第一部分，你就错了。如果你在上述任意一题中选择了第二部分，你也错了。前后两部分是一模一样的！事实上，这份历史业绩的每四分之一段，都是完全一致的。图 8-4 是由图 8-3 中基金经理 A 的收益复制四遍而成：先复制原版曲线，再复制三次。然而，看着图 8-4，似乎收益和波动都是随着时间增加的。其实并不是！这个错觉是由于在净值图中采用了传统的算术刻度造成的。用算术刻度，净值在 16 000 时下跌 1 000 与净值在 2 000 时下跌 1 000，看上去是一样的。但是实际上，这两段下跌是大不相同的：在前一种情形中是 6% 的中等回撤，而在后一种情形中是 50% 的巨幅回撤。当净值图非常宽的时候，算术刻度图表的扭曲容易被放大，这对长期业绩图来说尤为严重。

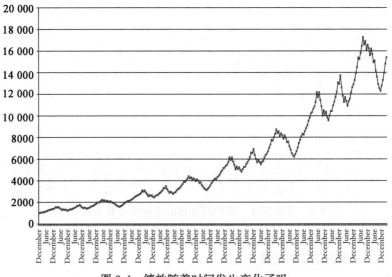

图 8-4　绩效随着时间发生变化了吗

绘制净值图的理想方式是采用对数刻度。在一个对数刻度图里面，随着纵轴的增长，一个固定值移动的增长（例如：1 000）成比例地缩小。因此，同一个百分比的价格变动看上去和纵轴上的移动大小是一致的。图 8-5 绘制了和图 8-4 一模一样的净值，只是换了对数刻度。这段曲线的自我复制特征现在显露无遗，这是因为每段相同百分比的变化现在看上去就完全一样了。结论就是采用对数刻度绘制净值图是正确的，并且当净值范围很宽的时候（一般来讲是长期的图表），这一点尤为关键。本章中图 8-1 和图 8-2 中如果采用对数刻度，将会对其中随时间变化的相对波动有更为精确的展示。

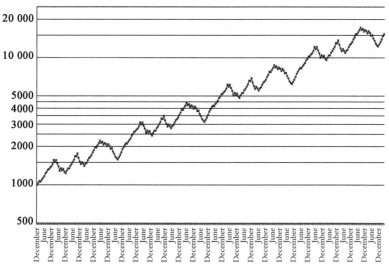

图 8-5　对数刻度：相同百分比的价格变动看上去一样了

移动窗口收益图

　　移动窗口收益图表示以每个月末作为终点的一段固定时间的收益率。举例来讲，一个过往 12 个月的移动窗口收益图，表示在每个月月末过去 12 个月的收益率（从 12 个月之前开始计算）。移动窗口收益曲线提供了一种清楚的可视化的方式去理解当我们投资某个基金并持有特定的时间长度时，如何回答以下问题：

我们持有这个基金 12 个月，收益的范围是怎么样的？如果持有 24 个月呢？当我们持有这个基金 12 个月，最大可能的损失是多少？如果持有 24 个月呢？

对于 12 月份来讲，过往 12 个月的移动收益率就恰好是年度收益率。不同的是，移动窗口收益曲线同时也刻画了其他月份的收益率。12 月份只有十二分之一的可能性是一年中最差的。通过刻画所有的在每个月末的过往 12 个月的收益，移动窗口图能够包含被年度收益率遗漏的最坏情况，从而提供一份持有 12 个月更具代表性的业绩评估。移动窗口收益曲线也能够用其他任何时间区间来计算（例如 24 个月、36 个月）。

为了讲解如何利用移动窗口收益曲线作为图表分析的工具，我们比较图 8-6 中的两个基金，它们在收益上只有微小区别（基金 E 的年化收益高 1.3%），但在收益稳定性上却有巨大的差异。正如图 8-7 所示，基金 E 的过往 12 个月收益的分布可以从 49% 的巨幅亏损到 142% 的惊人盈利。相比而言，基金 F 的收益只分布在 –10% 到 +29% 的适中范围内（见图 8-8）。那些耐心持有基金 F 至少 12 个月的投资者只有少数的机会会遇到亏损。但是，持有基金 E 的投资者运气就没有这么好了：他们一年中有超过四分之一的机会产生大于 15% 的净亏损，仅有偶尔的机会收益大于 40%。甚至，持有基金 E 长达 24 个月的投资者依然有将近五分之一的机会亏损超过 15%（见图 8-9）。相反地，持有基金 F 长达 24 个月的投资者至少都有 4% 的正收益（见图 8-10）。

与持有周期和可接受回撤幅度相对应的，投资者可以利用移动窗口收益曲线来评估最坏情况下潜在的亏损概率和幅度。举例来讲，不希望持有一年还产生亏损的投资者应该避免那些有较大比例产生过往 12 个月负收益的基金，不论它的业绩指标有多好看。

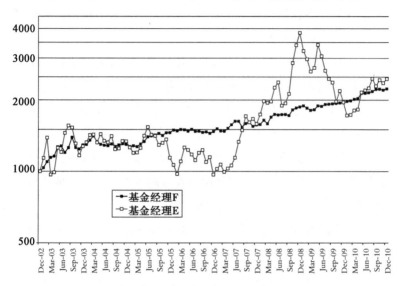

图 8-6　收益率差别微小，但收益稳定性差异巨大

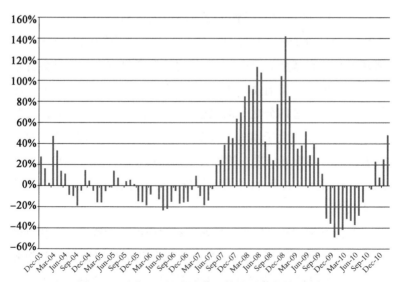

图 8-7　过往 12 月移动窗口收益（基金经理 E）

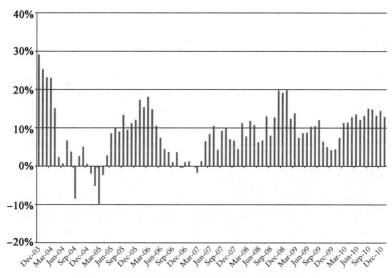

图 8-8　过往 12 月移动窗口收益（基金经理 F）

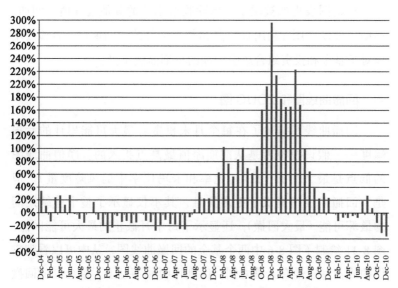

图 8-9　过往 24 月移动窗口收益（基金经理 E）

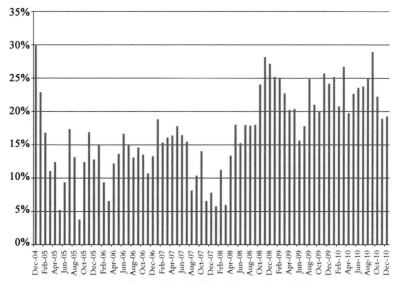

图 8-10　过往 24 月移动窗口收益（基金经理 F）

移动图表也能被用于表示除收益率外的其他统计值。例如，移动年波动率图（利用日数据和若干个月的时间窗口）能够被用作对于基金和投资组合风险增加的早期监测工具。

回撤曲线图和 2DUC 图

回撤曲线图描述了在每个月末投资者最大可能累计的亏损幅度——假设投资者是从前期净值最高点买入的。净值曲线图的低点是最大回撤（MAR 比率和卡玛比率中的风险度量）。但是，回撤曲线图提供了更多信息，其不仅显示了整个业绩期间的最坏可能（最大回撤），还显示了每个月截止的最大可能回撤。图 8-11 绘制了图 8-6 中两个基金的回撤曲线图，从中可以看到它们的收益稳定性有天壤之别，区别再明显不过了。基金 F 的回撤非常浅，而且恢复期很短（上升到 0 意味着净值创新高）；基金

E 的回撤既深又久。回撤曲线图提供了对于投资相对风险的最好的可视化呈现，这和大多数投资人直观理解的风险是一致的。

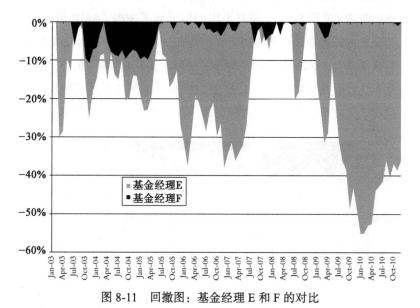

图 8-11　回撤图：基金经理 E 和 F 的对比

　　回撤曲线图的一个缺点是在业绩期的前期，由于往前数据量不够，其回撤数值被低估了。对于前期的月份，我们没有办法估计一个真正的最坏情况，因为往前足够的业绩期并不存在。并且，回撤曲线图是从基金持有者角度看最大可能累计亏损的角度绘制的。实际上，新进投资者的最大可能损失是一个更为重要的指标。对此的解决方案是我们同时考虑每个月对于新进投资者的最大可能损失，假设他们在往后的净值最低点退出。我们由此绘制二维回撤曲线图（2DUC)，其计算了每个月的以下两个指标的最大亏损值。

　　（1）从净值前期高点开始到当前的最大累计亏损。

　　（2）从当前月末开始到后期最低净值结束的最大累计亏损。

事实上，2DUC 中每个点的平均值就是收益回撤比率中的风险度量（平均最大回撤）。在 2DUC 图中，基金 E 的回撤曲线变得更加极端（见图 8-12），从月平均 21% 升到了 30%（AMR 值）。而基金 F 的回撤曲线仍非常稳定，保持在 3% 的低水平上。2DUC 图意味着基金 E 的投资者的平均最坏情形比基金 F 要坏 10 倍；但是从年化收益角度看，基金 E 却高了 1.3%。基于这个业绩绩效，即使对于风险承受能力再强的投资者，在两者中也不会选择基金 E。

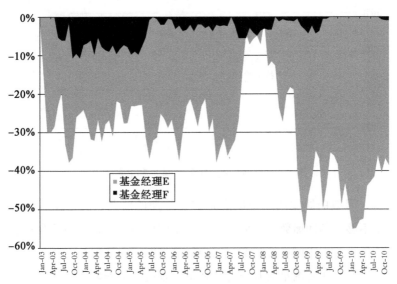

图 8-12　2DUC：基金经理 E 和 F 的对比

投资误区

◆ 投资误区 23：平均年化收益差不多是唯一重要的业绩统计指标。

真相：单独的收益率是完全没有意义的，因为提高风险就可以提高收益。回报／风险比率是最主要的业绩评价指标。

◆ **投资误区 24**：对于一个风险偏好的投资者来讲，一个收益高而回报 / 风险比率低的基金会比一个收益低但是回报 / 风险比率高的基金要好。

真相：即使对于风险偏好的投资者来讲，更高的回报 / 风险比率永远是更好的。因为利用杠杆，投资者可以用更低的风险得到相同的收益（或者用相同的风险得到更高的收益）。

◆ **投资误区 25**：夏普比率是最好的收益风险指标。

真相：夏普比率是最广泛应用的收益风险指标，但由于其不区分上行和下行波动率，本章中介绍的其他指标与投资者直觉感受到的风险更为一致。

◆ **投资误区 26**：如果索提诺比率比夏普比率高的话，意味着该基金的收益分布是右偏的（上行偏离的概率大于下行偏离）。

真相：计算索提诺比率的公式是有偏差的，因此计算结果比夏普比率高。可以和夏普比率直接比较的是 SDR 夏普比率（采用平均收益率作为基准）。SDR 夏普比率明显高于夏普比率的话，意味着收益是明显右偏的。

◆ **投资误区 27**：最大回撤是一个最重要的风险度量。

真相：最大回撤的主要缺点是其依赖于单次事件。基于所有数据点的回撤指标，例如平均最大回撤（AMR）比最大回撤更有意义。由于这个原因，收益回撤比率（RRR）是基于最大回撤（如 MAR 比率和卡玛比率）的更好的收益风险指标。

◆ **投资误区 28**：净值曲线大小的下跌与权益大小的下跌直接相关。

> **真相**：传统的净值图采用算术刻度，其反映了资金的变化而不是百分比的变化。因此，随着投资权益额的增长，相同百分比的下跌显得更大了。对于长期的业绩图，如果从头至尾权益巨幅增加，近期的净值变化会比早期的净值变化看上去大很多。为了避免这个缺陷，长期的净值图应该用对数刻度绘制。

投资见解

众多投资者对收益率趋之若鹜。其实，因为提高风险暴露（即承担更大风险）就可以提高收益率，回报 / 风险比率才是更加有意义的业绩指标。一个有着更高回报 / 风险比率和更低收益率的基金可以利用杠杆，在承担更低风险的同时，将收益提升。至今为止，夏普比率是最为广泛应用的收益风险指标。但是，夏普比率对于上行和下行波动是同等对待的，这与投资人常识不符。本章中提及的其他收益风险指标，采用了各种改进的方法去刻画风险，能够更好地反映投资者对于风险的直观印象。表 8-5 总结了各种收益风险指标的特征，它们能被用于选择合适的绩效指标。本章中描述的业绩图是回报 / 风险比率的必要补充，它们提供了更直观、更具信息量、更友好的业绩评价工具，在业绩评估中必不可少。我个人推荐以下三种业绩评价工具。

（1）净值曲线。

（2）**过往 12 个月和过往 24 个月**的移动窗口收益图。

（3）2DUC 曲线图。

请注意：本章中描述的部分统计和图表分析工具是我自己发

明的，因此在现存的软件中还没有。我目前正在咨询并开发在线
的业绩评估系统，使之包含本章中所有的统计和图表分析工具。
作为盖特 39 媒体（Gate 39 Media）开发的"清晰投资组合观察
系统"（Clarity Portfolio Viewer System）的一部分，一个名叫"施
瓦格分析模块"（Schwager Analytics Module）的软件将会在 2013
年第二季度面世。Schwager Analytics Module 可以分析投资组
合和其中组成部分（包括基金经理、基金和其他投资）的绩效。
感兴趣的读者可以通过网站 www.gate39media.com/schwager-
analytics 找到相关信息。出于披露的需要，在此声明本人与该产
品有利益关系。

第 9 章

相关性：事实与谬误

在第 4 章中，我们提及在寻找隐含风险（历史业绩中没有显露的事件风险）的时候，相关性是一个重要的工具。然而，仍有大量关于相关性的误解未被世人所知。本章中，我们将更详细地讨论一下相关性，以及它被误解的几种情况。

相关性的定义

相关系数，通常用字母 r 表示，衡量了两个变量之间的线性相关程度。相关系数的取值在 –1.0 到 +1.0 之间。相关系数越接近 1.0，两个变量之间的关系越接近。完美的相关系数 1.0 只有在人造的情况下才会发生。例如，一个群体的身高用厘米来度量和同一个群体的身高用米来度量，那就是完美相关的。相关系数越接近 –1.0，两个变量之间的负相关性就越强。举例来讲，美国东北部冬天的温度与当地的加热油用量是负相关的变量（负相关系数的变量）。如果两个变量的相关系数近似于 0，这表示两者之间没有明显的（线性）关系。要着重指出的是，相关系数仅仅表示两个变量之间的相关性程度，并不表示任何因果关系。

相关性体现的是线性关系

相关性仅仅反映线性关系。例如，图 9-1 绘制了一个假设的指数期权卖出策略的收益（卖出虚值的认购和认跌期权）和标普指数收益之间的曲线图。对于期权卖方来说，到期日低于行权价格的认购期权和到期日高于行权价格的认跌期权的利润等于期权权利金。离行权价格很远的期权到期会产生净亏损——价格偏离越大，亏损越大。当标普指数没有变动时，这个策略会产生最高利润。当标普指数变动不太剧烈时，这个策略是盈利的。本例（图 9-1）中，当标普指数收益在正负 6% 之间分布时，策略收益为正⊖。当价格变化高于 +6% 或者低于 −6% 时，收益会逐渐变负。虽然图 9-1 清楚地体现了该策略与标普指数之间的强烈关系，但是这两者之间的相关系数实际上是 0！为什么？因为相关性仅仅体现了线性关系，而它们之间没有线性关系。

确定性系数

相关系数的平方，也叫确定性系数⊖，用 r^2 表示。它有一个特别的解释，即代表了自变量对因变量的解释程度。举例来讲，

⊖ 图 9-1 是一个假设的、简化的例子。在真实的市场中，收益曲线不是对称的，因为价格下跌会增加波动性，从而加速亏损；而价格上升会降低波动性，从而减缓亏损。
⊖ 国内也常翻译为拟合优度。——译者注

如果一个基金相对于标普指数的相关系数（r）是 0.7 的话，这意味着，接近一半的基金收益波动性可以被标普指数的波动解释（$r^2=0.49$）。对于一个叫作准指数的共同基金来说——持有和标普指数很类似的投资组合的基金——r^2 值通常会非常高（例如大于 0.9）。换言之，对于这样一个基金，标普指数的波动可以解释这种基金的大部分波动。

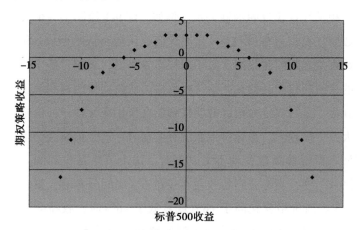

图 9-1 期权策略收益与标普 500 收益

"荒唐的"相关性

我们必须指出，相关系数（r）和确定性系数（r^2）并不说明因果关系。我们解释统计结果的因果关系往往需要从内在逻辑进行理解。显然，纽约市 7 月份的用电量和气温是有非常明显的相关性的；是气温影响了用电量，而不是反过来。但是，如果盲人摸象，我们去研究纽约的气温是如何被用电量影响的，两者的相关性分析似乎提供了一个荒谬的证据。所以，r^2 值反映的仅仅是两个变量的相关程度，而不是因果关系的证明。

图 9-2 展示了一个用 r^2 值去绘制因果关系的笑话。从图 9-2 中看出，对冲基金的数量和美国红酒的销量似乎有一个显著的关系。事实上，对冲基金的数量和美国红酒销量之间的 r^2 值居然达到了惊人的 0.99！我们从这张图可以得出什么结论？

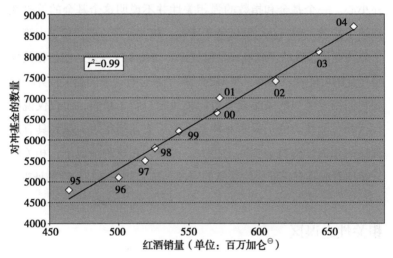

图 9-2　对冲基金的数量与美国红酒销量

（1）上升的红酒消费量鼓励人们去投资对冲基金。

（2）对冲基金促使人们喝酒。

（3）对冲基金行业激发了红酒消费。

（4）葡萄酿酒业激发了对冲基金的投资。

（5）以上所有。

（6）以上都不是。

事实上，红酒消费量和对冲基金数量之间的显著关系是很容易解释的。它们都受一个第三方变量的影响：时间。换言之，对冲基金的数量和红酒的消费量都在这段时间内有着显著的增长。

⊖　1 加仑＝3.785 41 升。

这两个趋势是如此一致，导致了这个明显的相关关系。这一类巧合的线性关系，被称作"欺骗性的"或者"荒唐的"相关性。实际上，相关性是真实存在的，只不过因果关系的解释是荒唐的。

前面所讲的告诉我们，在用相关性解释因果性的时候，要格外小心。一个基金和指数的强相关性并不说明这个基金的策略就依赖于指数，而只是可能依赖于指数。相关性很可能仅仅是由第三个公共变量导致的，或者只是运气好。历史业绩越短，明显相关性是巧合的可能性就越高。类似的，两个基金有很强的相关性并不代表它们用了类似的策略或者对同类风险进行了暴露，而仅仅说明有这种可能性。由于很多对冲基金的历史业绩很短，遇到具有欺骗性的相关性的机会实际上很大。因此，在这种情况下，相关性只能被看成具有相同风险暴露的蛛丝马迹，而不是结论性的证据。

相关性之误区

相关性常常没有体现出人们期望的结果，并且在使用相关性筛选投资时并不尽如人意。图 9-3 和图 9-4 绘制了两个假设的基金收益和标普指数的收益对比。哪个基金看上去有着和标普指数更高的相关性呢？（提示：请注意基金 A 总是随着标普指数上升而上升，随着标普指数下降而下降。）暂停一下：阅读下文之前，请做出选择。

如果你认为基金 A 与标普指数是相关的，恭喜你，答对了：$r=0.41$。然而，相关性指数并没有想象得那么高，似乎比从图上看到的要低一点。真正让人吃惊的是，基金 B 和标普指数的相关系数居然是 1.0。这怎么可能？在标普指数跌的时候，基金 B 并没有跌，它又怎么会跟标普指数完全相关呢？

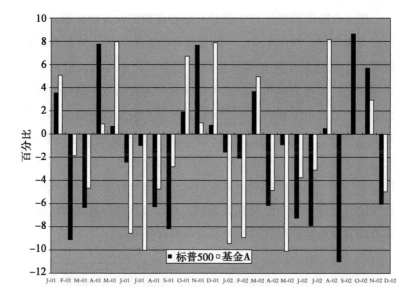

图 9-3　基金 A 与标普 500

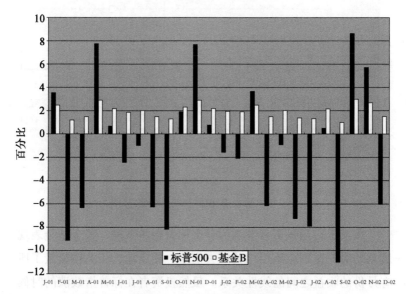

图 9-4　基金 B 与标普 500

图 9-5 给出了基金 B 的收益和标普指数的收益对比图，从中可以看出端倪。图 9-5 显示，随着标普指数的增长，基金 B 成比例增长。这就是基金 B 和标普指数完全相关的原因。但是有一点要指出：即使完全相关，也不意味着当标普指数下跌时该基金会下跌。当股市下跌时，一个和标普指数相关性低一点的基金完全没有可能比一个和标普指数相关性高一点的基金更容易受伤。我们的图 9-3 和图 9-4 用了两个假设的基金数据（基金 A 和基金 B），提供了一个极端的例子来说明这一点——标普指数下跌时总是跌的基金与标普指数的相关系数，对比当标普指数跌的时候总是涨的基金与标普指数的相关系数，来得要低。

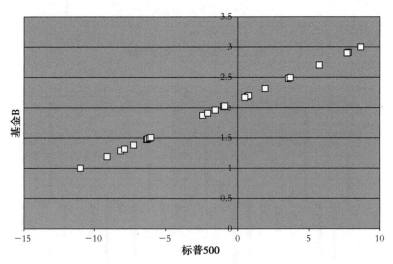

图 9-5　基金 B 收益率与标普收益率

事实上，当投资者疑惑为什么标普指数下跌，某个基金表现就差劲时，这不应该用相关性去衡量。相反地，相关性衡量了所有月份的收益之间的线性关系。虽然投资者在标普指数涨的时候不太关心基金的涨幅——事实上这肯定受欢迎——这种特质会增加相关系数；具有讽刺意味的是，投资者认为这是负面的。这些发现可得出以下的投资结论。

投资原则：如果你关心那些熊市月份的收益，那么请只看熊市的数据。

熊市中的表现

由于上述原因，如果投资人在意的是熊市下持仓的受伤程度，基金与指数的相关性只是一个不充分的统计量。在评价熊市下的持仓表现时，以下这些统计量可以作为有效的补充。

（1）市场下跌时正收益月份的占比。这个统计量计算了在指数为负的时间段内，给定基金的正收益月份的占比。熊市中高的胜率削弱了相关性的显著性。举例来说，图 9-6 绘制了在某个对冲基金组合中各个基金与标普指数的相关系数。虽然它们之中并没有相关系数特别高的，但的确有几个具有中等程度的。图 9-7 绘制了在标普指数下跌的时间段内，各个基金的盈利月份占比。除了一个基金，其他都有超过 50% 的月份在标普熊市时盈利，这个事实降低了一些基金体现出的中等相关性这个作用。

如前所述，一个和标普指数强相关的基金仍有可能在标普下跌的时候，每个月都盈利。如果标普下跌时，一个基金可以大部分时候都盈利，它的中或高相关性并不是投资人想要的结果。因为，那些寻求分散化的投资人关心的是：其他投资亏损时，该基金是否会亏损；而不是该基金在标普指数上涨月份的收益是否比下跌月份的收益要高；而前者体现了相关性的真正含义。

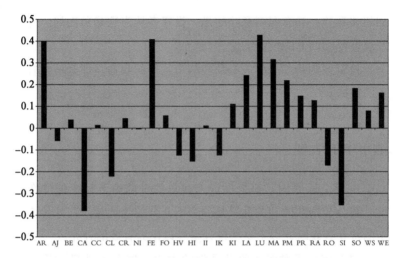

图 9-6　投资组合中各基金与标普 500 的相关系数

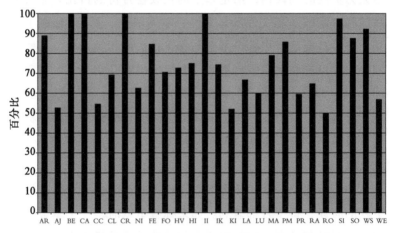

图 9-7　投资组合中的基金：标普负收益月份中的平均收益率

（2）市场下跌时的平均月收益。市场下跌时盈利月份的占比，加上样本统计量就能够提供基金在熊市中绩效的完整信息了。同时，相比相关性，这两个统计量组合起来，满足了投资人的真正需求。图 9-8 绘制了图 9-6 中标普指数下跌月份的投资组合中基金的平均月收益。正如所看到的那样，除了一个基金，其他所有基金都在熊市中取得了平均月收益为正的成绩。从这个意义上讲，一些基金的和标普指数的中等相关性并不太重要。

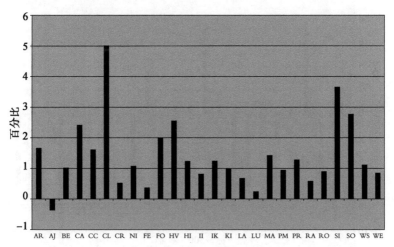

图 9-8　投资组合中的基金：标普负收益月份中的平均收益率

相关性与贝塔

相关性的另一个问题是：它没有告诉我们一个变量相对于另一个变量变化的相对重要性程度。图 9-9 给出了一个假设的例子：某基金用 1% 的资产投资于标普指数，然后用剩下 99% 的资产投资于每月 1% 的固定收益产品⊖。这个基金和标普指数的相关性是完美的（$r=1.0$），因为它的所有变化都是由标普指数解释的。即使有了这种完全的相关性，标普指数的变动对于基金收益

⊖　虽然这个是假设的、不实际的收益序列，但是这个例子能帮助我们理解高的相关性并不意味着很大的价格影响。

的影响也是微乎其微：标普指数 1% 的变化只导致该基金 0.01%
的变化。相关性并不反映一个变量（本例中的标普指数）对于另
一个变量（本例中的母基金）的重要性，但贝塔却是。

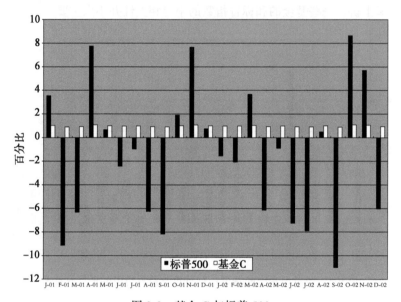

图 9-9　基金 C 与标普 500

　　贝塔计算了当给定的基准变化 1% 时，某基金期望的变动大
小。举例来讲，如果某个基金相对标普指数的贝塔值是 2.0，这
意味着当标普指数变动 1% 时，该基金预期同方向变动 2%。图
9-9 提供了一个虽然相关性最高（r=1.0）但贝塔非常低（beta=
0.01）的例子。实际上，相比相关性，贝塔反映了投资人的真正
需要——当基准变化时该基金如何变化。举例来讲，如果一个投
资人希望在熊市中受伤少一点的话，他应该选择相关性是 0.9、
贝塔值是 0.1 的基金，而非相关性是 0.6、贝塔值是 2.0 的基金。
虽然，后者的变动和股票市场的变动相关性小一点，但当基准变

动时，其变动幅度却是前者的 20 倍。

数学上，贝塔和相关性是有关系的，并且从两个维度提供了信息。相关性表明了两个变量（例如一个基金和一个指数基准）变化的线性程度，而贝塔表明了基准变动 1% 时基金的预期变动大小[⊖]。

投资误区

◆ **投资误区 29**：一个投资策略和市场指数的低相关性意味着两者之间没有关系。

真相：虽然这个结论大部分时候是正确的，但其实低相关性意味着两者仅仅没有线性关系。我们不能排除两者之间的非线性关系（就像我们的期权卖出例子）。

◆ **投资误区 30**：两个变量之间的高相关性意味着两者之间的因果关系。

真相：当两个高度相关的变量都依赖于第三个变量，它们之间有可能完全没有关系，例如两个变量都在样本期有一致的时间趋势。

◆ **投资误区 31**：与市场基准有高相关性的基金，在熊市中容易下跌。

真相：在比较两个基金时，市场下跌时不容易亏钱的基金，完全有可能与指数有着更高的相关系数。这些基金在市场上涨时与指数更为相关，而这正是投资人想要的结果。即使一个基金在市场下跌时都是盈利的，但如果其在熊市时的收益

⊖ 数学上，贝塔等于相关性乘以基金标准差与基准标准差的比值。举例来讲，如果相关系数为 0.8，基金标准差是基准标准差的一半，则贝塔等于 0.4，即当基准下跌 1% 时，基金预期下跌 0.4%。

比牛市时的低，它仍有可能和市场指数具有很高的相关性。投资人真正在意的是下跌市场中的相关性：他们不希望熊市时基金下跌，但希望牛市时涨幅越高越好。因为相关性并没有区分牛市和熊市，我们需要熊市中的其他几个统计量进行补充。

◆ **投资误区 32**：一个基金和市场指数的相关性越高，市场变动对其影响就越大。

真相：市场基准变动 1%，基金的变化值（贝塔）等于相关性乘以基金和市场基准的相对标准差。在比较两个基金时，当市场变动时，如果波动性足够大，和基准相关性低的基金有可能变动更大。如果要衡量基准变动时基金的变化情况，我们应该用贝塔而不是相关系数。

投资见解

当投资人寻求多样性，希望在现有持仓的基础上寻找新投资基金时，目标基金的易感性，即现有持仓或者市场基准下跌时该基金是否容易下跌，就是一个重要的风险因子。相关性是一个重要的指标，可被用于衡量此风险。但是，中等到高度的相关性，并不说明此风险一定存在；低相关性，也不说明该风险就不存在。如果投资人在意熊市时基金的表现，仅仅看相关性是不足够的。不同于仅仅考虑相关性，投资人应该利用以下 4 个统计量做更加全面的评价。

（1）相关系数。

（2）贝塔值。

（3）市场指数下跌时的盈利月份占比。

（4）市场指数下跌时的平均月收益率。

第二部分

以对冲基金作为投资选择

第 10 章

对冲基金的起源[⊖]

对 冲基金进入人们的视野，是因为一篇发表于 1966 年 4 月
的《财富》杂志上，名为"追不上的琼斯"（The Jones
Nobody Keeps Up With）的文章，作者是卡罗尔 J. 卢米斯（Carol
J. Loomis）。文章披露了一只表现杰出却默默无闻的基金，这
只基金创下 5 年乃至 10 年最佳交易纪录。卢米斯提到的这只基
金不是一只共同基金，而是由阿尔弗雷德 W. 琼斯（Alfred W.
Jones）创立的有限合伙制基金。它向其投资者收取盈利 20% 的
绩效费，并在交易中使用对冲和杠杆。正是凭着这种与众不同的
结构和策略，这只基金战胜了当时所有的共同基金，它前 5 年
累计回报率高达 325%，而表现最好的共同基金（fidelity trend

<hr>

⊖ 除非另外注明，本章引用的材料基于以下 4 个来源：① A. W. Jones &
Co：A Basic Report to the Partners on the Fully Committed Fund,1961 年 5
月；② Alfred W. Jones，"预测的潮流"，《财富》，1949 年 3 月；③ Carol J.
Loomis，"追不上的琼斯"，《财富》，1966 年 4 月；④ Carol J. Loomis "对
冲基金的困难时光"，《财富》，1970 年 1 月。

fund）累计回报率也才为 225%。同时，这只基金 10 年累计回报率高达 670%，几乎是同期表现最好的共同基金（Dreyfus）358% 累计回报率的两倍。此外，这种对照并不能充分说明琼斯基金的卓越表现，因为上面引用的数字是已经扣除 20% 绩效费后的净收益。

今天全球资产管理规模高达 2 万亿的对冲基金行业，正是起源于阿尔弗雷德·琼斯在 1949 年⊖创立的这只规模仅为 10 万美元的合伙制基金。尽管它业绩突出，但还是到了它创立后的第 17 个年头，因为卢米斯的文章才为公众知晓。而具有讽刺意味的是，琼斯——这位现代对冲基金之父，早期并不从事金融行业。他在投身于投资事业之前从事过很多工作，但这些工作没有一个与金融或市场沾边。

琼斯 1932 年毕业于哈佛大学。他在青年时期做过驻柏林外交官，随后又在西班牙内战时期以观察员的身份参与监督救援工作。后来他重返校园，在 1941 年获得哥伦比亚大学社会科学博士学位，他的毕业论文《生命、自由和财产：关于冲突和权利冲突计量的研究》被出版成书，琼斯又把它改编成一篇文章发表在《财富》杂志上。而正是这篇文章开启了琼斯在《财富》和《时代》杂志的记者生涯，他的文章题材广泛，但都与金融无关。

琼斯直到 48 岁才写了之后将他引入投资事业的一篇关于市场的文章——《预测的潮流》，这篇文章主要介绍了当时一些新型技术分析方法。琼斯认为这些方法可以用来避免与主流基本面几乎无关的周期性市场暴跌所带来的冲击。正如他写道的，"例如在 1946 年盛夏，道琼斯股票平均指数连续五周下挫，从 203

⊖　它的一般合伙制于 1952 年重组为有限合伙制，以适应向投资者收取 20% 绩效费的要求。

点跌到 163 点。但尽管股票市场如此不济，实体经济却从下跌开始前一直状态良好。"

琼斯认为道氏理论⊖在早年间还有效，但到了当时，它的有效性已经消失殆尽。琼斯认为这与这套系统及其指标多年来日渐普及有很大关系，他在文章中写道："正是因为这套系统的追随者大量地参与市场，精明的交易者开始根据道氏信号进行反向操作。就是当买入信号出现时，除非有充分的理由趋势会继续向上，这些交易者会把他们手上的股票卖给道氏理论的追随者们。"琼斯还坚信这种过时的技术，仅仅适用于长期趋势。这位没有任何市场获利或投资经验的琼斯，竟然洞察到了"任何分析方法被过度使用都会导致方法本身的失效"这个现象，不可谓不厉害。

尽管琼斯也承认技术分析有它伪科学的部分，但他仍相信一些开发出来的新技术能够到达预期目标。基于写作《财富》杂志这篇文章时做的研究，琼斯判断自己在投资领域有一定优势，会比那些死抱着老旧失效的方法不放的市场参与者更有可能获得成功。广泛的研究也让琼斯有勇气在 1949 年用自己的 4 万美元创立一家合伙制基金来开展股票交易。

了不起的是，作为投资领域的新手，琼斯选择了完全与众不同的方法论。大家可能会以为这位被一篇新型技术分析概述文章鼓动着开启新事业的作家，会选择综合运用这些技术分析方法来进行交易。但事实并不是这样，他选用的方法是让选股成为基本要素，这一特点在他的策略核心组成部分被完全阐述后，将更为清晰地体现出来。

琼斯认为，传统的单向做多投资有一个缺点：难以在市场

⊖　粗略来讲，道琼斯指数理论认为，当道琼斯工业和铁路平均指数在下跌过程中超过之前相对高点时，下跌趋势出现反转；上升趋势则相反。

震荡调整时期保住头寸。同时认为做空可以作为一种风险控制工具，并且把做空称为"保守的投机技巧"。对于琼斯来说，做空的吸引力不是它能在市场下跌时提供的潜在收益，而是它作为一种市场避险工具。正因为空头头寸为投资者在市场下跌时提供了保护，他有更多机会持有多头头寸并获利。而琼斯通过做空去对冲多头头寸风险而非投机的过程中展示出的把控能力，证明了这个金融新鲜人卓越的洞见。

虽然做空是琼斯交易策略的重要组成部分，但他认为因为一些原因，做空比做多有很多劣势。这些原因包括：做空无法获得长期收益，持有空头头寸必须分红。而对做空的限制除了报升（uptick）外，缺乏对做空的研究也是一个原因，因为整个华尔街股票推荐的重心都放在买入推荐上。正是由于这些原因，琼斯更热衷于多头交易，而做空则是他通过多头获利时的辅助工具。在一篇给投资人的报告中，琼斯写道：他针对当时的一个观点——做空在某种意义上来说是"不道德甚至反社会的"进行了抨击，他认为这是一种错觉，"成功的做空者对市场起到了正面的作用，他们通过做空不合理上涨的股票，并在其回调时平掉空头头寸使市场波动更加平缓。"

通过做空来对冲多头的风险，这不仅让琼斯能够使自己持有比未进行对冲时更多的多头头寸，还能减少管理资产的风险。例如，他可以这样配置资金：持有 130% 的多头头寸和 70% 的空头头寸（选择一些预期表现不佳的股票），而不是单纯持有 80% 的多头。虽然这样净头寸会小一些（130%–70%＝60%＜80%），但多头头寸总量将会大得多。这就是为什么琼斯的策略把选股看得这么重。如果在牛市期间，琼斯选择做多的股票涨得比做空的股票多（或者在熊市期间跌得更少），他将会赚得很多。如果他的多头和空头的价差拉得足够大，尽管净敞口比较低，他也可以（事实也确实如此）比单向做多的基金赚得更多。

讽刺的是，虽然琼斯建立基金管理事业的灵感来自他对技术分析新方法的研究，但他开发出的说到底还是一个基于基本面分析（股票筛选）的策略。

琼斯可能是抱着通过技术分析调整风险敞口提升业绩的想法创立他的基金的。但在现实中，他从选股中尝到了甜头，反而在市场方向指示上吃了苦头。琼斯也坦然承认了这点，这可以从1961 年 5 月他向投资者发布的长篇回顾性报告中看出。报告字里行间都透出了他对公司用技术分析作为择时工具取得失利表示的失望。

在基金成立初期，我们的选股模型综合考虑了技术形态、华尔街情绪指数、券商声望、特殊情况、半年核税抛售及其对价格的影响、股票增发的压力以及许多其他因素。其中有些因素在某种程度上仍然适用，但我们逐渐相信真正重要的是：所持仓公司的管理、问题和发展前景这些最本质、基础的因素。关于市场的判断，我们知道要解释任何掺杂大众情绪的现象都是一项高难度的艺术，并且结果肯定也不尽一致。

在这份报告里，琼斯也明确表示基金的盈利主要还是归功于选股能力而不是对冲的方法。

即使是重要而独特的对冲操作也仅仅是去获得更大的回报 / 风险比，并不能保证赚取更多盈利，这只有依靠优秀的股票筛选和市场判断才能做到。

这种对冲（通过做空）和杠杆的创造性结合，使得一只股票型基金的关键成功因素从市场方向转到了对相对表现优秀和表现不佳的股票筛选上。特别是当我们发现市场时机对基金的成功没多大作用的时候，琼斯基金的卓越表现更是对基金经理选股能力的最好证明。

那么谁来负责选股呢？肯定不是琼斯这位股市新手，况且据说他对金融分析也没什么兴趣。他的才能在于选人用人而非选股，这项才能既来源于外部经纪人，也来源于内部的投资组合经理。他与经纪商签了一份合约：执行经纪商将把从琼斯公司获得的佣金的 50% 发给那些给予琼斯最好建议的经纪人，这笔报酬极大地激励着这些证券经纪人给琼斯和他的基金经理最中肯的消息和交易建议，这些消息和建议越有价值，他们就会有机会从琼斯的交易中获得越多的佣金回报。

另外，琼斯还会聘请那些表现出较强选股能力的人作为内部管理人（internal manager），这些联合基金经理各自负责整个投资组合的一部分，并根据管理比例和业绩获得绩效费提成。最成功的管理人将会被分配最大份额的资产进行管理。实际上，琼斯基金使用的这种管理结构不仅在对冲基金中率先使用，一些多经理对冲基金也在使用这种模式。

尽管，在较大程度上，琼斯的基金取得的成功反映了他所聘请的内部管理人和外部经纪人的选股能力，但是这里面有多少是内幕信息的因素还存在一些争议。合法和非法内幕消息之间的界线通常是不清晰的，在某些情况下，还会有交叉。1966 年，作为道格拉斯飞机公司可转债承销商的美林证券，得知了一个将会对公司股价造成毁灭性打击的消息：该公司每股收益将从市场预测的 3.75 美元锐减至 0。尽管投资银行泄露机密信息实属违法，但这条道格拉斯飞机公司的灾难性消息还是传到了琼斯的经纪商那里，经纪商得到消息后随即告诉了琼斯（和其他至少一家对冲基金）。得到消息的琼斯基金的管理人在这条消息公布、空单满天飞之前提早做空。这一事件导致了美国证监会（SEC）的调查和罚款[⊖]。考虑到琼斯付给那些给他好的建议的经纪人的丰厚奖励，在其"腐蚀"下，应该还有一些未被发现的非法的内幕消息传递。所以琼斯的基金较之其他基金的优秀表现可能部分反映的是"门路"而不是技巧。

琼斯对风险管理的开拓性贡献不仅限于用做空去对冲多头敞口，还提出了类似现代金融学称为"贝塔"（Beta）的相对风险度量概念。一只股票的贝塔值表示一个参考基准（如标普500指数）变化1%，股票价格的变化率。例如：一只贝塔值为2的股票，在基准指数变动1%的时候，它的股价预计会同方向变动约2%，而在同样的情况下，一只贝塔值为0.5的股票可能只会同方向变动0.5%左右。贝塔值既和股票与基准指数的相关性有关，也和股票基于基准指数的相对波动率有关。股票与基准的相关性越高，相对波动率越大，贝塔值也就越大。高贝塔值的股票比低贝塔值的有更大的风险，因为在基准指数变动同样水平的情况下，高贝塔值的股票会经历更大的股价波动。

贝塔等价于选定股票股价每日变动值关于指数每日变动情况的最优拟合回归曲线的斜率。如图10-1所示，一只贝塔为1的股票，它的每日价格变化量由纵坐标表示，指数变化量由横坐标表示。以每天股票和指数的变化量组成一个点，这两个数据的大小决定点的位置。统计学上，这些点的最优拟合曲线的

⊖ 详见塞巴斯蒂安·马拉比，《富可敌国》（纽约：企鹅出版社，2010）：373-374。

斜率代表了股票的贝塔值。例如，斜率为45°相当于贝塔值为1，其表示指数任意一个每日变化率意味着一个相等的股价每日变化率。

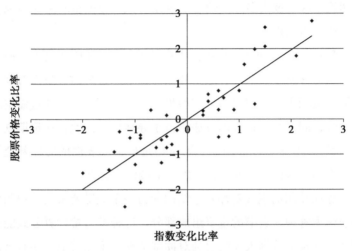

图 10-1 贝塔值为 1 的股票

琼斯提出的概念算是贝塔的前身，称为相对速度。一只股票的相对速度是指：股价在主要市场波动中相对于指数（琼斯通常使用标普指数）的变化百分比。例如，一只股票的相对速度为200意味着其股价变化量是同期指数变化量的2倍。琼斯主张结合股票的相对速度去衡量市场风险，从而，购买5万美元相对速度为200的股票，其风险相当于购买10万相对速度为100的股票。从交易的角度来说，琼斯的相对速度概念实际上是比贝塔更复杂的相对风险度量方法，因为它专注于市场主要波动，而不是逐日的变化。例如，一只贝塔值为2的股票（股价每日变化量是指数的2倍），它的相对速度是1.5（股价波动通常是指数波动的1.5倍），而比率为1.5的往往比2的资产组合风险更容易进行平衡。虽然现在我们已经不再使用相对速度的概念，但它作为一种可以替代现在已经被滥用的贝塔的相对风险度量，还是值得被重新翻出来好好研究。相信有一天，交易员和投资者可能会发现相对速度（这个被大多数人遗忘的度量方式）在度量实际相对风险时，比贝塔做得更好。

琼斯结合对冲和杠杆以提供卓越的回报／风险比是现代股票多空型对冲基金模式的标志。我们将在下一章探讨，虽然对冲基金策略范围很广，但股票多空型仍是主要类型。这种通过做空对冲风险，同时结合杠杆的方法仍占主导地位。因此，在琼斯创立他的基金 60 年后，他的基本策略仍是最具代表性的对冲基金模式，仍然能为认识对冲基金提供一个最佳的起点。

琼斯使用的现代对冲基金结构的另一个关键要素是，把利润激励作为管理人薪酬的重要组成部分，这种绩效费计算公式能够把最好的投资管理人才吸引到对冲基金来。虽然其他一些基金已经引入了对冲或者杠杆工具，但琼斯应该是第一位将现代对冲基金的三个基本特征——对冲、杠杆、激励机制结合到一只基金里的人，正因如此，再加上他在策略和结构的成功，他被广泛认定为对冲基金之父。

顺便提一句，琼斯称他的基金为"被对冲的基金"（hedged fund），这是一种对"对冲基金"（hedge fund）更精确的表述，后者听上去像一家投资园林公司的基金⊖。我猜这很有可能是因为大多数人并不理解"hedged"的含义，仅仅是将它错听成了"hedge"，而后来这个错误的名字占了主流。这让我想到了艾迪·塞柯塔（Ed Seykota，一位程序化趋势跟踪交易先驱）的一个

⊖ hedge 在英文中也有"树篱"的意思。——译者注

段子，他使用指数移动平均线取代算术移动平均线："当时指数
移动平均线（exponential moving average）这个方法太新以至它
在口口相传的过程中变成了'经验系统'（expedential system）⊖。"
我怀疑琼斯身上也发生了类似的事。琼斯本人对这个大众化的术
语表示不屑，据说他曾告诉他的朋友："我仍然不喜欢对冲基金
这个把形容词变为名词的术语。"⊖

⊖ 杰克·施瓦格，《金融怪杰》。
⊖ 约翰·布鲁克斯，《沸腾的岁月》，142 页。

第 11 章

对冲基金概述

究竟什么是对冲基金？我最喜欢 AQR 对冲基金的创始合伙人克里夫·阿斯尼斯（Cliff Asness）给出的如下定义。

对冲基金是投资手段相对不受约束的投资机构。它们受到的监管相对较少（目前是这样），收取高昂的费用，并在你想要回自己的钱时不一定会给你，它们也不会告诉你他们在做什么。它们被认为是只赚不赔的，如果某只对冲基金没做到，它的投资者就会赎回自己的投资转投那些在赚钱的基金。每隔三四年，它们就会掀起一场以前可能百年才一遇的"洪灾"。它们通常为瑞士日内瓦或美国康涅狄格州格林尼治的富人服务⊖。

这个定义很幽默，恰恰是因为它真实，至少比大多数对冲基金经理愿意承认的要真实。

⊖ Clifford Asness, "An Alternative Future: Part2," *Journal of Portfolio Management* (Fall 2004):823.

正是因为对冲基金如此特殊而复杂，才一直没有关于它的绝对精确的定义。大多数定义都集中在对冲基金的结构和收费方式上，而不是投资布局上。也许将对冲基金的主要特征与普通多头（long-only）共同基金进行比较研究，才是了解对冲基金基本情况的最好方法。

对冲基金与共同基金的差异

（1）**对市场方向的依赖**。由于做多的比例将近 100%，共同基金业绩几乎完全依赖于市场方向。对于共同基金来说，基金经理投资决策的影响力与市场方向相比，几乎可以忽略不计。与此相反，许多对冲基金更加依赖基金经理的投资决策而非市场的方向。即使有些对冲基金与市场方向显著相关，基金经理个人的投资决策仍然在业绩表现中占有重要地位。

（2）**静态敞口**（static exposure）与**动态敞口**（dynamic exposure）。与共同基金持有静态 100% 多头敞口不同，许多对冲基金会根据基金经理对目前交易机会的感知以及对未来市场趋势的判断，动态调整敞口。

（3）**同质化还是多元化**。共同基金基本都是对长期股权或长期债券进行投资（或者两者的组合），具有高度的同质化。而对冲基金投资策略涵盖广泛，通过组合使用做空和杠杆以及投资广泛的金融工具，对冲基金趋于多样化。下一节我们将对对冲基金的主要策略类别进行介绍。

（4）**有能力建立一个多元化的投资组合**。创建一个多元化的共同基金投资组合几乎是不可能的，因为几乎所有的共同基金要么与股票市场高度相关，要么与债券市场高度相关。相比之下，丰富的投资策略使得对冲基金建立一个显著多元化的投资组合就容易得多。并且，正因为这种投资组合的多元化，对冲基金的资金回撤要比共同基金的小。

（5）做空。做空是大多数对冲基金的重要组成部分。它的引入意味着对冲基金经理的成功不再是必然依赖于市场上涨。赚取回报的过程中，选股对于股票对冲基金，尤其是那些具有较小净敞口（net exposure）的基金，要比它在多头共同基金的影响重要得多，这类共同基金更多的是受市场方向的影响。对冲基金的净敞口范围可以从重多头到重空头，或者两者之间任意值。这样，一些基金经理会将净敞口维持在一个与他们手法（例如：净多头、市场中性、空头偏好）相一致的适当范围；另外一些基金经理则会随着时间推移，在一个较宽范围内动态调整他们的净敞口，调整的范围取决于他们对市场交易活跃度的看法，以及对个股交易时机的判断。

（6）杠杆。对冲基金普遍使用杠杆作为一种工具，以弥补做空导致的净敞口减少、收益偏低的不足。例如，当一个市场中性基金的回报被其几乎为零的市场敞口限制住时，杠杆可以作为一种补偿工具提高回报收益。事实上，一个市场中性基金，在波动率为1/4的市场中使用3倍杠杆，其波动率仍低于市场波动。

（7）相对收益目标与绝对收益目标。共同基金通常有一个需要跑赢基准指数（如标普500指数）的相对收益目标。一个共同基金在基准指数下跌23%的时候只下跌20%，都能被称为"表现卓越"。相比之下，对冲基金往往有一个绝对收益目标——不管市场表现如何都需要达到的正收益。这样，对冲基金经理不能把损失怪罪到市场下跌的头上，因为基金经理可以选择做空从下跌的市场中获利。

（8）**绩效费（incentive fee）**。共同基金费用的收取基于被管理的资产。而投资者要支付给对冲基金的费用则由管理费（每年固定比例）和绩效费（利润高于一定值后的固定比例[⊖]）两部分组成。通常情况下，大部分的管理费会被对冲基金运作成本冲抵掉，这意味着管理公司的盈利主要依赖于绩效费。尽管对冲基金的费用要比共同基金高得多，但这种以业绩为基础的收费结构会调整基金经理和投资者的利益分配，吸引更多优秀的人才加入到对冲基金中。当然，高昂的费用也会吸引许多平庸的基金经理，而且他们的数量要远多于优秀人才，但关键的一点是，最好的基金经理通常还是在对冲基金而不是共同基金中。（偶尔也会有例外，比如彼得·林奇[⊖]。）

（9）**基金经理激励**。一位共同基金经理，如果创建了一个跑赢大盘的投资组合，可能因为带动整只基金大幅度跑赢大盘而获得少量奖金，但如果是落后大盘差不多的幅度，则有可能会被炒鱿鱼，所以共同基金经理都不会去自找麻烦。相比之下，对冲基金经理因为基于绩效费的激励机制，有强烈的动机去做得更好。此外，许多对冲基金经理会把自己资产的相当一部分投入到他们

⊖ 几乎所有对冲基金的文件都会规定，奖励费只在收益超过了前期高净资产值（NAV）时，针对超过（高水位标记）的收益部分进行收取。这种限制是必要的，以避免对于同一收益，基金经理获得两次报酬。例如，假设一个经理在 NAV 为 2 000 时收取了奖励费，并在接下来的两期的 NAV 先下降到 1 800，然后上升为 2 100。在第二期末，激励费将仅针对 300 点的三分之一进行收取（高出 2 000 的那部分）。投资者应尽力避免任何没有设置高水位标记的对冲基金。

⊖ 彼得·林奇（Peter Lynch）是一位卓越的股票投资家和证券投资基金经理，曾任富达公司副主席，是富达基金托管人董事会成员。彼得·林奇相关著作已由机械工业出版社出版。

的基金中，从而进一步调整基金经理和投资者的收益。

（10）**最低投资额度**。一般来讲，对冲基金要求的最低投资额度比较高，通常在 100 万美元以上。如此高的投资额度门槛，使得大多数人无法直接投资于单一的对冲基金，更别说建立自己的对冲基金投资组合。对于大多数人来说，投资于对冲基金唯一的可行方式是投资于对冲母基金，这种基金通常具有较低的最低投资额度门槛，从而使得投资者有机会投资于对冲基金经理投资组合的一部分。

（11）**投资者要求**。共同基金一般是公开申购。对冲基金开放给美国投资者的申购模式则是，有限合伙制的只开放给受信投资者（accredited investors，100 万美元净资本或过去两年有 20 万美元年收入）或者合格投资者（qualified investors，500 万美元净资本）。对冲基金接受最多 99 位受信投资者投资，对于要求更严格的合格投资者，人数则可放宽至 499 人。

（12）**流动性**。共同基金的投资可以每天赎回，对冲基金的流动性则小得多，赎回有许多限制和门槛，如下所述。

- 赎回频率。大多数对冲基金赎回频率要求在每月一次到每年一次之间，一些对冲基金甚至限制赎回频率为多年一次。

- 赎回通知。大多数对冲基金要求投资者提前 30～90 天通知基金后方可赎回。

- 锁定（lockups）。许多对冲基金会强制规定一个锁定期，投资者在投资后一段固定时间（例如一年或两年）不能赎回资金，除非缴纳大笔提前赎回罚金。

- 门协议（gates）。对冲基金在面临大量的赎回时可以实施门协议来限制所有投资者在一个赎回期内能赎回的最

高额度。如果投资者的赎回总额达到了一定阈值（例如
10%），那么投资者将只会获得他们赎回额度的相应比
例，其余部分将会推迟到之后的赎回期发放。所以如果
实施门协议，投资者花两三年赎回全部投资也不是什么
稀罕事。

- 侧袋账户（side pockets）。针对一些流动性较差，暂时无
法以合适的价格进行清算的资产时，基金经理会把这部
分资产放入一个叫作侧袋账户的地方。如果引入这项机
制，要赎回资产的投资者只能暂时赎回不在侧袋账户的
资产。基金经理要完全清仓侧袋账户的资产，花上几年
时间也不算罕见。

对冲基金类型

对冲基金策略范围广泛，但对冲基金应该如何分类一直没有
一个共识，即使是对冲基金策略种类的数量，不同的对冲基金数
据提供商给出的结果也有较大差异。正是对冲基金几乎可以交易
任意金融证券及其组合，使得将对冲基金策略进行分类变得异常
复杂。许多基金经理使用的策略包含多种类别的属性，同时有些
对冲基金又完全不包含于其中的任何一种属性。

其中最基本也是最常见的是，同时做多和做空股票的股票
对冲基金，这种典型的对冲基金与本书第 10 章中提到的琼斯模
式相似。图 11-1 描述了股票对冲基金与标准共同基金在敞口上
的不同。为简单起见，我们忽略共同基金为了满足正常赎回和短
期内购买而持有的少量现金。假设共同基金持有 100% 的多仓，
不持有任何空仓，这意味着它的总敞口（多空总和）以及净敞口

（多仓减去空仓）均为100%。在图11-1的例子中，股票对冲基金持有110%的多仓和60%的空仓，它的总敞口就远大于共同基金的总敞口（110%＋60%＝170%＞100%），但其净敞口要小得多（110%-60%＝50%＜100%）。这项比较说明了非常重要的一点：尽管多数股票对冲基金总敞口显著大于100%，但因为较小的净敞口使得其风险要比共同基金小得多。

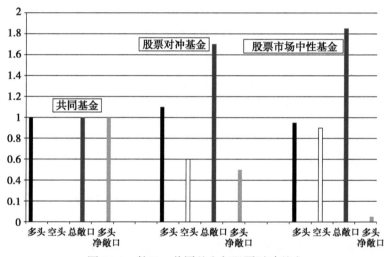

图 11-1　敞口：共同基金与股票对冲基金

与图11-1描绘的相似，多数股票对冲基金通常有更大的多头敞口（正净敞口）。总敞口和净敞口的范围在不同的股票对冲基金之间（或同一对冲基金的不同时间段）变化范围较大。一些对冲基金会将净敞口保持在一个适度的范围内（如20%～60%的净多头），而其他一些对冲基金会在更大的范围内改变它们的净敞口：在非常看好市场的时候会把净敞口增加到100%，而在看跌时，又会将敞口变为净空头。股票对冲基金的业绩表现受基金经理的市场时机把控能力（通过以最有利的方式改变净敞口的能力）以及选股能力影响。

图 11-1 也描述了股票市场中性基金。该类基金是股票对冲基金的近亲，它的多头敞口和空头敞口几乎相等，但不完全相等，这使得其净敞口接近于 0。股票市场中性基金完全消除了市场这一影响业绩的决定因素，让业绩表现完全依赖于选股技术——选择做多的股票须比做空的股票涨得多跌得少。因为做空的股票往往要比做多的有更大的波动率，所以大多数市场中性基金通过计算贝塔值来调整投资组合。例如，如果做空的股票贝塔是做多的 1.25 倍，那么多头敞口应该比空头敞口大 25% 以达到对冲目的。

一些股票对冲基金只做多（long only），始终持有一个大的多头净敞口。一个多头对冲基金存在一些矛盾的地方：这些基金在名称以及结构（如法律结构、绩效费、赎回条款）等方面有对冲基金的特点，但在投资组合和投资策略方面更像共同基金。大致看来，多头对冲基金与共同基金在投资策略上有一项不同：前者力求与指数拉开更大差距（希望以一种主动的方式），而后者通常会设法避免偏离基准指数太远。投资者可能需要对多头股票对冲基金经理有强大的信念，因为对于这些投资者而言，需要接受和股票共同基金相似的投资构成的同时，还要忍受更高的费用和更苛刻的投资者条款。一些对冲基金数据库将多头对冲基金定义为一个单独的类别，虽然这类对冲基金显然偏好做多，但并没有一个定义规定到底最低持有多少多头敞口表示对冲基金是偏好做多。所以在很多资料中，股票对冲基金和多头股票对冲基金之间的界线是模糊的。

空头（short bias）股票对冲基金包括那些只做空或者始终持有空头净敞口的对冲基金。从长期来看，股市始终是一个长期上升的趋势，所以这种类型的对冲基金要创造一个好的交易业绩比较困难，特别是在长周期的牛市中，业绩会特别差。正因如此，许多此类的对冲基金往往会走向失败，它们在对冲基金行业中占比也较小。成熟的投资者会将这类对冲基金作为使投资组合多元化的工具，而不是一项单独的投资。当市场上空头股票对冲基金赚大钱时，可能有一大批对冲基金在遭受损失；当然，在其他对冲基金都表现很好时，它们就会很糟糕。在此背景下，将空头对冲基金纳入进来可以使投资组合的表现更加平稳，在大多数行情较差的月份可以蒙受较小的损失，但在行情较好的月份也不会赚得暴利。出于这个原因，把它纳入投资组合中可能会提升投资组合的回报／风险比，即使这个基金本身不赚钱甚至亏损。

行业基金是一种与股票对冲基金（综合运用多空机制和杠杆）相类似的对冲基金策略类别，唯一不同的是行业基金更专注于一个特定的行业（如技术、医疗等）。尽管行业基金牺牲了多元化带来的好处以及更广阔的投资机会，但行业基金经理认为他们专注于单一的行业，会比广撒网的股票对冲基金经理有更高的专业度和投资精准度。一些母基金也更愿意在基于股票的投资组合中配置多个行业对冲基金而不是配置股票对冲基金。

除了上述股票多空策略（即股票、市场中性、多头、空头以及行业），还有很多其他的对冲基金策略类型，它们包括以下几种。

并购套利

在公司并购中，收购公司将支付被收购公司现金以购得股票，或者直接按照一定比例将自己的股票与之交换。并购公布后，被收购公司的股价会大幅上涨，但收购会按一定折扣或公布价格交易，或者按照协商的比例进行股权交换。折扣的存在源于并购交易不确定能否顺利完成。并购套利基金通过现金买入被收购公司股票获利，或者当两家公司是换股完成并购时通过买入被收购公司股票的同时抛出适当比例收购公司股票，从而赚取折价。由于绝大多数公布的并购都能完成，所以大多数这样的交易是有利可图的。这种策略的风险在于交易失败，其带来的损失会是可能获得的折价的许多倍。要取得成功，并购套利基金经理需要具备专业知识和技能，选择那些最终会完成的并购项目。一些并购套利基金经理偶尔也会逆向操作，通过并购的最终失败来赚取利润。

可转债套利

可转债是一种支付固定利息收益的公司债券，它包含一个内部选项就是在债券到期时可以换成固定数量的股票。上涨的股价可以通过增加可转债的转换价值推高债券价格。实际上，可转债是一种混合型投资，融合了债券和看涨期权。如果可转债的隐含期权价值被错误定价，交易机会就可能会出现。最典型的交易手法是：可转债对冲基金买入可转债，同时通过出售适量的股票来对冲隐含的风险。头寸的量需要动态改变来进行风险管理，从而当股票价格变动时保持一个市场中性的敞口值，这个过程被称为德尔塔对冲（delta hedging）。这种策略的利润由债券利息收入、错误定价的衍生品交易收入以及短期回扣（short rebate）收入三部分组成。这种策略的主要风险来自几乎所有的可转债对冲基金都做多可转债。如果发生 2008 年的事，他们出于安全的目的想平仓时，市场上供需的巨大失衡会导致基金经理被迫以跳楼价砍仓。

统计套利

统计套利的假设前提是买单和卖单的短期失衡导致暂时的价格扭曲，从而提供了短线交易的机会。统计套利是一种均值回归策略，基于统计卖掉超买的和买入超卖的进行获利，统计模型描述了一种股票与另一些相关股票在短时间内的价格关联性。这种策略属于统计套利的子集，称为配对交易。在这种交易中，相关联的股票（如福特汽车和通用汽车）将被跟踪研究，当数学模型显示其中一只股票要比其他相关股票赚得更多（涨得更多或跌得更少），将通过卖出它同时买入相关股票的方式进行对冲交易。早期，配对交易取得过很大的成功，但后来随着太多交易机构和对冲基金使用类似策略而逐渐失效。今天的统计套利模型要复杂得多，在多方面市场中性维度（如市场、行业等）的制约下，能够基于相对价格变动和关联性同时交易成百上千的证券。尽管均值回归仍是这一策略的核心，但统计套利也可以结合其他不相关甚至负相关的策略，如动量和模式识别等。统计套利还包含一些高频交易活动，持仓时间通常在数秒到数天之间。

固定收益套利

这种策略通过感知不同利率工具的错误定价进行获利。仓位调整会使投资组合在宽幅度利率变动的情形下也保持利率中性，但是可能对收益率曲线形状进行有偏的暴露——对短、中、长期利率与债券收益率曲线的关系变动进行预期。经理可能会配置一个交易组合：做多两年期和十年期国债的同时做空五年期国债，调整仓位使得投资组合对收益率曲线水平方向变动是中性的。固定收益套利通常需要大量使用杠杆，因为相对价格扭曲通常较小。因此，虽然在固定收益套利交易中，反向价格波动的幅度通常较小，但因为大杠杆的使用还是可能偶尔造成巨大损失。

信用套利

这种策略包括对所有信用工具（如企业债券、银行贷款、信用违约掉期、担保债务凭证等）进行做多或做空。这种策略最基本的形式是股票对冲策略的信贷对应形式：基金经理买入价格看涨的公司债券，卖掉价格看空的公司债券，并且通常都是持有多头净敞口。和股票对冲基金类似，信用套利基金经理能够在较大范围内调整净头寸。尽管一些基金经理管理着一个真正的套利策略，但其多头和空头的仓位几乎是持平的，而大多数基于信用的对冲基金还是持有较大的多头净敞口。一种常见的做法是：信用套利基金经理以同业拆借利率（LIBOR）在伦敦银行借钱然后购入企业债券或其他有类似收益的信贷工具，然后赚取两者的息差。只要这种息差没有横盘整理或变小，这种策略还是非常有利可图的，况且下跌的波动又小。但是，如果息差较大并且伴随杠杆和违约，这种策略会有导致重大损失的风险。信贷多头净敞口对于信用套利基金经理来说是比历史跌幅更好的风险度量指标。

资本结构套利

专门从事资本结构套利的对冲基金通过寻找一家公司的不同

证券之间出现相对定价错误来获利。其中包括同时持有相反头寸的公司债券和股票，或者公司优先债和次级债。

不良证券

许多机构投资者都受到一条投资者准则的限制，那就是禁止持有评级低于一定级别的债券。那些即将破产或者已经开始破产清算的公司的债券评级下调，同时伴随着机构的被迫卖出，使其债券价格低于预期的回收价值。这样的强制卖出会为那些有能力从不同的重组方案中发现隐含的概率和估值的对冲基金创造买入机会。虽然会持有一些空仓，但不良证券主要还是一个多头策略。不良证券基金持有的资产主要包括基于信贷的有价证券（如债券、银行贷款、贸易索赔等），而且还可能涉及破产后重组公司的股权。

事件驱动

使用这类策略的对冲基金侧重于交易受到重大事件（如兼并、收购、分拆、重组和破产等）影响的公司的股票和债券。事件驱动型基金的投资领域涵盖了前面介绍的两个对冲基金策略组——并购套利、不良证券，以及类似并购、破产等相关企业事件。

新兴市场

这类基金有着统一的主题，那就是投资于新兴经济体市场，其交易策略可包含：股票对冲、信用套利、不良证券和其他一些套利策略。从历史上看，新兴市场往往比成熟市场（对冲基金已经充分参与的市场）具有更大的波动性。

全球宏观

这类基金主要通过对各大全球性市场，包括股票、债券和外汇（FX）等，进行正确的趋势预测来赚取利润。交易的方向是预设的，但并不偏好做多或做空。一个全球宏观对冲基金并不会更钟爱于持有多头股票，其净敞口反映了基金经理当时对股票市场未来的预期。它们的交易可能反映单一市场趋势（如做多美国国债），或者市场的相对强弱（如做多美国国债的同时做空德国国债）。一些全球宏观基金经理会把自己的交易限制在宏观层面的工具上（如期货、ETF 等），但另外一些基金经理会投资一组市场的特定证券（如选择具有较好上升潜力的股票）。全球宏观对冲基金的成功取决于基金经理正确分析全球主要市场的趋势以及正确把握交易时机的能力。

管理期货和外汇

这类基金主要在期货市场或外汇市场进行交易。这类基金经理通常被称为商品交易顾问（CTA），并且必须在商品期货交易委员会（CFTC）以及全美期货协会（NFA）进行注册。CTA 这个词在两方面是名不副实的，首先他们直接对一只基金或账户付有投资责任，而不真的是个"顾问"。其次，CTA 们并不仅仅交易商品期货，绝大多数 CTA 交易多种期货合约，包括股票指数、固定收益、外汇等。颇具讽刺意味的是，许多 CTA 不交易任何商品期货，而只交易金融期货。

大多数的 CTA，尤其是管理主要资产的 CTA，通常利用趋势跟踪系统进行交易。这种策略会在上升趋势得到确认时产生买入信号，在下降趋势得到确认时产生卖出信号，所以被称为"跟踪"。这种系统在趋势已经开始后进入市场，其优点就是能够捕获到长期持续的趋势，那样利润会非常可观。同时，它的缺点在于，市场处于宽幅震荡时，会产生许多虚假信号，从而导致大幅累计亏损。另外一个缺点是，这些系统经常会在利润扩大或反转信号发出前提早退出。对于这个缺点，可以通过提高退出信号条件来进行改进。

尽管有一种观点认为，管理期货或商品交易顾问只不过是趋势跟踪系统的别称，但事实并非如此。许多CTA不使用与趋势跟踪相关的系统，而使用主观判断、自由裁量的策略。其中一些替代的方法包括如下几种。

（1）模式识别。

（2）基本面系统方法（系统基于基本面参数，而不是价格的变动）。

（3）基本面全权管理。

（4）价差交易（在一张期货合约上做多，同时在同一市场或者相关市场的另一张合约上做空）。

（5）多系统（如将趋势跟踪、反趋势和模式识别进行组合）。

管理期货通常被作为一类独立的资产类别，而不是一种对冲基金类别。这种区别的一个原因在于为美国客户交易期货的基金经理必须接受强制性的登记和严格的监管，而这都是对冲基金不应该有的。另外还有个原因，许多CTA通过管理账户（见第16章）来管理资金，并且不提供基金组织结构。然而，这些年来，CTA和对冲基金经理资金的界限变得越来越模糊。只混迹于期货和外汇市场的全球宏观对冲基金经理和CTA并无差别，虽然说大多数CTA采用系统化的趋势追踪而全球宏观基金经理喜欢自我判断，但也存在主观判断型的 CTA 和系统化的全球宏观基金经理。有鉴于此，不同组别之间依靠资产类型来区分是非常武断的。如果真要进行区分的话，从策略方法的角度区分系统的宏观和主观判断的宏观（每组都包含 CTA 和全球宏观对冲基金），要比去区分全球宏观和 CTA 更有意义。

对冲母基金

顾名思义，这类基金是把资金投给其他对冲基金。大部分母基金通过投资广泛策略种类的对冲基金以使其投资组合多元化。但也有一些为投资者可以投资一个特定的策略组而创建主题投资组合（如多空股票、信用、管理期货等）。同时，它们还为投资者审慎投资对冲基金提供很多服务，包括基金经理的选择、尽职调查、投资组合构建以及基金经理监控等。当然，这些服务会产生相应的附加费用。

上面列表并不完整，它和其他对冲基金数据库给出的分类会有差别。但是，列出的这些基本反映对冲基金投资可以使用的各种各样的策略，并且也能说明为什么单个的投资组合可以组合使用如此多元化的对冲基金策略，而这是传统投资无法达到的。

与股票的相关性

不同的对冲基金和股票之间的相关程度差别很大。在极端情况下，多头对冲基金与股票高度相关，而另一个极端是，空头策略的这种相关性为负。一些策略，如全球宏观管理期货，在一个很长时间内和股票完全无关。大多数对冲基金策略在多数月份与股票都存在些许相关性。除了一种特别的情况：在避险市场（flight-to-safety）时，多数对冲基金策略（除了流动性很高的策略，如管理期货）都将同时会遭受重大损失。一个典型的例子就是笼罩全世界的 2008 年金融危机，它被称为"相关性归一"[⊖]。

第12章

对冲基金投资的观念与现实

什么是保守的投资？图 12-1 水平比较了两个起点相同、周期同为 22 年的投资。对这两个投资的追踪持续很长时间，而且管理者也更换数次。截至 2011 年年底，由实线代表的投资取得 8.2% 的年均复合回报率，高于虚线代表的回报率为 7.4% 的投资，尽管就在 3 个月前，两者的回报率还不相上下。那么你认为哪一个是保守投资？阅读下面内容前，请先在心里做个选择。

图 12-1　哪一个是保守的投资

　　想必，你选择了虚线描绘的这一只。恭喜！你选择认为对冲基金指数是更加保守的投资，这也隐含表示了股票指数具有更高的风险。实线描绘的是标普 500 总回报指数（包括股息），而虚线表示的是对冲基金研究公司（HFR）的 FOF 指数[⊖]。这些信息有意不标在图中正是为了保证读者的客观性。

　　这两种指数最明显的差异在于回撤的大小。标普 500 总回报指数经历了两次大的下跌，分别是：从 2007 年 11 月到 2009 年 2 月下跌 51%，从 2000 年 9 月到 2002 年 9 月下跌 45%。而 HFR 的 FOF 指数只经历了一次较大的下跌：从 2007 年 11 月到 2009 年 2 月下跌 22%。可以看出，采取了多元化投资策略的对冲基金投资者遭受的最大的损失只是共同基金投资者（以标普 500 为代表）遭受的第二大损失的一半不到而已。

　　多元化的对冲基金投资（如 FOF）较之多元化的股票投资（如 ETF、共同基金）所表现出来的低风险，不单单表现在回撤较小。如图 12-1 所示，HFR 的 FOF 指数曲线一直比标普 500 的更平滑，其标准差（最常用的波动率指标）低于 6%，远小于标普 500 高于 15% 的标准差。因此，通过任何方式衡量——不管是最大回撤、标准差，还是资金曲线的平滑度，都显示出对冲基金的风险要显著低于股票。

　　平均而言，对冲基金的回报率是适中的。在图 12-1 描绘的 22 年间，HFR 的 FOF 指数实现了年均复合回报率 7.4%——比标普 500 总回报率低了 0.8%。

　　现在，大众关于对冲基金的认知已经倒退。目前普遍的看法

⊖　这里使用 FOF 指数，而不是个别对冲基金的指数来代表对冲基金的表现，原因会在第 14 章进行说明，基于个别对冲基金的指数是明显偏颇的。

是，对冲基金为那些愿意承担高风险去追求高回报的投资者提供投资机会。而事实是对冲基金（使用 FOF 方式）只提供适中的回报，但它们承担的风险远小于传统的股票投资。所以问题不应该是"你愿意把你的养老金放在对冲基金里吗"，而是"你愿意把它放在共同基金里吗"。

对冲基金投资的基本原理

图 12-1 展示了与大众所持观念相反的事实，对冲基金作为一种投资方式已经表现出比传统多头股票投资更小的波动性和回撤。为什么出现这种情况呢？回答这个问题，也就提供了对冲基金投资存在的理由。

所有投资者都应该了解的一个关于对冲基金的基本概念是，为什么投资对冲基金不仅仅是一项合理的投资，更是一项不可能忽视的投资选项？这我们得先从它作为传统投资组合的替代选择说起。一个传统基金的投资者往往选择股票基金和债券基金，这样多元化的潜力非常有限。在其每个类别——不管是股票还是债券，都具有比较高的关联性。换句话说，选择多只股票和债券基金只为投资组合提供了有限的多元化。

相比之下，对冲基金较之传统投资最大的优势就在于策略极为丰富。这就为投资提供了色彩更加丰富的调色板，使得对冲基金可以构建一个多元化投资组合，这个组合拥有传统投资组合不可能达到的回报 / 风险比。多元化可能是华尔街现存唯一的免费午餐了，但它只出现在对冲基金投资者的餐桌上。

虽然我们可以理所当然地认为对冲基金因为其激励机制吸引了最有才华的基金经理，但对冲基金投资的基本原理并非依赖

于这一点。即使对冲基金经理比起传统基金同行没有技术上的优
势，对冲基金投资也会取得应有的效果。平均来说，就算个别的
对冲基金与共同基金或股票指数有相似的回报/风险比，但仍然
可以通过利用对冲基金的异质性，构建更好的投资组合。也正是
因为对冲基金有如此多种不同的策略，其中一些稳健策略彼此相
关性低，才使得构建一个多元化低风险的投资组合成为可能。这
也是一个多元化的对冲基金投资组合比起传统共同基金投资的内
在优势。

在对冲基金中引入投资组合的优势

为什么应该将对冲基金配置到传统的多头股票投资组合中？
有以下两个关键的原因。

（1）对冲基金是在回报/风险比方面表现更好的资产。表
12-1总结了图12-1描绘的几项关键性能统计量。尽管标普500
总回报指数比HFR的FOF指数在年均回报率方面高出了0.8%，
但是对冲基金指数的风险更低：标准差和最大回撤分别低61%
和57%。虽然最后的回报是适中走低，但对冲基金指数的回报/
风险比高出标普500的两倍多。正如我们在第8章所看到的，回
报/风险比是最具说服力的性能指标。

表12-1　表现对比：对冲基金与标普500（1990～2011年）

	年平均复合回报率	年化标准差	最大跌幅	回报/标准差	回报/最大跌幅
标普500	8.2%	15.2%	51.0%	0.54	0.16
HFR的FOF指数	7.4%	5.9%	21.9%	1.25	0.34

（2）对冲基金提供了多元化的福利。尽管对冲基金并不是完

全依赖于多元化——它们还是显著与股票相关，尤其是在市场清算时期（liquidation episodes）——他们依旧提供了比在股票之间高度相关的股票多头市场高得多的多元化。

管理期货的特例

管理期货有时被归于对冲基金的一个子集，有时则被分为一个单独的投资类别。管理期货是指那些从事期货市场和外汇市场（包括外汇期货和银行间市场）交易的基金。其中那些交易期货的基金经理被称为商品交易顾问（CTA），他们单独受到更加严格的监管（来自 CFTC 和 NFA），但 CTA 和对冲基金经理的界限已变得越来越模糊，许多 CTA 也管理着对冲基金。许多全球宏观对冲基金也主要在期货和外汇市场交易，在这个意义上，他们和 CTA 也别无二致，特别是如果他们也注册了 CFTC 和 NFA。

认为管理期货是单独一类投资方式的一个原因是，它可能是迄今为止流动性最高的对冲基金策略。这个流动性既是指投资组合水平也是指投资者水平，如下所述。

（1）投资组合水平。大多数 CTA 可以轻松地在一天之内（往往是几分钟之内）平掉所有投资组合仓位。

（2）投资者水平。CTA 的赎回条款在对冲基金中是最对投资者友好的，往往是每月赎回（甚至更短）以及很少实施门协议⊖。

⊖　许多对冲基金包含门协议，在投资者赎回的总数超过一个周期内可赎回的阀值时，管理者将限制其赎回。一旦门协议被应用，将不能解除，投资者想要赎回自己所有投资可能需要长达好几年的时间。如果基金经理要在市场危机时买卖缺乏流动性的证券，门协议至少能起到一个作用——避免以极大的买卖价差被迫平掉手中的头寸。但是，对于期货这类具有极高流动性的市场，期货基金经理要求设置门协议是没有正当理由的。

期货的流动性为管理期货提供了区别于大多数对冲基金策略的特性：管理期货（包括外汇）是一种对"相关性归一"效应（"correlations going to one" phenomenon）免疫的策略类型。在金融危机和股票市场急剧下跌的时候，投资者中间普遍弥漫的风险厌恶情绪会触发所有对冲基金清仓操作。与此同时，在所有类型的投资中发生的广泛清仓将会导致几乎所有的对冲基金策略蒙受损失——甚至包括那些在多数市场环境中与股票或其他对冲基金策略具有很低或中度关联的策略。这类事件被称为"相关性归一"，它意味着所有的投资变成步调一致的方式。一个典型的例子就是在金融危机和市场崩溃发生的 2008 年年末到 2009 年年初，投资者中间弥漫着恐慌情绪，多策略投资组合的多元化竟然完全消失，而那正是最需要多元化的时候。

管理期货不受"相关性归一"效应影响的原因是：即使碰到投资者集中赎回，期货和外汇投资者也能够轻松地以较低的滑点清仓。此外，这些市场的流动性还允许 CTA 能够轻松地反转仓位，抓住基于恐慌市场的潜在获利机会。因此，期货管理者在金融危机中更有可能是赚钱而不是亏钱。管理期货的发展趋势是，确保成为一种可以纳入到大多数投资组合中的单独投资种类，并在几乎其他所有投资（包括大部分对冲基金）正在经历亏损时提供多元化。

管理期货的另一个优势是，它是最适合托管账户结构的策略，这样比起其他对冲基金策略，更多的期货和外汇管理人能够管理账户。管理账户的具体好处将在第 16 章讲述。

单一基金风险

虽然一组对冲基金显然比直接投资于股票（或投资于往往跑

输指数的共同基金）风险要低，但有一些人会质疑投资单一对冲基金的风险。那些关于对冲基金的恐怖故事是不是真的？某些对冲基金坑蒙拐骗、风险控制过于宽松，或者策略有严重缺陷这些传闻是否确有其事？回答是肯定的，而且不能仅仅因为这些对冲基金灾难很少发生就忽视其风险，严重的后果比低概率更值得重视。所以不能因为 1 000 只对冲基金只有一两只发生欺诈就忽视其发生的可能性，就像不能因为火灾发生的概率小就不给家里买保险一样。但是，单一对冲基金灾难风险可以通过投资 FOF 来大大降低。

一只妥善管理的 FOF 通过做以下两件事大大减少遭受重大损失的概率。

（1）FOF 基金管理人进行的投资分析和尽职调查将使他们不太可能选到一只涉嫌欺诈或有严重缺陷的基金。

（2）即使选到了灾难性的基金，多元化将大大限制其带来的损害（典型的 FOF 一般投资 10～50 只单独的基金）。举一个极端的例子，一只投资 30 只基金的 FOF，其中有一只基金遭受 100% 的损失，它给整个投资带来的损失也才 3.3%——远小于共同基金在股市行情较差的月份带来的损失。

一些投资者反对投资于 FOF，是因为它的那种双重费用结构。被管理的基金收取管理费和激励费的同时，FOF 还要收取一层管理和激励费。规避 FOF 投资对于个人投资者来说不是一个可行的替代方案，因为大多数对冲基金都有很高的投资门槛，一般来说最低投资额都在 100 万美元，要投资于一个充分多元化的对冲基金投资组合可能需要 2 000 万美元甚至更多，这个数字显然超出了几乎所有个人投资者的承受能力。

作为机构投资者，想着节约 FOF 收取的额外的费用而选择直接投资于对冲基金的做法通常是错误的。这类机构投资者投资对冲基金有以下两种选择。

正确的做法：这意味着需要建立一个内部投资团队，团队拥有评估、选择、进行机制调查，并监控基金广泛的投资策略的专业实力。对于那些想着重投资对冲基金的机构来说，建立这种内部解决的方案是一种适合的选择。但对于大多数机构投资者来说，建立这样一支团队和相关基础设施比直接投资 FOF 所需的费用要高出不少，更何况通常给 FOF 的费用能通过谈判打不少的折扣。

便宜的做法：机构投资者可以基于数据库检索或其他方式来简单地选择对冲基金，而不用建立内部专业机构。这种方法非常便宜而简单，但其带来的投资错误产生的损失将远比 FOF 费用高昂。

此外，非常重要的一点是 FOF 报告中的结果是扣除了费用的。也就是说，基于股票指数的长期投资产生低波动回报是已经扣除了双层费用后的结果。

投资误区

◆ **投资误区 33**：投资对冲基金风险较大但回报颇丰。

事实：一个充分多元化的对冲基金投资组合提供的是保守的、回报适中的投资。

◆ **投资误区 34**：投资对冲基金可能会有损失大量甚至全部本金的风险。

事实：尽管这个表述对于那些把所有的对冲基金投资份额交给一个基金经理的投资者来说，是说得通的，但类似的话也可以形容那些把所有资金投到一只股票的投资者。想想安然公司，这种风险产生的原因就是缺乏多元化。投资对冲基金损失大量甚至全部资金这种可怕的风险能够通过投资多元化、投资于专业的 FOF 来降低。

◆ **投资误区 35**：对冲基金投资只针对高净值、成熟的投资者。

事实：关于对投资组合选择的理性评估显示，对冲基金投资即使对于低净值、不成熟的投资者来说也是一个理想的投资选择——通过投资对冲基金 FOF。事实上，可以这么说，投资者最需要的其实是将一个充分多元化的对冲基金投资纳入到自己的投资组合中，而不是将所有的钱都投到几乎没有多元化可言的传统的投资当中。

◆ **投资误区 36**：尽管对冲基金投资在主要市场中充分多元化，但在金融危机当中，几乎所有对冲基金，除了空头对冲基金都会赔钱（即"相关性归一"效应）。

事实：管理期货往往能对"相关性归一"效应免疫，因为在期货和外汇市场有充足的流动性。

◆ **投资误区 37**：对冲基金投资应该限制在投资组合份额的 5% ～ 10%。

事实：大多数情况下，基于回报、风险以及关联程度的考虑，对冲基金在投资组合中所占份额应会比 10% 要高。

投资见解

对冲基金与传统的股票和债券投资相比有一个重要优势：它

可以广泛地选择投资种类进行投资，这使得它能够创造传统投资领域无法达到的多元化。构建具有良好多元化的投资组合使对冲基金获得较之股票指数以及共同基金更高的回报／风险比。如果将结合了高回报／风险比以及适度多元化的对冲基金投资纳入到传统投资组合当中，可以提高传统投资组合的回报／风险比表现。

尽管从过去来看，将对冲基金纳入到投资组合中都是有好处的，但考虑到将来的可持续发展，有一条重要的告诫必须明了。现在越来越多的机构投资者开始投资对冲基金，如果本章提出的论点被广泛接受，并且机构投资者投入到对冲基金的钱逐步增多，资金超过对冲基金行业有效管理的资金量的上限的话，将直接导致投资回报的下滑。只要没有太多的对冲基金去利用相同的套利点，它们都能做得很好。但是，如果对冲基金成长到互相竞争的阶段，业绩下滑就不可避免。在这方面，还应该指出的是，由于交易频率提高，对冲基金交易在各个市场整体交易量的比率大大增加。"一个和尚挑水吃，三个和尚没水吃。"因此，只要本章的这些观点没有被普遍接受，所提到将对冲基金纳入投资组合的建议仍然是有效的。

有关对冲基金作为一种投资选择的观念，与现实存在巨大鸿沟。对冲基金被很多人认为是高风险的投资，能够提供高额回报潜力。然而，事实表明，对冲基金比传统的股票投资风险更小，而且收益水平相当。那么，为什么投资股票共同基金被认为适合大多数投资者，而对冲基金被认为是高风险的投资？下一章将告诉你。

第 13 章

关于对冲基金的恐惧：人性使然

一则寓言

从前，在金荣国（Financia），汽车发明出来后经历数年时间多次改进，变得越来越实用，进入千家万户。汽车虽然改善了人们的生活，但也随之带来了问题：道路变得越来越拥挤，交通事故层出不穷，许多金荣国公民都因此受伤甚至死亡。

一位发明家担负起了解决这一问题的使命。经过几次失败的尝试，他想出了用一根带子将驾驶员（乘客）固定在座位上的想法，并将其称为"安全带"。一家豪华汽车制造商开始在它生产的所有车辆上安装这项发明。

金荣国的王子，一位深受国民喜爱和尊敬的人，购买了其中一辆汽车。他非常喜欢用安全带来提供驾驶保护这一想法。但是，这位王子虽然在很多方面很理智，却是一位鲁莽的司机，现在，在安全带的保护下，他认为可以驾驶得更快了。

一天，王子在驾车驶下一条蜿蜒陡峭的山路时，汽车因车速太快而失控，最后车毁人亡。当这个消息传遍全国各地时，买家都对这种有安全带的汽车避之不及，制造商也停止将安全带装上他们生产的汽车。后来，安全带除了在一些已经生产出来的车里能看到，几乎绝迹。而它的发明者也销声匿迹。

数年后，一位研究人员发现，乘坐有安全带的汽车的乘客在事故中的伤亡数要远远小于乘坐其他汽车的情况。安全带被证明是有效的！安全带的发明人在看了研究人员给他带来的研究结果后，激动地说："现在，我应该去为我的美妙发明恢复声誉了。"

带着这些新的证据，发明人再次试图去说服金荣国的汽车制造商，让他们给汽车装上安全带。但是，他还是不能动摇他们。"还记得王子发生的事吗？"他们都坚信王子的事故已经证明了安全带的愚蠢。

"我跟你们一样热爱我们的王子，"发明人愤怒地说道，"但是他的死是因为他危险驾驶而不是安全带。"然后，他展示了安全带能够保护生命的确凿证据。制造商们怀疑地听着，表示："或许你是对的，但我们是保守的公司，我们不可能卖风险这么高的产品给我们的客户。"

关于对冲基金的恐惧

在 2000 年 3 月，股票价格到达顶峰后的两年半里，标普 500 指数下跌了 45%，而纳斯达克更是戏剧性地下跌了 75%，共同基金的表现并不比股指好。然而对冲基金却在很大程度上躲过了灾难，在股市巨变的时期，HFR 的 FOF 指数[⊖]甚至出现上涨。然而即便如此，多数机构和个人投资者还是不断地重复那条口头禅："对冲基金是一种高风险投资，不适合普通投资者。"显然，只有那些可能会损失一半甚至四分之三资产的价值投资才适合"保守的"投资者。

但是，对冲基金并没有在金融危机后的十年中逃过劫难。在 2007 年 11 月到 2009 年 2 月期间，HFR 的 FOF 指数遭受了它最严重的亏损，下跌 22%。虽然经历如此大幅下跌，但同期标普 500 指数和纳斯达克指数下跌得更猛烈，超过一半。一个损失 22% 的投资却被认为是比一个损失一半的投资更具风险，这结论到底是怎么得出来的？

如果说历史上什么给对冲基金带来了持久的坏名声，那就非著名的长期资本管理公司（LTCM）[⊜]的失败莫属了。在其经营的头四年里，这家规模达数十亿的对冲基金产生了稳定的收益，使其净资产翻了两番。然后，在其后的 5 个月里（1998 年 5 月～9 月），基金净资产暴跌 92%。此外，长期资本管理公司使用了巨大的杠杆，这使得为其提供信贷的银行和经纪公司面临巨大的风险。因担心它的崩塌会对整个金融体系产生多米诺骨牌效应，美联储也不得不出手（但不买单）救助该公司。

长期资本管理公司的故事之所以这么引人入胜，不仅仅是因为它的巨大失败和对金融体系产生的威胁，还包括参与其中的豪

⊖　我们使用 FOF 的指数表现，而不是个别对冲基金为代表的指数表现，是因为后者是带有显著偏差的指数，这一点我们将在第 14 章进行说明。

⊜　麦道夫（Madoff）可能更加臭名远扬，但那是一个庞氏骗局，而不是真正的对冲基金。麦道夫从来没有任何交易，只是捏造业绩表现。此外，麦道夫缺乏对冲基金的所有正常的结构要件，如独立经纪人和管理人等。

华团队阵容。正如罗杰·罗温斯坦（Roger Lowenstein）关于这个话题的著作名称一样：《当天才遭遇失败》[⊖]。如果一只对冲基金合伙人有两位是诺贝尔奖获得者，并配备了一群华尔街最优秀的人才，以及一长串成熟投资者，但最终仍遭受了重大失败，几乎损失全部资产，那么准投资者可能会问，还会有人对对冲基金产生兴趣吗？就像寓言中的汽车制造商说那句话"还记得王子发生的事吗"，投资者那时就会对对冲基金说："还记得长期资本管理公司发生的事吗？"

但是，有一个关键的问题：长期资本管理公司怎么能代表所有对冲基金呢？实际上，对冲基金的倒塌还是相对较少发生的。在长期资本管理公司的开始阶段也只是采取保守的套利交易，这些交易的风险有限而明确，只是试图通过市场的低效率导致的相关市场工具之间的相对定价错误来获利。

随着竞争的加剧，在核心交易中的获利机会被削弱，长期资本管理公司开始转做一些更加有风险的交易。在它崩溃的时候，其投资组合中充斥着和它创立之初投资思路背道而驰的金融工具（如价差交易，理论上来说其带来的损失上不封顶）。这些风险因为使用巨大的杠杆而进一步加剧。总之，长期资本管理公司，生于套利，最终却幻化成了一个金融枪手，依靠模型却不考虑尾部事件的可能性（所谓"黑天鹅"，比如最终导致公司解体的 1998 年俄罗斯违约事件）。所以，通过长期资本管理公司来判断对冲基金投资风险，就如同通过安然事件来看长期股权投资的风险一样。

长期资本管理公司的案例是导致人们对对冲基金风险认

⊖ 纽约：兰登书屋，2000 年出版，本节关于长期资本管理公司讨论的资料来源。

知出现偏差和扭曲的具体例子（同时，媒体的报道也起到了火上浇油的效果）。人们在判断风险时又是让人难以置信的不合逻辑，并且对待风险的这种非理性观念并不仅仅表现在对冲基金上。

举几个例子。为什么许多欧洲人因担心得疯牛病（染上此病的概率比被雷劈还低）而不吃肉，但同时又不愿意放弃吸烟这个被公认为有害健康的习惯？为什么一些非洲国家拒绝接受美国援助的转基因粮食，他们宁愿让自己的人饿死也不吃这些数百万美国人经常食用的食物⊖？为什么一些人为了避免飞行的危险而选择长途驾驶，要知道在汽车上每英里⊜的致死率要远高于在飞机上？为什么人们对鲨鱼袭击（罕见）的恐惧击败了对溺水的恐惧，而事实上后者发生的可能性远远高于前者？

上述例子说明了人们在对待风险的认知上的偏差。

（1）熟悉程度（或知识）和恐惧之间存在反比关系。例如，人们对吸烟与癌症或心脏疾病之间的联系耳熟能详，而对疯牛病的机制知之甚少。同样，转基因食品是新事物，大多数人都对其很少了解，但对饥饿则没有太多神秘感。

（2）很讽刺，事件罕见发生反而增强了对其发生的焦虑，因为这些罕见的事件更有可能获得媒体的着重渲染。鲨鱼袭击可能成为晚间新闻甚至头条新闻，而你还记得你上次看到关于淹死人的新闻吗？飞机失事是新闻事件，而车祸就另当别论了。宣传报道通过让罕见的事看上去经常发生，提高了对小概率事件的敏感

⊖ 2003年，赞比亚总统姆瓦纳瓦萨禁止将捐赠的转基因食品发放给他饥饿的国民。"有人告诉我它是不安全的。"赞比亚农业部长蒙迪亚在《纽约时报》对其进行采访时说。

⊜ 1英里＝1 609.344米。——编者注

程度，扭曲人们对风险的判断。无论怎样，媒体的高度关注使得吸烟者把自己的焦虑转移到了疯牛病上。

公众对传统投资以及对冲基金两者的不同看法和新闻媒体对它们的区别宣传报道也有很大关系。通常情况下，对冲基金见诸报道时往往和灾难、欺诈和破裂⊖连在一起。相比之下，股票的报道就是例行常规而已。想象一下，假如公众对股票的看法和知识都是来自安然和世通的故事，一位朋友问你有没有在考虑投资股票时，你的反应可能就会是："你疯了吗？你不知道那等于把钱扔到水里吗？"

（3）人们似乎对于极少发生的他们无法控制的事情，会感到比那些常常发生并且自己可以影响的事情有更大的风险。因此，鲨鱼袭击比溺水带来更多焦虑，致命空难比致命车祸更令人害怕。

人类在风险认识上的这三个固有的偏见解释了为什么人们都害怕投资对冲基金，而不是共同基金，哪怕后者出现大幅下跌的频率远高于前者。首先，人们不了解对冲基金，对它的投资范围和策略不甚理解，但对共同基金长期多元化股票投资组合的概念十分熟悉。其次，对冲基金损失投资者资金超过50%就会成为一个"浓墨重彩"的故事，但实际上在最近10年里，这样的事在共同基金那里发生过成百上千次。此外，投资者对共同基金或直接股票投资有更多掌控，他们可以每天赎回自己的投资，但是投资对冲基金则受到各种赎回障碍，包括赎回期限、赎回通知、

⊖ 破裂（blowup）指的是由于对风险管理不善而非被欺骗，所遭受的巨大的，往往是摧毁公司级别的损失。破裂之所以发生，是因为该基金故意顶着过大的风险，或者因为对风险的不准确度量，或两者均有（就如长期资本管理公司的情况）。

锁定期、提前赎回惩罚以及门协议等[⊖]。

当然，关于对冲基金的担心不完全是由心理因素驱动的，一些真正的实质性因素也提供了合理的理由：欺诈与崩溃，虽然不常发生，但是仍足以让人关切；对冲基金的复杂性也使得投资者难以进行风险评估，尤其是隐性风险（在第 4 章讨论过）；赎回造成的障碍除了实际的，还有心理上的。但上述这些因素（除了赎回的障碍），都可以通过投资 FOF 得到缓解。而赎回障碍、欺诈以及崩溃等风险则可以通过使用作为另类投资结构的管理账户大大降低（见第 16 章）。

总体来说，虽然对冲基金有一些自身特有的风险，但这并不能说明对冲基金是一种特别高风险的投资。固有的心理偏见使得人们在对比评估对冲基金和传统投资风险时得出扭曲和非理性的结论。

⊖ 曾有一段时间，每月赎回是对冲基金的常规设定，但现在每季度或更少频次赎回周期更为常见。许多对冲基金也还是会有锁定期，即在初始投资（如一年或数年）之内禁止赎回。另一些基金则会对一定期限内的赎回收取惩罚费用。而门协议（这已成为对冲基金的发行文件实际上的标准）的设置，将总额超过规定的阈值（例如，管理资产的 10%）的赎回申请挡在了"门外"，暂时挂起投资者超额部分的赎回。

第 14 章

FOF 表现不佳的悖论

将一只由单一对冲基金组成的对冲基金指数与一只由母基金（FOF）组成的对冲基金指数相比，你就会发现一个奇怪的现象：由 FOF 组成的对冲基金指数往往会持续保持业绩不佳。不仅 FOF 的资产回报几乎一年比一年低，而且低于市场回报的幅度相当大，根据历史数据，每年大概落后于市场 5% 或者更多。

"FOF 的基金经理投资成绩明显较差！"这会不会成为另一个"埃克哈特格言"（Eckhardt's dictum）呢？比尔·埃克哈特（Bill Eckhardt）是我采访的《新华尔街点金人》（*The New Market Wizards*）⊖的主编之一。在采访中，埃克哈特表示，人的本性是如此不擅长在交易和投资上做决策，以至于大多数都会做得比随机决策更差。要说明的是，埃克哈特说的不是那个经典的学术论

⊖ New York: HarperBusiness, 1991.

断：“如果一只猴子在《华尔街日报》股票报价版面扔飞镖，它的表现跟基金经理的是一样的。”他要说的是，猴子会表现得更好！在他的观点中，人生而就有追求舒适的倾向，并且，随着不断地进化这种倾向将会导致人们在交易和投资决策上表现得比随机选择更糟糕。那么我们是不是应该由此得出推论：FOF 的管理者可以不用精心地挑选基金种类，不用恪尽职守，不用进行资产组合，不用实时地监测，只要选一套好的飞镖就行了呢？

额外的收费可能是 FOF 表现不佳的一个原因。如果 FOF 的投资回报跟各只基金的平均回报是一致的话，由于 FOF 需要额外收费，相关的基金指数就会更低。FOF 需要额外收费，这并不意味着它就是更为糟糕的投资，相反，这些收费是作为 FOF 提供给投资者的以下两个重要服务的补偿。

（1）**多样化**。极少的个人投资者能够足够富有，完全做到对冲基金的分散投资。假设对冲基金平均的最低投资门槛是 100 万美元，并且一个投资组合需要 20 个对冲基金，那么一个投资者将需要 2 000 万美元来构建多样化的对冲基金组合。然而，FOF 的最低投资金额就少得多（通常最低投资门槛是 10 万美元，或者更少）。因此，FOF 使得个人投资者的多样化投资成为可能。当然有争议也是合情合理的：对于任意一个 FOF 的收费，由多样化带来的风险损失额可能会高于其服务的补偿额。

（2）**专业的管理服务**。FOF 能够提供精心挑选基金、尽职调查、构建投资组合、实时监测等服务，这些都是谨慎的对冲基金投资所需要的，并且都是在绝大多数个人投资者的能力范围之外的。进一步说，即使是对于有能力建立自己的对冲基金投资部门的机构，构建、维持一个 FOF 的成本也会相当高，其成本甚至会高于投资 FOF 的收费（因为 FOF 对机构的收费通常都会大打折扣）。

不过，FOF 的收费也不能完全解释基于单一基金的指数与基于 FOF 的指数两者之间的差额。即使 FOF 指数按毛额计算（也就是已经扣减了收费），它们在绝大多数的年份内也都始终落后于单一基金指数。大体来说，FOF 的收费少于 FOF 指数与单一基金指数的历史差额的三分之一（具体的百分比会因数据供应商提供的数据而异）。因此，FOF 在基金的挑选上是否做得比随机选择更差，这个问题悬而未决。

其实，解释 FOF 对冲基金指数比单一对冲基金指数表现更差这个问题，关键在于单一对冲基金组成的指数所包含的偏差要比 FOF 对冲基金指数包含的偏差更加明显，它们包括以下 5 种。

（1）幸存者偏差（survivorship bias）。这是大家最为熟知的偏差，因为多年来大量的学术研究都以它为主题。本质上讲，如果一个指数不包含那些已经倒闭的基金就会形成正向的偏差，因为表现很差的基金才会倒闭。很多指数都已经校正了这种偏差，因此它已经变得不是那么重要。

（2）选择偏差（selection bias）。对冲基金决定了是否将它们的数据记入数据库。表现好的基金更有可能公布它们的数据，这个自我选择的过程将会产生正向的偏差。这种情况会对表现得特别好的基金产生消极影响，新的投资也会停止公布数据以避免新投资者的质疑。尽管很难说这两种抵消作用是如何平衡的，从新的投资者的角度，选择上的偏差也还是产生了向上的偏差，因为潜在的投资并不包括封闭式基金。

（3）回填偏差（"即时历史"偏差）。当一个基金开始在指数中加入新成分时，一些指数往往会将新成分的过去表现包含在内。尽管这些回填的信息都是真实的，偏差仍会产生，因为指数往往倾向于添加基础基金过去表现优良的成分。举个例子，在给定的一年里有 1 000 只对冲基金开始运作，两年后有 500 只基金表现得很好，而另外的 500 只基金表现得很糟糕。表现好的基金更有可能公布它们的数据，并且它们数据在有回填机制的指数中会被回填，同时表现差的基金却不会公布它们数据。因此，会回填数据的那些历史基金指数将会高估盛行一时的基金的真实表现。

（4）**终止偏差**（termination bias）。当基金表现得不好时，足够大的损失会导致它们停止运作，它们最不想做的是把这样差的数据加入到指数数据库里。因此，绝大多数情况下，那些表现很差、停止运作的基金数据永远不会被公示。要注意的是即使一个基金校正了终止偏差，这个问题也还是会存在（尽管这只基金是保留在数据库中，但是最后几个月的糟糕透顶的回报可能还是不会被保留）。

（5）**分配偏差**（allocation bias）。大多数基金使用的是等权重假设，这在统计上相当于每月调仓（monthly rebalancing）。在实际的证券投资组合中，表现好的基金由于收益高，它们的规模会增加；而那些表现得不好的基金，它们的规模会缩减。一个等权重计划会假设赢家的收益可以重新分配给输家。更精确地说，不同的方案会有不同的均值回归模式，所以每月调仓（也可以说是等权重假设）将会起到改善作用。然而由于认购和赎回的落后与障碍，每月调仓的优势无法在实践中展现出来。

一些指数存在着之前提到的所有偏差（至少历史数据的一部分是能够支撑这样的结论的），一些指数则是在特定的日期之后避开了回填偏差和幸存者偏差。关键的是，FOF 指数消除或是在很大程度上减少了对冲基金指数的偏差[⊖]，关于这一点学术

⊖　William Fung and David Hsieh, "Benchmarks of Hedge Fund Performance:Information Content and Measurement Biases," *Financial Analysts Journal* 58 (2002):22-34.

研究者威廉·方（William Fun）和大卫·谢（David Hsieh）都有细致的论述。现在我们从FOF的角度再次考虑之前提到的偏差。

（1）**幸存者偏差**。在FOF的层面上，其实已经消除了其投资的单个基金的幸存者偏差，因为停止运作的基金数据仍然保留在FOF的历史数据中。如果FOF投资的一只基金停止运作，那么它可能会从一些数据库中消失，但是FOF的历史纪录中仍会保留这只基金产生损失等信息。尽管幸存者偏差在一些FOF中可能仍然存在（停止运作的FOF），但是其影响会比其对单一基金小得多，因为一只停止运作的FOF和一只活跃的FOF的差异要比单一基金的小得多。

（2）**选择偏差**。在FOF的层面上，其实已经消除了其投资的单个基金的选择偏差，因为即使一只基金自身不愿意将绩效公布出来，FOF数据库仍然会将其绩效反映出来。在FOF层面上，正向和反向的偏差都很温和。反向偏差的影响微乎其微，因为即使基金不再运行了，为了方便市场上其他的FOF营销产品，这些FOF也会将数据公布出来。

（3）**回填偏差**。在FOF的层面上，其实也已经消除了其投资的单个基金的回填偏差，因为FOF只反映相关基金从投资时刻开始的表现。在FOF层面上，这个偏差温和得多，因为FOF即使回填了一些数据，这些数据跟同期的平均数据并无本质差别。

（4）**终止偏差**。在FOF的层面上，其投资的单个基金的终止偏差也已被消除，因为不管基金是否终止报告它的数据，只要FOF没有被赎回，所有的回报都会被反映出来。举个例子，如果一只基金在很短的时间里损失了60%，并且停止了运作，那么这

60% 的损失没有可能被载入基金数据库，但是会被载入所有投资于这只基金的 FOF 的基础数据。终止偏差在 FOF 层面是最小的，因为 FOF 再怎么不成功也不会倒闭，而是会因为不佳的表现或是不充分的市场而逐渐地湮没。

（5）分配偏差。这个存在于单一基金指数上的偏差在 FOF 层面也是不存在的，因为回报都是依据实际的投资。分配偏差在 FOF 层面是很微小的，因为 FOF 的多元化，弱化了任何回归到均值的效果。

因此，FOF 表现不佳的悖论被解决了。不是因为 FOF 跟所有单一基金的平均数相比表现不佳，而是因为 FOF 指数跟单一基金指数相比包含了更少的正向偏差。

投资误区

◆ **投资误区 38**：对冲基金指数合理地体现了对冲基金的表现。

事实：以单一基金为基础的对冲基金指数总的来说会因为各种偏差而夸大市场表现。跟传统的投资指数（如股票指数）相比，典型的对冲基金指数往往戏剧性地夸大对冲基金的相关表现。换句话说，真正的对冲基金的表现远不如传统的投资指数那么好。

投资见解

单一对冲基金指数由于各种各样数据偏差，常常会过分夸大市场表现。这些指数的使用会导致对对冲基金的回报有不切实际的期望。FOF 对冲基金指数消除了，或者说至少是极大程度上减少了这些偏差，并且提供了更为真实的展示对冲基金表现的方式。因此，在评价包含了对冲基金投资的投资组合表现时，投资者应该使用以 FOF 为基础的对冲基金指数来作为这个投资领域的表征。那什么时候应该使用单一对冲基金指数呢？我的观点是：永远不要⊖。

⊖ 这些观点适用于广泛的对冲基金指数。至于部分的对冲基金指数，这些（关于数据的偏差）只是存在于单一基金指数。尽管部分的指数存在很多我们提到过的各种各样的偏差，部分的指数仍然可以通过互相比较而被使用，这是根据隐含的假设：由于这样或那样的偏差，这些指数彼此是独立的。事实上在第 3 章，我们在分析对冲基金的表现时用到了这些对比。

第 15 章

杠杆谬论

杠杆是危险的。被认为没有短板的对冲基金，过高的杠杆可以使其崩溃，长期资本管理公司（第 13 章有详细的讨论）就是活生生的例子。投资者也学到了：杠杆的确很危险，而不是可能很危险。在这种意义上，投资者就像是坐在热炉上的猫。就像马克·吐温说的："她既不会再坐到热炉盖上，也不会再坐到冷炉盖上。"

投资者似乎总是会问对冲基金这样的问题："你使用了多少杠杆？"这个问题从两个层面上来说都是有缺陷的。首先，这个问题是没有意义的，因为它忽视了计量单位——基础投资（即被杠杆化的基础投资）；其次，它暗含的假设是，在对冲和风险之间有直接的联系。不仅这个假设是错误的，而且更有可能的是——实际上也是很常见的情况是——高杠杆的投资往往风险更低。

设想有两只有固定收益的基金，它们在信用风险、流动性和其他跟利率变化相关的风险因素上都是大体相当的。假设基金 A 的投资组合是低杠杆的，并且有 10 年的久期；组合 B 是有 5:1 的杠杆比率，并且有 1 年的久期。（久期是一个估算的倍数，是指利率发生变化时，债券价格相应变化的百分比。因此一个久期为 7 年的债券价格，随着利率增长 0.01%，它的价格会减少 0.07%。）一个投资者在有杠杆的偏差上来比较这两种基金的时候，会推断出基金 B 的风险是 A 的 5 倍。而事实上，即使是基于 5:1 的杠杆，基金 B 的风险也只有 A 的一半，因为组合 B 持有的资产的风险只有基金 A 持有资产的风险的十分之一。

杠杆可以用作降低风险的工具。举个简单的例子，有一只多头基金，它使用的杠杆比率为 2:1，并且所有的杠杆都用到了空头头寸上。在这个例子中，即使这只基金从没有使用杠杆到使用 2:1 的杠杆，在这个过程中它将投资组合 100% 的多头转为市场风险中性，很明显是减少了风险。

在这些案例中，我们将注意力仅仅集中到杠杆上会导致错误的风险认知，因为所对比的基金的投资组合在风险上是完全不同的。风险是基础投资和杠杆共同作用的函数。对应的没有考虑到基础投资、只以杠杆为基础的投资会导致荒谬的风险比较推论。本质上来说，只有在基础投资是大致相当的情况下，比较杠杆才是行得通的。实际上，基础投资才是度量单位。

在我曾经为一个 FOF 团队工作的时候，作为监测过程的一部分，我们设置了只专注于基金的标识，如总额、净敞口、月度损失的大小、管理资产的重要变化以及杠杆等。这些标识会作为我们近距离观察这些基金的信号。有一个月，我们的投资组合中，信用基金上杠杆的标识被触发了。对于这只基金，杠杆标识的阀值被设定为 5:1。当我们查看情况时，发现杠杆增加到前所未有的最高水平 5.2:1，杠杆的增加完全来自基金上空头对冲的大幅增长。实际上，总的空头敞口是 1.7:1，而总的多头敞口是 3.5:1，会导致净多头敞口是 1.8:1，是两年内最低的水平。而且，相对高收益的指数，基金的贝塔值只有 0.6，意味着跟没有杠杆的高收益基金组合相比，运用杠杆的基金在下跌中遭受的损失只是没用杠杆的一半多点（这可以从指数看出来）。

这个真实世界里存在的例子（反映了一个很平常的情况），反映了两个有讽刺意味的事情。

（1）尽管基金总的杠杆增长到了最高的水平，而净敞口（更能反映出风险）却减少到了它两年里的最低水平。

（2）尽管基金总的杠杆超过了 5:1，但就如指数所展现出来的一样，它的波幅仅仅是没有杠杆的投资组合的 0.6 倍。

这个真实的例子展示了重要的法则：如果在对冲中用到了杠杆，它实际上减少了风险而不是增长了风险——这个反映是跟传统观点上的假设完全相反的。

假设银行里的出纳被监管者告知，每天下班的时候加总在银柜里的钱，不过在加总的时候是依据钞票的张数，并不考虑它们的面值。听上去很滑稽不是么？然而，在投资者评估风险的时候，他们就是这么做的：尝试依据杠杆而不是依据基础投资组合的风险。

武断的投资规则的愚蠢之处

一些投资者是根据一系列的投资准则来进行投资的。清单上的某一条常常是可行的最高的杠杆水平。举个例子，一个退休基金也许会有一个规定，它只会投资于不高于双倍杠杆的对冲基金。这样的规定听上去是一个理性的风险规避，对于风险规避型的机构（比如退休基金）也是十分正确的。这样一个通用的规则是多么愚不可及，这让机构投资于高风险的基金却只能使用低于最大阈值的杠杆，或者根本就不使用杠杆（比如长期的新兴市场基金、长期的技术基金），并且不去投资低风险的基金（比如市场中性的基金）。一个最高的杠杆限制可以广泛运用于所有可能的投资场合，就像交通限速每小时 40 英里可以适用于所有的公路一样。这样的一个限速是很荒唐的，对于天气好的情况下的高速公路来说太低了，对于冰雪覆盖、弯曲的山路来说又太高了。当然，更为安全的是对于前者来说速度应该是每小时 65 英里，对于后者来说是每小时 15 英里，而不是都采用每小时 40 英里。

重要的是，只有在相当投资组合基础上才能对比杠杆。从而可以推断出在多样化的 FOF 投资组合中寻求基础投资的平均杠杆是没有意义的。你怎么能做到在完全不一样的投资中平均化杠杆呢？举个简单的例子，一只 FOF 持有三种资产：一只使用杠杆为 6:1 的有固定收益基金，一只使用杠杆为 2:1 的市场中性基金，一只没有使用杠杆的多头基金，平均分配三种资产。那投资组合的杠杆是多少呢？这是一个没有意义的、无法回答的问题，就像是问："2 个苹果加上 5 只棒球的和是多少？"

杠杆和投资者偏好

假设你从非常富有的不知名的捐助者那里收到 100 万美元的

支票（就像在 20 世纪 50 年代后期的《大富翁》电视一样），这件礼物附带了一个条件：这笔钱要投资于下面的其中一种方案，投资一年。你会选择哪一种？

投资 A

年化回报率：25%

前 12 个月最低回报率：−25%

投资 B

年化回报率：50%

前 12 个月最低回报率：−50%

比较这两个选择，在继续阅读之前请选择偏好的投资。

现在假设同样的方案，但是这一次你有另外两种选择。你又会选择哪一种？

投资 A

年化回报率：10%

前 12 个月最低回报率：−2%

投资 B

年化回报率：20%

先前 12 个月里最糟糕的表现：−4%

再一次，比较这两个选择，在继续阅读之前请选择偏好的投资。

如果你像大多数人一样，你将会在第一个场景中选择投资

A，而在第二个场景中选择投资 B。但是这就会出现一件奇怪的事：在两个场景中，投资 B 的投资回报和最差的表现都是投资 A 的两倍，或者等价为，投资 B 两倍杠杆于投资 A。那为什么大多数人在第一个场景里是选择投资 A（跟 50/-50 相比，更偏爱 25/-25 的组合），而在第二个场景里是选择投资 B 呢（跟 10/-2 相比，更偏爱 20/-4），尽管两个场景都是使用同样的杠杆（2:1）？

关于这个悖论的解释是，人们在特定的策略中会用或多或少的杠杆是被下面两个因素影响的。

（1）回报率或风险率

（2）风险水平

回报率（或风险率）越高，风险水平越低，日益增长的投资者就会偏好更大的杠杆。

杠杆何时危险

在很多情况下杠杆会很危险。在下面任何一个条件存在的时候杠杆将会存在很高的风险。

（1）杠杆资产是流动资产。

（2）支持杠杆的信用额度可调。情况 1 和情况 2 的组合更是尤其危险。许多在 2008 年经历大量损失的基金，当它们的信用额度被削减并且持有的流动资产只有在大幅砍价的时候才能变现时，它们就是处于情况 1 和情况 2 组合状态。

（3）杠杆是增加具有中高等风险的投资组合风险敞口的工具（比如杠杆化那些新兴市场股票的纯多头投资）。

投资误区

◆ **投资误区 39**：杠杆是风险计量手段。

事实：风险是基础投资和杠杆的函数。杠杆只告诉你投资组合的风险。事实上，杠杆化的投资组合常常比没有杠杆化的组合拥有更低的风险（这主要取决于投资组合里的风险）。

◆ **投资误区 40**：增加的杠杆会增加风险。

事实：这取决于杠杆的用途。如果杠杆是被用于增加对市场的净敞口，那么杠杆就会增加风险。然而，如果杠杆是被用于对冲，进而减少投资组合的净敞口，那么它实际上在减少风险。

◆ **投资误区 41**：投资者在投资的时候不要使用杠杆。

事实：当一项投资具有较高的回报/风险比和一个较低的风险水平，绝大多数的投资者会一致地偏好增加回报和风险。在这些例子中，杠杆可以调整投资，使其更贴近投资者的风险偏好，因而是一个审慎而实用的工具。

投资见解

尽管杠杆可能是危险的，但许多投资者对于杠杆的下意识反应会导致一些愚蠢的投资偏差。投资者应将注意力集中在风险上，而不是杠杆。有时候，杠杆也许会成为风险因素。但是在其他情况下，比如当它被用于对冲的时候，杠杆实际上会成为减少风险的因素。在这个层面，禁止杠杆化的条款是短视的，并且会产生误导。

　　杠杆可以作为提高投资效率的工具。它可以用于创造比起未对冲的投资组合，有更高的回报／风险比的对冲投资组合。同时，也可以调整低风险投资的回报，从而更符合投资者的投资偏好。但是就像任何一个工具，杠杆如果被误用了也会带来危险。解决方案不是禁止使用它——这招最多对那些不靠谱的使用者有用——而是应该确保杠杆被正确地使用。风险评估的一项指导性原则是，风险应该被看作基础投资和杠杆共同作用的结果，而不仅仅是杠杆。

第16章

账户管理：比基金投资更便捷的选择

假设你可以从两个经销商那里买到那辆你已经相中的车，两个经销商要价相同。经销商 A 知名度不高但没有加价；经销商 B 声誉很好，在不加价的情况下提供可选择的侧气囊，并且免费延长所有零部件的保修期。这个选择看上去好像根本不用动脑子，但是在对冲基金投资的世界里，绝大多数的投资者都选择了类似经销商 A 的情况（就像对冲基金），而不是经销商 B（就像管理账户）。在 2008 年金融风暴的余波中，大量的基金要么激活了修复的门协议⊖，要么使用了侧袋账

⊖ 第 11 章和第 12 章提到过：许多对冲基金包含了门协议，也就是说如果对于任何给定的赎回期内，投资者赎回总额超过指定的阈值，那么基金允许经理严格限制赎回。如果门协议被应用了并且没有被解除，那么投资者将花上很多年才能完全赎回他们的投资。如果基金经理在经济危机期间买卖不易变现的证券，这道闸门至少有一个存在的理由——避免经理陷入清算的困境：虽然利差很大，但是市场上的买者却很少。

户⊖，又或者是兼而有之，有越来越多的投资者便开始发现经销商 B 的优点，并且这个趋势很有可能会持续下去。

管理账户和基金之间的本质区别

管理账户允许投资到对应的对冲基金上去，同时避免了典型的对冲基金结构的许多消极特征。管理账户和基金的主要区别可以总结为以下内容。

（1）在一个基金中，投资者通过基金的形式拥有股票，基金完全由经理控制。

（2）在管理账户中，投资者（或者说是投资者的代理人）能够控制账户，并且授予了经理执行交易时有限的权限。

管理账户的投资组合跟 FOF 有点像。FOF 持有对冲基金的投资组合，而相应的管理账户结构持有投资组合由每个账户管理基金所组成。一个对冲基金经理常常会在管理账户中持有跟 FOF 中相似的，甚至是完全一样的投资组合。

管理账户的主要优点

管理账户的主要优点包括以下 8 个方面。

⊖ 第 11 章提到过：面对大量的赎回，如果对冲基金相应的投资组合中包含流动性很差并且很难转手卖掉的证券，那么这些对冲基金将会把这些证券放在侧袋账户中，侧袋账户跟投资组合中其他的证券是完全隔离的。在投资者赎回的时候，他们只有在投资的分配不在侧袋账户的时候才能收到现金。在条件允许的情况下侧袋账户会随着时间的推移被清算。当侧袋账户被使用的时候，要等很多年投资者才会收到这些投资的现金补偿，并且他们收到的补偿性的现金常常会少于定值资产在侧袋账户被清算时的价值。

（1）**每日透明度**。管理账户考虑到了每日持仓的透明度以便实时监测。

（2）**每日独立定价**。管理账户使得投资组合每天都能够独立定价成为可能。

（3）**为流动性创造了更好的条件**。比起相应的基金，管理账户往往为流动性提供了更好的条件。每月的流动性（或者更好）在此处成为常态而不是例外。

（4）**控制现金流**。在结构合理的情况下，管理账户将会限制经理插手账户相关的现金流入或现金流出，经理的核心责任仅限于投资。

（5）**将账户与欺诈隔离**。管理账户归属于投资者或者是投资者的代理人，这个结构杜绝了一种情况——在没有投资者授权以及同意的情况下，不道德的基金经理欺诈性地将该账户与其他账户相连接。

（6）**投资清算与现金返还之间极小的时滞**。跟对冲基金相比，基金在管理账户中赎回的时候能够更为迅速地得到偿还。并且在管理账户中也没有审计障碍。

（7）**消除 FOF 中对投资者不友好条款的影响**。管理账户结构不涉及锁定期、提前赎回罚款、门协议、侧袋账户等。

（8）**账户可以个性化地减少资产以现金形式持有**。一些对冲基金策略是仅仅利用他们管理的一部分资产来满足保证金的要求（比如商品交易顾问、外汇交易经理）。结构化的管理账户可以增加资金使用效率，方式就是允许投资者提供比相应投资组合所要求的还要少的现金支出。（在一只基金中，特定的现金并不是经理投资所需，而是通过美国短期国库券的形式保存。）

个人管理账户与间接管理账户投资

在管理账户中有以下 3 种投资方式。

（1）**个人管理账户**。投资者跟基金经理一起开管理账户。这种方式往往只有对大型的投资者和机构才是可行的，因为建立一个分离的管理账户，大多数的对冲基金经理需要较高的投资门槛（1 000 万美元或者更高，有时候还远不止这个数）。对于管理账户来说，CTA 可以看作一组拥有更低的投资门槛的管理账户，但一个构建完善的 CTA，每个独立管理账户也会需要数百万美元的最低投资。因此，对于绝大多数投资者来说，选择管理账户需要通过第三方的中间人来投资（也就是下面两种方式中的一种）。

（2）**管理账户的基金**。这种投资方式就是对应的一种 FOF，不同的是这种基金持有的是管理账户而不是基金。

（3）**管理账户平台**。管理账户平台提供了核准的基金经理名单，名单上的经理都建有管理账户。不管是联营投资计划还是多元投资主体，投资者都可以通过构建投资结构来分配这些管理账户，而这些投资结构是通过平台来构建的（比如把投资在个人管理账户中的基金分离出来）。

管理账户基金和管理账户平台的表现要归功于项目经理的勤奋程度以及对风险的监控。管理账户的基金也会提供投资组合的构建和管理服务（和 FOF 类似），而对于管理账户平台，投资者是通过挑选在核准名单上的基金经理去构建和管理他们自己的投资组合。管理账户基金和管理账户平台都拥有管理账户本身所有的优点——它们相当于投资者的代理人，由此投资产生的利润都会传递给投资者。

为什么基金经理认同管理账户

人们通常认为对冲基金经理将会反对管理账户，因为他们关心的是各自持仓信息的保密性。但这个观点依据了一个错误的逻辑。有多少对冲基金经理是没有经纪商的？想必不存在对冲基金没有经纪商的情况。很显然，从理论上说，经纪商知道所有基金经理的持仓信息。这种透明化不会成为问题，因为在经纪商和经理之间有保密协定，管理账户平台也完全类似。（注意：接下来所有关于管理账户平台的观点同样也适用于管理账户的基金。）因此，基金经理并没有走漏任何隐私，因为除非是他们同意公开这些信息，否则平台是不会将基金经理持仓的相关信息透露给投资者。特别要说明的是，基金经理往往同意平台将行业信息提供给投资者，而不是具体的持仓细节。其实基金经理很难找到合理的理由来拒绝向投资者提供行业信息，如果任何一个经理不愿意提供如此基础的账户信息给投资者，那么投资者应该格外警惕。对于高度流动性的策略，比如那些牵涉到期货和外汇的策略，基金经理常常会允许平台提供甚至像持仓细节这样的信息。然而，对于绝大多数其他的策略，持仓信息只会透露给平台而不是投资者。（除非投资者能够就自己的管理账户与经理谈判，并且与经理签订保密协议。）此外，平台会对账户进行监控，所以即使让投资者知晓持仓水平，大多数的投资者也不会加以利用，那么限制行业水平的透明度也不会成为主要的争议点。

另一个错误的认知是，基金经理不愿意去管理使用管理账户，因为他们的工作量将会大大增加。如果经理给每一个投资者都提供一个独立的管理账户的话，这个认知在某种程度上来说也是成立的。相反，如果投资者只是在管理账户平台上开一个管理账户，或者只是设置一个管理账户基金，在实际操作中，任何一个潜在的投资者都可以用到这个账户或者是基金，那么经理额外的工作量将会最小化。典型的例子是，基金经理会让经纪商将所有的账单都分配到现已存在的基金和管理账户中去。比如说，如果经理原先有 2 亿美元的境外基金和 1 亿美元的境内基金，那么经纪商将会被指示，将三分之二的订单划分到境外的基金，三分之一的订单划分到境内基金。如果现在同一个基金经理多管理了一个 1 亿美元的账户，那么经理将会改变订单分配的指示，变为三个部分（50%、25% 和 25%），而不是像先前的两个部分而已。所以这只是多出一个需要管理的账户而已，并不是太麻烦。

至此，我们已经解释了为什么基金经理也许不会反对使用管理账户，有的经理会甚至主动使用。后者的理由很明显：利己主义。提供管理账户作为投资媒介可以帮助经理筹集资金，否则这些资金根本就筹集不到，因为一些投资者投资于管理账户的先决条件是账户本身有足够的透明度、安全、公平的投资条款。在 2008 年金融危机的余波中，大量的门协议和侧袋账户被使用，这种观点也随之被强化。在平台上建立一个管理账户或者是直接投资于管理账户基金，对于投资者而言是极为有效的投资结构，因为它允许基金经理开设一个账户，并且这个账户对于许多投资者而言都是可以直接访问的。另外，在一个或多个平台上开设一个管理账户给经理提供了很好的募集资金的方式，经理将会募集到直接市场营销以外的资金。类似的，建立一个管理账户基金的账户将创造额外的资金来源，一部分投资者为了直接寻求管理账户的利益而会将资金直接投到基金中。

有没有投资策略是不适用于管理账户的

理论上来说，管理账户结构是可以应用到任何一个基金类别的，它最适用于流动性强的，至少是流动性相对比较好的投资组合。对于那些很难定价的、流动性不足的投资组合，即使平台能够以最好的状态独立定价，也无法做出完全准确的评估。另外，如果投资组合中包含流动性不足或者是流动性相对不足的资产，并且资产赎回的便利性跟管理账户平台相关，那么在投资和为投资者而设的条款之间存在流动性错配。在这样的案例中，管理账户的投资者能够更快地赎回投资，但是这是以基金经理被迫大幅度地折价卖出持有资产为代价的。一般情况下，如果管理账户提供的赎回条款远好于持有资产本身应有的条款，投资者在投资的时候就要格外小心了。就大多数情况而言，管理账户对于绝大多数流动性不足的投资策略是不适用的。

反对管理账户的四种观点

投资管理账户会产生额外的费用

对于直接投资于管理账户的机构或大投资者，这个反对的观点无关紧要。通过管理账户基金进行投资的时候，这些基金能够跟经理就一些折扣进行洽谈，这些折扣与经理的收入有着此消彼长的关系。由于管理账户基金跟 FOF 有着相似的收费结构，所以使用这种投资方式理应不存在成本优势，然而事实上，却是有成本优势的。这些优势是隐含的货币化收益，包括更好的赎回机制、现金偿还条款，以及相同的投资下更少的现金投入等。

对于管理账户平台，虽然大多数都要收费，但是还是有很多项目可以用于冲抵成本。

（1）一些平台取得利润是通过与经理利益共享的方式，而不是通过向投资者要价。

（2）一些平台给投资者提供管理费折扣价，这个折扣价是对平台费用的一个减免（并且可以凭借大额的投资来与平台磋商谈判折扣幅度）。

（3）大投资者常常能够对任何现有平台的收费就折扣进行磋商。

（4）针对管理账户的行政性收费是明码实价的（或者已经包含在平台要价中），但是这些类别的费用也存在于基金中——但通常不会存在于管理账户中。

（5）在赎回时更为快捷的现金偿还，以及在管理账户投资中审查障碍的消除，减轻了赎回基金时固有的现金迟滞，这是最基本的隐含优势。

（6）基金投资有时需要交纳提前赎回罚金，而管理账户从不需要。

（7）跟对应的基金相比，管理账户平台可以以更小的资金支出去为管理账户上同样的投资额进行融资，这也可以看作隐含的货币价值优势。

（8）从某种程度上说，管理账户投资结构提供了防欺诈保险（这是从实践上来说的，而不是从理论上说的），这一属性所具有的货币价值取决于个人投资者。

所有这些因素的结合意味着，跟投资对应的基金相比，管理账户平台重要的优点就是其极低的，甚至是接近于 0 的成本。

管理账户给基金经理提供了更少的投资选择

由于不是所有的对冲基金都可以作为管理账户存在，所以管理账户的总量远少于基金的总量。乍一看这个限制不是很大的障碍。首先，大量的流动性不足或者相对不足的投资策略不适用于管理账户结构。其次，即使是高度多样化的投资组合，持有的资产数量也是少于 50 种，也就是说不管是 5 000 个还是 1 000 个经理，差别并不是很大。唯一一个有价值的问题是，是否有足够丰富的、高品质的经理，就像管理账户一样，去构建优质的投资组合。从这个角度上说，在管理账户上进行对冲基金投资没有明显的缺陷。此外，提供管理账户的经理数量会应制度的需求而不断增长。

最好的基金经理不会提供管理账户

尽管大量高水平的基金经理不会提供管理账户这一选择，仍然有一定数量的基金经理会提供。并且，许多不会在任何平台上开独立管理账户的基金经理，还是会跟大投资者共享管理账户，或者是在充分考虑规模的基础上，用到管理账户。由此看来，没有公开可见的管理账户并不自然意味着经理不会提供一个。即使不能通过管理账户直接联系到一个经理，投资者也可以从提供管理账户的经理中识别出有同样投资风格的、有吸引力的经理。如果投资者认为不存在拥有同样品质的管理账户，那么这时投资基金可能是更好的选择。

管理账户比对应的基金表现得更差

这个评价有一定的道理，但是并不值得称道。从经验上看，有一些证据表明，基金的平均投资回报高于对应的管理账户平台。平台的收费可以部分解释这一表现上的差异，尤其是当第 1 点列出的那些隐含的货币价值没有直接反映在管理账户业绩记录上的时候，更是可以解释这一差异。然而基金和管理账户在市场表现上的差异，更有可能是受以下两个原因的影响，而跟相对成本和相关的优势无关。

（1）排斥流动性不足的交易。管理账户平台常常在投资结构中排除一部分流动性较差的交易，而相应的基金并不会排除这些交易。由于在这些投资中会嵌入非流动性溢价，所以它们极有可能像所期待的那样产生净利润，由于这个原因，管理账户将会滞后于相应的基金。但是常常被遗漏的是，排除这些交易创造了管理账户特有的、极其重要的优势，比如它设置了更好的赎回条款，避免了门协议和侧袋账户——如果投资组合中持有流动性不足的资产，这些优点将不复存在。

（2）过渡时期的表现不佳。比起已经运行了一段时间的基金，管理账户往往建立得比较晚。一旦开始设立新的账户，许多经理将会进行新的交易而不是选择已存在的交易（尤其是这些交易已包含了大量浮动盈利的时候）。在过渡时期，如果新建立的管理账户没有包括已存在的基金交易，基金和管理账户投资的市场表现就会大相径庭。已存在的交易会产生净利润这个认识本身存在偏差，所以在过渡时期管理账户的市场表现是落后于基金的。

投资误区

◆ **投资误区 42**：只要足够尽职，FOF 可以产生与管理账户一样的利益。

事实：不管 FOF 表现得多么好，它的安全性也不能跟直接拥有账户的所有权而带来的安全性相媲美，它也不像管理账户那样拥有完全的透明度。大量的实例表明，基金经理能够识别出组织是否具有稳固的审查制度和监控体系，但前提是他们承担了许多意料之外的风险，这些风险在很晚的时候才会显露出来。当经理违背了描述给投资者的风险准则，并且遭受巨额损失的时候，投资者往往只能在损失之后才发现这个问题。除非投资组合有足够的透明度和实时的监控体系，否则没有保护措施可以避免这些意料之外的悲剧后果。

在基金结构中，如果没有完全透明化，即使是完全做到实时监测，也很难发现存在着的欺诈。一个真实的欺诈案例是，替品德高尚的经纪商工作的一个欺诈的经理商跟基金经理密谋，建立私密账户，这个账户是跟公开的基金账户相连接的。投资者（包括许多大规模的 FOF 和机构）、行政管理人员和稽核员（都是主要的服务提供商）只能拥有公开账户的相关权利、收到公开账户的相关数据。同时，隐藏的连接账户也会面临遭受大额损失的风险。一旦欺诈被揭露，隐藏的账户损失将会吃掉公开账户上四分之三的资产。这样的事件是不会在管理账户上发生的，因为投资者拥有账户的直接所有权，别人根本就不会有机会去建立匿名的、连接性的账户。

◆ **投资误区 43**：通过管理账户能找到的对冲基金经理的数量是极其有限的。

事实：从定义上来说，由于只有一部分的对冲基金经理会开设管理账户，所以管理账户经理的数量自然就很少。进而，通过管理账户能够找到的高品质的基金经理（在构建投资组合的时候考虑到了充足的选择和广泛的多样性）也就更少。并且，跟管理账户平台上的经理总人数相比，已经开设管理账户，或者是愿意为合理的投资规模开设管理账户的基金经理人数要多得多。最后，对于高流动性的策略，如期货和外汇交易这些最适合管理账户的策略，基金经理有很大比例都可以通过管理账户获得。

◆ **投资误区44**：只有能力较低的基金经理才会提供管理账户。

事实：虽然的确有相当多优秀的基金经理不开设管理账户，但仍然有很多优秀的经理开设了，并且提供管理账户的基金经理的数量在持续地增长，因为大型机构投资者需要更好的账户管理和账户透明度。投资者为了享受到管理账户的安全性必然选择面对较之对冲基金中更少的基金经理，但还是会有很多高水平的基金经理通过管理账户来构建丰富多元化的投资组合。

◆ **投资误区45**：管理账户投资比理性的对冲基金投资代价更高。

事实：这个认知是基于浅显的比较，并且没有把所有相关的因素都考虑在内。我们对管理账户三种不同的投资方式进行了独立分析，从而来检验这个判断。

（1）直接投资。直接投资管理账户并不需要额外的费用，要知道能选择这条投资途径的投资者也有能力得到基金的收费折扣。

（2）管理账户基金。管理账户基金的收费跟FOF很像。另外，管理账户产生的优势具有货币价值（比如，赎回资产时更为及时的现金偿还，投资资金更为有效的利用）。

（3）管理账户平台。平台确实有额外的收费，这些收费至少会抵消一部分较为隐蔽的现金利润。如果把管理账户所有的货币价值都考虑在内（包括隐性的和显性的），使用平台而产生的额外支出是很少的。

投资见解

对于投资者来说，管理账户跟标准的基金结构相比有许多重要的优点。对于流动性投资，尤其是就管理账户和基金中都存在的投资而言，偏好管理账户的论点似乎让人无法抗拒（假设没有重大的成本偏差）。在流动性投资领域中，比起基金投资，管理账户应该会进一步持续地占领市场份额。即使是现在抗拒开设管理账户的基金经理，他们也会出于经济上的考虑而改变立场，因为他们发现越来越多的竞争对手开设了管理账户，同时他们自身又因为管理上的失误而经历着资产的损失。这种自我强化使得通过管理账户能够找到越来越多的基金经理。但是，管理账户对流动性不足的投资并不适用。我们并不是想说管理账户是对冲基金投资普遍适用的解决方案，而是说管理账户是更为可取的投资结构、更为可行的投资选择，它的市场份额极有可能会稳固地增长。

对第二部分的补充

对冲基金的投资回报如梦幻泡影？

随着这本书进入了审稿阶段，我将引用下面这个惊人的论断。

"如果将投入在对冲基金中的资金全部投入到短期国库券中，投资回报将会是前者的两倍。"

——西蒙·拉克（Simon Lack）

在对冲基金的评论中，不管是在口头的还是书面的，拉克在《对冲基金的泡影》（*The hedge Fund Mirage*，由 John Wiley & Sons 出版，2012）一书中开篇的这个论断或许是最具毁灭性的。但这是真的么？其实，这是对错误问题的正确声明。拉克关注的问题是：投资者在对冲基金中一共赚了多少？然而真正的问题应该是：假设对冲基金指数取得回报，那么个体投资者将会挣多少？[⊖]像拉克说的那样，用赚到的美元金额去衡量对冲基金的表现，从以下两个方面来讲都是有缺陷的。

⊖　我们在这里假设 FOF 指数不受制于各种各样的指数性偏差（这个指数性偏差直接受经理管理回报的影响）。

（1）投资者在投资时机的选择上以及在投资赎回上的要求是极高的。如果用累计的已赚金额去衡量市场表现，投资者将会因基金经理糟糕的择时而责怪他们。拉克得到他的结论，是因为迄今为止对冲基金变现最差的时期是 2008 年，而同一时期，对冲基金基础资产的管理规模⊖却相对而言达到了峰值。拉克说："在 2008 年，对冲基金行业损失的金额远多于前 10 年中累计赚到的金额。"但这究竟是谁的错呢？恰恰在对冲基金行业表现最糟糕的前一段时间，对冲基金的投资却达到了巅峰，谁应该为这个情况负责呢？如果一位个人投资者一直是投资于能够产生指数型回报的 FOF，在 2008 年的损失会把他前 10 年赚取的回报都抹杀么？当然不是！许多新的投资者选择在对冲基金下跌时投资对冲基金，而基金的回报显然不会受这些新加入的投资者影响。

假设股票的回报不受股票指数回报的影响，而是受股票投资回报的影响，或者我们根本就不用假设。每年金融研究机构达尔巴公司（Dalbar）都会发布报告，将投资回报率与标普 500 指数回报率进行比较。在达尔巴公司 2012 年的报告中显示，截至 2011 年的 20 个年头里，股票投资者获得的复合回报率平均值为 3.49%，而标普 500 回报指数为 7.81%，差异为 4.32%。那我们是否就可以得出结论：这个时期的股票投资回报率比报道的要低（超过 4%）？当然不是！任何个人投资者或是机构投资者都可以在指数型投资中得到指数型回报。实际上投资者们担心他们的收益率还会更差，原因是他们加减仓的择时处理和指数型投资者的处理方法是完全不相关的。

⊖　AUM: assets under management，资产管理规模。——译者注

（2）对冲基金管理的资产规模正在戏剧性地增长，特别是近些年更是增长过度。这可能有利有弊，因为近期的资产管理规模最大的一年是市场表现极其糟糕的 2008 年，所以通过积累的金额来衡量表现的话会产生向下的偏差。

那么跟短期国债相比，为什么对冲基金的投资回报表现这么糟糕呢？用拉克引用的对冲基金指数——HFRX 全球指数作为衡量指标，并且同样以 1998 年作为初始年份，截至 2011 年对冲基金指数平均每年的复合回报率是 5.49%，而短期国库券的复合回报率为 2.69%。这个数据表明对冲基金指数的回报率应该是短期国库券的两倍多，而不是拉克认为的一半还不到。当然，年回报率超过短期国库券的 2.8% 并不是那么让人印象深刻。但是要知道，就在同一时期，标普 500 指数的年复合回报率仅超过短期国库券的 1%，并且波动和回撤更大。

尽管我知道拉克对对冲基金市场的评估是基于错误的假设，从而是错误的，但是我不想让这个评论成为对他写的《对冲基金的泡影》(*The Hedge Fund Mirage*) 的批判。恰恰相反，除了对冲基金市场表现的测量方式（无可否认这是很大的一个例外），拉克在书中阐述的其他许多观点，我都基本认同，包括以下 3 个方面。

（1）对冲基金的收费跟它带给投资者的价值相比实在太高（尽管这是供求法则不可避免的结果）。

（2）对冲基金投资回报早期的历史数据跟当前的投资者无关，因为那些投资回报是在对冲基金产业还比较小的时期取得的。现在既然对冲基金的规模增长得如此大，并且要产生同样的市场效率须面临太多的竞争，以至于无法很好地抓住一些流动性不足的交易机会，对冲基金实在没有多大的可能再次获得早些年那样的投资回报。

（3）尽管机构投资者几乎是始终如一地投资在大规模对冲基金上，但现有的数据表明，小规模对冲基金往往比大规模的表现得更好。

第三部分

投 资 组 合

第 17 章

分散投资：10 只股票够不够

分散投资的益处

只要投资产品之间不存在高度相关性，增加投资组合里投资产品的种类会减少投资组合的波动性以及权益资产的下跌幅度，因为低度或者中度相关的股票不太可能在同一时间下跌。但是，对于高度相关的资产，例如共同基金，分散投资只会使得投资组合得到接近于指数的回报，却并未降低投资组合的波动性。

虽然分散投资的直接好处就是降低风险，但是降低风险却不总是意味着高收益，有时甚至完全无法带来高收益。举个例子：假设增加分散投资能保持预期收益不变并降低 50% 的风险。那么基金经理可以用如下三种方式利用它。

（1）什么都不做。这样投资组合的预期收益不变，风险降低50%。

（2）以杠杆方式增加 100% 投资，这样预期收益翻倍，但风险不变。

（3）以杠杆方式增加 0～100% 投资，这样分散投资的好处就在增加收益和降低风险之间分配，二者在其中的相对比例则视杠杆融资的比例而定。

分散投资：要多分散才合适

在学术界有一种盛行的观点，即分散投资的益处在前 10 只投资产品上最为明显，其后继续分散投资则所增加的收益有限⊖。但是，这个结果之所以成立，是因为分散投资的作用是以多次测试的均值来决定的（例如对每个分散程度的投资组合进行 1 万次测试，然后取其均值），而不是以投资组合在最坏情况下的收益来决定的。

让我来举个例子。假设我们投资一个由 10 只基金的组合（下面简称为"10 投资组合"）进行分散投资。假设在所有的 10 投资组合中，5% 的 10 投资组合会包含一个劣质基金，这种劣质基金的平均亏损达到 50%。那么对于任何一个受到劣质基金影响的 10 投资组合，其亏损率就是 5%（即 50% 除以 10，因为我们假设对每一只投资产品的投资额均等）。现在，如果我们用 1 万个 10 投资组合为研究样本，然后取其收益的平均值作为研究分散投资影响的指标，那么这个大样本的平均亏损率是 0.25%（即测试样本中 95% 的 10 投资组合都不会受到劣质基金的影响，余

⊖　"投资产品"通常指股票，但是在本章里指的是经理人管理的投资组合（manager portfolio），而非股票。

下 5% 的组合会受到它们的影响但是其亏损率如前所述是 5%，5%×5%＝0.25% ⊖）。而如果现在我们增加投资的分散程度，投资于由 30 个基金组合而成的 30 投资组合，则含有劣质基金的 30 投资组合的平均亏损率仍然是 0.25%。这是因为虽然任何一个 30 投资组合中含有劣质基金的概率增加了 3 倍，但是单个劣质基金对 30 投资组合的影响也降到了 1/30，即是 10 投资基金的 1/3。虽然增加投资产品数量并没有降低平均亏损率，可是对于任何单个不幸投资到了劣质基金的倒霉蛋经理来说，一个劣质基金的亏损对于 10 投资组合的影响是对 30 投资组合影响的 3 倍。因此对于任何单个组建母基金（fund of funds）的基金经理来说，把单个母基金发生最大亏损的可能性降到最低，比关心大样本平均投资组合的收益率来得重要。从这点上看，分散投资多于 10 只投资产品是有好处的。

分散投资不足会增加以下两种风险。

（1）随机风险（randomness risk）。所投资的基金数量越少，基金中某一部分基金纯粹因为运气不好而遭到亏损的可能性越大；

（2）异质风险（idiosyncratic risk）。这是投资组合的内生风险，即某一个投资产品发生比预期最坏可能性更大的亏损的风险。

⊖ 更准确地说，如果一个 10 投资组合含有劣质基金的可能性是 5%，那么不受劣质基金影响的组合可能性是 94.9%，因为还有一小部分投资组合可能会含有 2 个以上的劣质基金。但是因为这种含有两只以上劣质基金的可能性非常小（大概是 0.1%，假设任何一个 10 投资组合含劣质基金的可能性为 5%）。所以为了简化假设，我们忽略了这个小概率事件以避免把问题复杂化。

接下来我们逐个看看这两种风险。

随机风险

毫无疑问，如果一个投资组合里的投资产品高度相关，那么这个组合里大多数投资产品同时发生亏损的情况便时有发生。即便我们能选择一些毫无相关性（或者是接近非相关）的投资产品，一个投资组合里大多数投资产品同时发生亏损的情况也并非不可能，这个现象通常被称为"相关性趋近于 1"。在某些波动的市场里，或者是特定市场事件发生的情况下，那些原本看似不相关的投资产品也可能同时发生亏损。而这些情况往往在市场大量抛售的情况下更加恶化，这样一来，正常的市场关系就被扰乱了，导致更多原本不相关的市场同时被波及。

然而，有一个问题备受忽略，那就是，即便当"相关性趋近于 1"不成问题的时候，即我们的投资组合里并未包含高度相关的投资产品的情况下，投资组合仍然发生了亏损——这种亏损纯粹是因为运气不好而导致组合内投资产品发生亏损。而随着投资组合中投资产品数量的增加，这种随机风险将以倍速增加。

图 17-1 和图 17-2 刻画了一个投资组合所含的基金的数量与该投资组合内基金同时发生亏损超过特定标准（2/3 或者 3/4）的可能性之间的关系。在计算亏损可能性的时候，我们采用了以下三个假设。

假设 1：组合内单个基金之间毫不相关。

假设 2：单独来看，每个基金在任何一个月份盈利和亏损的可能性相当。

假设 3 ：单独来看，单个基金发生盈利或者发生亏损的数额相等⊖。

很多投资组合都无法符合假设 1，因为其投资产品之间总会存在一定的相关性。但这不成问题，因为任何相关性都只会影响有限的几只基金并导致它们同时亏损。因此，虽然任意程度的相关性都会凸显投资组合分散性不够的缺陷，但是它的放大作用仅仅在组合内基金数目很少的时候才会明显。事实上，假设 1 是个相当保守的底线假设。

假设 2 和假设 3 隐性地假设了投资组合里的基金平均回报为 0。如果说现实情况里投资组合中大多数基金都应该是正回报的话，这两个假设似乎夸大了投资组合亏损的可能性，并且夸大了分散投资不足的缺陷。虽然这从总体的所有投资月份的角度来看没错，但是要知道我们最关心的其实不是月份的平均收益多大，而是表现最糟糕的月份亏损有多大。这个假设放在那些所有的对冲基金都呈现负回报的最艰难的月份里，假设投资组合里所有基金的回报都偏向于负就显得合理了。因此，在所有对冲基金都倾向于亏损的月份里，假设投资组合里所有基金的平均回报为 0 充其量只能算一个保守的假设罢了：由于这些假设反而低估了由于分散投资不足所带来的亏损的可能性和数额。

从图 17-1 可见，在上述假设下，当我们的投资组合里只含有 6 只基金，出现至少 2/3 的基金亏损的可能性是 34% 以上。同时，如果基金的数目增加到 10～18 只，这个可能性便下降一半，

⊖ 这里指的是单个基金按照假设 2 在某个月份发生盈利和亏损的可能性是相等的，同时如果真的发生了盈利或者亏损，其数额大小相等。比如某个基金在 2 月份可能发生盈利或者亏损（即各占 50% 的机会），而且不论盈利还是亏损，其大小都是 1 万美元。这两个假设将使得单个基金的预期收益为 0。——译者注

但这和学术界所推崇的"10 只产品投资分散原则"所应有的效果相比，还差得远呢。

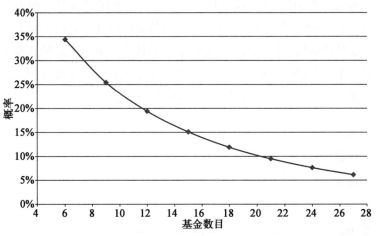

图 17-1　投资组合中 2/3 的基金同时下跌的可能性

再看看图 17-2，当我们的投资组合里只有 8 只基金，那么在一个月有 3/4 的基金同时亏损（这种情况代表了极度亏损的月份）的可能性竟然有 14%。只要投资组合里基金的数量达到 16，这个可能性可以下降到低于三分之一，即达到 4% 以下。当然，这与 10 只产品就能达到有效分散的论断相比，仍相去甚远。

异质风险

单个对冲基金有时候可以遭受巨大亏损，这种亏损看其历史业绩或者策略完全无法预测。分散投资的好处就在于可以减少由于单个基金所遭受的极端亏损所带来的对投资组合的影响。显然，投资组合中投资产品的数量越多，由于某个基金遭受极端亏损而带来的影响就越小。表 17-1 以及图 17-3 阐述了投资组合亏损与组合中基金的数量之间的关系。这里举个例子，假设采用平均加权法（equal weighting）来计算组合回报，当投资组合中单个基金亏损 30% 时，只含有 8 只基金的投资组合的投资回报会因此下降 4%，但是含有 32 只基金的投资组合其回报仅下降 1%。分散投资的最大优势就在于此：它能降低由于单个产品的巨额亏损对整个投资组合回报的影响。但是这个优势只有在投资产品的数量大大超过 10 只的时候才能发挥重要作用。

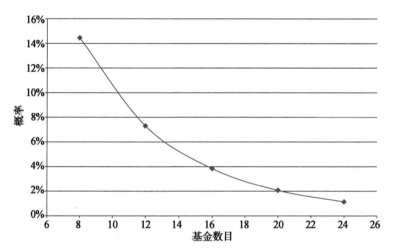

图 17-2   投资组合中 3/4 的基金同时下跌的可能性

表 17-1   异质风险：单个基金亏损的影响与投资组合大小的关系

基金数目	10%	20%	30%	40%	50%
8	1.3%	2.5%	3.8%	5.0%	6.3%
12	0.8%	1.7%	2.5%	3.3%	4.2%
16	0.6%	1.3%	1.9%	2.5%	3.1%
20	0.5%	1.0%	1.5%	2.0%	2.5%
24	0.4%	0.8%	1.3%	1.7%	2.1%
28	0.4%	0.7%	1.1%	1.4%	1.8%
32	0.3%	0.6%	0.9%	1.3%	1.6%

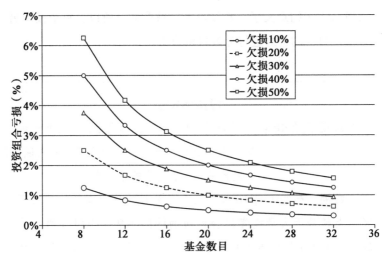

图 17-3　异质风险：单个基金发生损失的影响与投资组合大小

分散策略的有效性讨论

在本章中，我们的分析都是倾向于分散投资并假设由于分散投资而新增的投资产品是合意的。然而，在分散投资要求我们扩大投资产品的数目；但是又并无合意的投资产品可供投资的时候，我们就不能想当然认为分散投资总能带来好处了。在这种情况下，投资者就必须在由分散投资带来的风险下降的好处以及要投资于二线投资产品所带来的劣势之间进行权衡和取舍。

我们把分散策略推到极限时，就可以保证得到一个类似于指数的中庸回报。如果投资者觉得这种回报可以接受，那投资者何不直接投资于指数，或者是投资于以指数为标杆的基金？如果说我们投资的目的就是要获得超过指数的盈利，那么分散投资就不能无限地进行下去。虽然说分散投资有益，但是在某个临界点之后就没有太多的意义了，甚至可能是致命的。所以，每个投资者应该按照自己的喜好进行分散投资决策。

投资错觉

◆ **投资错觉 46**：投资超过 10 只投资产品之后，即便对于如对冲基金这种关联度很小的投资产品来说，新增产品对投资组合的分散作用也有限了。

　　真相：那些得出 10 只产品之后分散的作用有限的学术研究，大都基于大量投资组合回报的**均值**而非某个投资组合的**最差情况**（即尾部概率）而得出结论。然而，大多数投资者和基金经理关心的是他们的单个投资组合的最差情况，而非所有投资组合的均值。对于这些投资者而言，分散投资组合至超过 10 只投资产品能大大降低投资组合的风险。而到底要投资多少只产品作为分散则见仁见智，但是通常而言，投资大约 20 只产品带来的好处远远超过 10 只，前提是新增的投资产品和组合内的产品质量相似，并且投资于不同的基金经理管理的基金，以避免由相同基金经理带来的相关性。

投资见解

　　虽然对于用大量投资组合的回报均值得出的结论是 10 只投资产品能最大化分散投资的好处，但是基于单个投资组合的最差情况而得出的结论是分散投资的产品数量应该远远超过 10。因此，虽然基于大量投资组合回报均值的研究表明，30 投资组合的风险与 10 投资组合的风险相去无几，但是对于单个投资组合来说，把投资产品的数量从 10 增加到 30，其优势是显著的。

对于单个投资组合而言，分散投资超过 10 只投资产品有以下两个最大的好处。

（1）大大减少了在某一个月份里发生巨额亏损的产品超过某个比例的可能性（随机风险）。

（2）大大减少了由于单个产品巨额亏损对整个投资组合回报的影响（异质风险）。

上面这两点优势都能帮助投资者显著降低单个投资组合遇到最糟糕情况的可能性，或者说减少单个投资组合万一遇到最糟糕情况时所亏损的数额。

增加分散投资的最大好处就是提供了一个类似于灾难保险的作用。这个灾难保险的作用在 10～20 只产品的投资策略中表现强势，在投资产品数目增加至 20 只以上也很显著。弄不清单个投资组合的最坏情况和大量投资组合的平均收益对于我们的分析结论会带来灾难性的后果。不过，你想不到吧，美国陆军工程兵部队（Army Corps of Engineers）在设计新奥尔良堤防系统的时候，他们竟然是基于**平均**土壤的强度而不是**最薄弱**地区的土壤强度来设计的。

第 18 章

分散投资：何时该去繁从简

弗莱德是一个母基金（fund of funds）公司的研究员。最近上司给了他一个任务，让他构造一个投资组合，其中必须包含做期货、全球宏观对冲（global macro），以及外币交易的基金经理。在做了一些研究之后，他给他的老板山姆提供了一个如表18-1 所示的投资组合建议。他所建议的 5 个基金经理平均年化收益为 10.57%，平均年化标准差为 15.74%。5 个经理的平均最大亏损为 23.65%。而分散投资使得整个投资组合的数据更为理想：投资组合的年化收益为 11.54%，标准差仅为 8.01%，而且最大亏损也减至 6.56%。

表 18-1 5 个基金经理投资组合数据（2001 年 1 月～2010 年 6 月）

基金经理	平均年复合收益率（%）	年化标准差（%）	最大跌幅（%）	回报/标准差比率	回报/最大跌幅比率
Argonaut	15.17	13.02	12.23	1.17	1.24
Conquest	11.81	17.62	22.64	0.67	0.52

（续）

基金经理	平均年复合收益率（%）	年化标准差（%）	最大跌幅（%）	回报 / 标准差比率	回报 / 最大跌幅比率
QFS 货币	5.71	14.32	18.83	0.40	0.30
Mapleridge (2.5×)	10.28	14.21	29.85	0.72	0.34
Forecast	9.86	19.52	34.60	0.51	0.28
平均	10.57	15.74	23.64	0.69	0.54
投资组合	11.54	8.01	6.56	1.44	1.76

　　山姆看了投资组合建议之后，打电话把弗莱德叫到自己办公室，说："你挑的这些经理的组合挺有意思的，但是我不明白为什么你只挑了 5 个基金经理。我们需要更加分散的投资组合，你把这个名单上的 10 个基金经理都加进去。"说完就递给弗莱德如表 18-2 所示的一张名单。

表 18-2　新增基金经理数据（2001 年 1 月～2010 年 6 月）

基金经理	平均年复合收益率（%）	年化标准差（%）	最大跌幅（%）	回报 / 标准差比率	回报 / 最大跌幅比率
Transtrend	13.47	11.90	15.15	1.13	0.89
FTC	7.27	22.48	33.77	0.32	0.22
Aspect	9.69	17.42	21.52	0.56	0.45
Rabar	7.05	16.30	24.42	0.43	0.29
Millburn 分散型	6.79	15.42	22.79	0.44	0.30
Graham K4	15.19	20.96	29.84	0.72	0.51
Lynx	14.67	13.96	11.96	1.05	1.23
DKR	8.50	9.88	9.78	0.86	0.87
Eagle	11.74	22.34	32.08	0.53	0.37
Sunrise	10.67	16.09	18.95	0.66	0.56
平均	10.50	16.68	22.03	0.67	0.57

　　山姆接着说："巧合的是，这 10 个基金经理的平均回报基本和你那 5 个基金经理的一样（不过是 10.50% 和 10.57% 之差），风险数据也基本相差无几，我这几个人的回报标准差比你那几个

略高（即 16.68% 与 15.74%），但是我的最大亏损比你那几个要小点（即 22.03% 与 23.64%）。这组基金经理貌似和你那组基金经理相差不大，但是加进去之后我们的投资组合里基金经理数量便是原来的三倍，这样我们需要的分散也达到了。你回去算算用这15 个基金经理构建的投资组合数据再来和我报告。"

于是弗莱德就回去算数据去了。但是他惊讶地发现，虽然新增经理的数据和原有的差不多，但是分散投资三倍以后，整个投资组合的风险反而加大了许多。表 18-3 给出了弗莱德分析的结果。整个投资者的平均收益率没有太多变化，只不过是从 11.5% 下滑至 11.3%，但是风险却大大增加了：投资组合的标准差从8.0% 增加到 10.9%，增加了超过三分之一。而最大亏损也翻了接近一倍，从 6.6% 变成了 12.0%。

表 18-3　5 个与 15 个基金经理的投资组合数据比较

	5 个基金经理的投资组合	15 个基金经理的投资组合
平均年复合回报（%）	11.54	11.31
年化标准差（%）	8.01	10.86
最大亏损（%）	6.56	12.04
回报 / 标准差比率	1.44	1.04
回报 / 最大亏损比率	1.76	0.94

这是怎么回事呢？为什么加入了业绩相近的 10 个基金经理之后，整个投资组合的波幅反而增加了那么多，这不是与分散投资的出发点背道而驰吗？答案在于，分散投资是否有效不仅取决于基金经理的数量，也取决于他们之间的相关性，以及他们与整个投资组合的相关性。弗莱德原来构建的投资组合中，5 个基金经理人基本上毫无相关性，因为这些基金经理之间的配对相关性指标（paired correlation）仅仅为 0.07。相反，山姆所建议新增的

10 个基金经理所采用的策略几乎同出一辙，即都采用系统性趋势追寻（systematic trend following），因此他们所管理的基金的回报呈高度相关（相关系数 0.69）。在原有组合里加入这些基金经理只不过像是加入了同一个投资产品，而在这个投资产品上放的头寸很大，因而根本无法降低投资组合的风险。这件事的迷惑性在于，如果一开始山姆就要求加入一个基金经理，并以相当于其他基金经理 10 倍的资金对其进行投资，那么我们一开始就会觉察到这样做只会让投资组合的风险大大增加。而现在的情形只不过是山姆要求加入 10 个高度相关的基金经理，而不是加入 1 个基金经理并以 10 倍于组合内其他基金经理的份额进行投资而已。

虽然弗莱德原来的 5 个基金经理的投资组合也不尽人意，因为他的组合仍然存在着我们前一章所述的随机风险和异质风险，但是仍然比 15 个基金经理的投资组合好得多。这里的机要在于，要想得到有效的分散，新增至投资组合的投资产品必须与现有的投资产品具有很低的相关性，并且它们之间相关性也必须较低才行。

这对于投资者的教育意义在于，对一个由多个基金经理组成的投资组合来说，你不能光从投资组合里有多少个基金经理来判断组合分散的程度。可能有些类型的投资组合不管怎样增加投资产品的数量，它就是不能达到让人满意的分散程度。商品交易顾问基金（commodity trade advisor，CTA）的投资组合就是这样一个例子。CTA 的多数投资都采用系统性趋势追寻策略，因此它们之间呈高度相关关系。于是，即使 CTA 的投资组合里有很大数目的基金经理，其分散性也是很差的。另外一个例子是多空权益对冲基金（long/short equity hedge funds）的投资组合，它们的分散性都非常不足，原因在于多数基金经理所采用的多空对冲策略都与大市高度相关。事实上，对于有些投资策略，例如可转换套利（convertible arbitrage），它们是无法让投资组合达到良好的分散性的，因为基金经理的业绩常常取决于投资环境，而非个人的投资策略方法。

那么投资者如何判断一个投资组合是不是分散不足呢？用一个简单的方法或者说一个简易的数据就可以判断，这个数据就是平均配对相关性：用投资组合里所有基金经理的配对相关性的平均数来判断。举个例子，对一个含20个基金经理的投资组合来说，两两配对一共产生190个可能的配对，因此会得到190个配对相关性。对这些相关性取平均数，便可以此衡量投资组合的分散程度。你问任何一个基金经理都能轻易拿到其投资组合的平均配对相关系数。当然，对于到底这个应该是多少并没有一个简单的标准。但是我建议采用以下的大方向对平均配对相关系数进行判别：如果这个值在0.5以上，则反映了分散不足；如果这个值在0.3到0.5之间，说明分散有点不足；如果这个值低于0.2，则说明了分散良好。但是，有时候一个投资组合的分散性稍微不足也可以接受，只要这个投资组合是你的整个投资策略里的一部分，并且它和你的整个投资组合里的其他产品进行组合能有效地分散风险，那么它自身的分散不足则不足为虑。

投资错觉

◆ **投资错觉 47**：增加投资组合里投资产品的数量会增加分散性并减少风险（假设新增投资产品与原有投资产品的回报和风险相似）。

真相：增加投资产品的数量有时候反而增加了投资组合的风险，原因在于新增投资产品之间高度相关，或者与已有投资产品之间高度相关。

投资见解

有时候增加投资组合里的投资产品数量反而导致分散性不足，而非增加。分散投资不仅仅取决于投资产品的数量，更重要的是取决于投资产品之间的相关性。一个含有少量相关性很低的投资产品的组合，比一个含有大量相关性很高的投资产品的组合，更有效地实现了分散投资。

第 19 章

劫富济贫的罗宾汉投资

多年前我曾在一个证券公司工作。我不仅是公司的研究部门总监，而且还是部门的商品交易顾问（CTA）的量化研判专家。这份工作让我得以很好地思考应该如何构建含多个基金经理的母基金。在一段时间之后，我逐渐意识到这个事实：如果我们认为所有基金经理的未来预期业绩都相同，我们应该每月对总投资进行投资组合重组（rebalance，或译作重平衡），这样能增加回报对风险的比率⊖。重组指的是在每个月开始的时候对投资组合里所有的基金经理投入的资金进行重新分配，让它们所占的比例与预设比例总是相同。

我们假设所有基金经理在未来预期业绩相同，不代表我们最后真的能观察到所有基金经理的业绩都一样。这个假设只不过说

⊖ 如果这些基金经理的风险迥异，则平均资本分配以我们将在第 21 章所讨论的风险调整意义上的平均分配来定义（而非平均数额来定义）更为合理。这样的平均分配也不会改变本章的结论。

明在事前我们无法预计他们的未来业绩会按何种顺序排序而已。
同时，这个假设的隐含假设是他们过去的业绩无法很好地预测他
们未来的业绩，虽然我们确实知道他们过去业绩的排名。

　　我想用一个比喻来说明这个问题。我们假设每个月的业绩
都是一张扑克牌，那么所有基金经理未来业绩相等这个假设可以
看成是这样的：全年可能的未来业绩是一手扑克牌，而每个基金
经理的业绩都是这手牌的随机排列。所有人的业绩都是同一手牌
洗出来的，只不过顺序不同。当我们算平均回报/风险比率的时
候，按每个月进行重组来计算的这个比率就是基于所有台面上的
随机牌来算一个平均数，而不重新调整投资算出来的比率就是
单手牌的平均数（即单个基金经理的业绩）。在第 5 章我们讲过，
减少波幅意味着增加回报。因此前者的回报/风险比率会高于或
等于后者。换句话说，如果在事前我们无法判断哪个基金经理的
业绩会比其他基金经理要好，那么每个月进行投资组合重组会比
对投资组合进行一次性分配所得到的回报高。

　　我们用一个很简单的例子来证明上述结论。假设我们有一个
由 2 个基金经理组成的投资组合，投资业绩评估时期为 2 个月。
A 经理在第一个月的回报是 10%，并在第二个月亏损了 5%。而
基金经理 B 的业绩与 A 正好顺序相反，数值相同。那么每个人
的净资产价值（NAV）为：

　　经理 A 的 NAV＝1000×1.10×0.95＝1045

　　经理 B 的 NAV＝1000×0.95×1.10＝1045

　　每月重组的投资组合＝1000×1.025×1.025＝1050.6

　　每月不重组的投资组合＝（1045＋1045）/2＝1045

　　这个例子里，每个月一个基金经理盈利一半资产的 10%（或者
说盈利总资产的 5%），而另一个经理亏损一半资产的 5%（或者说总

资产的 2.5%），因此每个月投资组合的净盈利为 5%-2.5%＝2.5%。

注意，这个简单的例子里，每月进行投资组合重组比不重组会带来更高的收益。

为了研究在现实里投资组合重组是否有用，我做了下面这个实证实验。我在现有的数据库里选择了 30 组基金经理，每组6 人。对于每一组，我都按下列两种情况来计算在 3 年期间里的NAV。

（1）一开始就把资本平均分配，此后再无重新调整。

（2）每个月进行投资组合重组（即每月初回到平均投资），并增加了 1.25 杠杆因子（因为投资组合重组会减少风险，所以我用增加杠杆来部分抵消这个好处）

我发现增加了杠杆并每月进行重组的投资组合无一例外地比不重组的投资组合业绩要高。更让人惊叹的是，用杠杆加重组的投资组合回报均值通常与组内业绩最高或第二高的基金经理业绩相似，而最大亏损和标准差则与组内该值最小或第二小的基金经理数值相似。换句话说，采用增加杠杆加每月重组的策略，我们的投资组合的收益和风险能够近似于组内收益最佳以及风险最低的基金经理的数据。实际上，杠杆加重组是最优化**未来**业绩的一个方式，并使我们取得与组内**未来**最优秀的基金经理业绩和风险相似的数据。

我对于自己这个发现极为兴奋。接下来我开始尝试说服我们公司的高层接受这个概念，并讲述按照杠杆加重组策略构建母基金的逻辑和益处。但是开了几次会之后，我发现无人理会我的想法。于是我继续把这个杠杆加重组的理念实施在构建一个虚拟的母基金上。我把公司的 5 只基金放在一个组合里。由于这 5 只基金的过去业绩都差强人意，因此不出所料，公司高层对我做的这件事毫无兴趣。但是，事实证明我的方法做出来的投资组合得到了比组合里最好的基金经理业绩仅稍逊一筹的回报，而比组合里其他 4 个基金经理的业绩都好得多。由于事前我们并不知道谁会是业绩最好的基金经理，因此毫无疑问我的方法是高人一筹的。

我想，"这总能说明问题了吧。"于是我做了些花花绿绿的表格来阐述我的投资组合与单个基金经理业绩的比较，并约见了部门经理，因为他的赞同对此事至关重要。在我讲了 15 分钟以后，我靠在椅背上，等着部门头儿赞同我的伟大智慧。

没想到他只说了一句："你的意思是，你打算从挣钱的基金经理那里把钱拿出来，投到亏钱的基金经理那儿喽？"他的语气十分震惊。

"不，你没搞清楚我的重点，"我反驳道，"这里的假设是我们相信基金里所有的基金经理都挣钱，要不然我们为什么一开始把他们都加入自己的投资组合？我们只不过是把挣钱的基金经理在挣钱的期间所得的盈利拿出来，在他亏钱的期间给其他挣钱的基金经理而已。"然而对于这个回答，俗世的逻辑是无法理解的。我的头儿无论如何也无法理解我这个"惊世骇俗"的提议。于是我的想法直接被废了。

新的实验

在写这本书的时候我重新想了想我这个想法，我意识到我原来的分析有问题。我的样本里只含有当时还活跃的基金经理（即幸存下来的基金经理），却没有办法选择那些因业绩不好而卷包袱走人的基金经理。如果我能包括那些挂掉的基金经理，每月投资组合重组很可能就是把赢家的钱重组给了输家，而变得无用甚至致命。简而言之,我之前的分析有幸存者偏差(survivorship bias)。

为了在这个新的设定下重新做我的投资组合重组实验,我从斯塔克公司(Stark&Company,网址 www.starkresearch.com)拿到了完整的包含所有活跃以及停业的基金经理的 CTA 数据库。我从中随机选了 10 个投资组合,每个投资组合包含 10 个基金经理[⊖]。我设置 2005 年 1 月 1 日为起始日,并假设资本平均分配。接下来,我对在整个期间(2005~2010 年)从此不再调整投资分配与每月重组所得到的投资回报进行平均和比较。

我用以下简单的原则来处理那些停业的基金经理。

- 无重组的投资组合:停业基金经理在 CTA 数据库里停止运营时在投资组合里所剩资产在剩余投资期间均假设投入美国国债。

- 有重组的投资组合:停业的 CTA 以国债替代,但是仍然每月与其他投资进行重新平衡调整(即每个基金经理调整至占总资产的 10%)。举例说,假如投资组合里有 3 个基金经理在某个月停业,那么整个投资组合的 30% 此后都会被投入于美国国债。

表 19-1 比较了投资组合的业绩排名与组合内所含 CTA 的业绩排名,比较内容是回报(平均年复合回报)、标准差(风险指标)[⊖],以及回报/风险比率。因为我们一共对 11 项(即 1 个投

⊖ 我使用 Excel 里的随机公式 Randbetween 来产生了 100 个随机数字(因为有 10 个投资组合,每个含 10 个基金经理)。公式的最大值参数为数据库中所有存在以及停业的基金经理的总数。

⊖ 对于那些交易高流动性远期的 CTA 来说,第 4 章所讨论的隐含风险通常不是一个大问题。所以用标准差(即波幅指标)来衡量其风险亦是合理的。

资组合加 10 个单独的 CTA）进行排序，因此中位数排名为 6。
业绩最佳者排名为 1，最差者为 11。对于标准差，标准差越小的
排名越高（即排位数字越小）。结果表明，无论是否进行重组，
两个投资组合相对于单个投资项目而言，其排名在回报、标准差
以及回报 / 风险比例等几项的排名都在中位数以上，充分显示了
分散投资的优越性。同时，无论是否进行投资组合重组，两个投
资组合在投资回报上的排名相同，但是在风险以及回报 / 风险比
例上，进行重组的投资组合排名较高。

表 19-1　投资组合与组合中 CTA 的数据排名

投资组合	回　报		标　准　差		回报 / 风险比率	
	无重组	有重组	无重组	有重组	无重组	有重组
1	5	3	5	5	5	4
2	4	5	2	2	1	1
3	5	5	4	4	3	3
4	3	5	4	3	2	1
5	5	5	5	4	3	2
6	4	5	1	1	1	1
7	4	4	3	3	4	4
8	5	5	4	4	6	6
9	6	4	4	4	4	2
10	5	5	7	6	3	3
均值	4.6	4.6	3.9	3.6	3.2	2.7

表 19-2 比较了无重组与有重组的投资组合在回报 / 风险比率
上的数据，这个是最重要的风险指标。一个回报虽然低但是回报 /
风险比率高的投资组合，在风险相同的情况下是可以靠提高杠杆
获得更高的收益率的。结果表明，在 10 个投资组合里，8 个有重
组的投资组合产生了更高的回报 / 风险比率，另外 2 个也只是

略逊一筹而已。平均而言，重组的投资组合比不重组的组合在回报 / 风险比率上高出 18 个百分点。

表 19-2 投资组合回报 / 风险比较表

投资组合	无重组	有重组	有重组与无重组之比（%）
1	0.49	0.63	1.29
2	1.57	1.64	1.04
3	0.62	0.75	1.20
4	2.03	2.44	1.20
5	0.86	1.01	1.17
6	2.38	2.37	0.99
7	0.41	0.46	1.12
8	0.18	0.29	1.60
9	0.85	0.99	1.16
10	1.28	1.27	0.99
		平均	1.18%

表 19-3 表明，有重组的投资组合在回报、标准差（即风险参数），以及回报 / 风险比率的参数上比无重组的投资组合高的比例。投资组合重组后 80% 的投资组合投资风险更低，回报 / 风险比率更高，但是仅仅在半数时候得到更高的回报。由于大多数时候重组的投资组合都能降低波幅，于是表 19-3 也对加入 10% 这种适度杠杆的情况做出了同样的比较。这个小小的修改使得 80% 的情况下有重组的投资组合的回报以及回报 / 风险比率都高于无重组组合，而且在 70% 情况下风险也小于无重组投资组合。

表 19-3 有重组组合表现优于无重组组合表现的可能性

	有重组投资组合	加入 10% 杠杆的有重组投资组合
回报	50%	80%
标准差	80%	70%
回报 / 风险比率	80%	80%

　　正如表 19-2 和表 19-3 所示，在我们的实验里，完全没有幸存者偏差的问题，但是重组投资组合仍然得到了显著的业绩。这些结果对重组投资组合的假设提供了实证证据，即定期"从赢家身上把钱转到输家身上"这种投资组合重组策略能提高业绩。但是，这个实验结果还没办法证明出因果关系。更有力的证明需要远远大于 10 个投资组合作为样本。这需要大量重复地操作 Excel 表格，大大超过了我耐心所能承受的程度以及我的编程能力，所以我还是算了吧。但是读者却可以在自己的投资组合里重复我这个关于有重组和无重组投资组合的实验，并研究投资组合重组对业绩高低的影响。也许有个别读者在做了这个实验之后发现重组投资组合会导致亏损，但我相信大多数人会发现这个策略有效。注意，你们在比较的时候，应该比较回报 / 风险比率，而不仅仅比较回报。这是因为投资组合重组能降低风险，只要施以合适的杠杆，低风险就可以转化为高回报。

投资组合重组的原理是什么

　　如果一个投资组合里所有的基金经理都具有相同的业绩表现（即大家的表现都一样，只是按月排列顺序不同），那么从数学上我们可以证明投资组合重组是确定有效的。我们在本章的开头用扑克牌的例子并不严格地证明了这一点。因此，如果我们没有强烈的理由认为某个基金经理将在**未来**比其他基金经理要强，投资组合重组就会在数学上证明其优势。

　　市场环境在不同的时期会对不同的投资策略有利。在一个时期盈利的策略在另一个时期可能表现极差。例如，如果市场大多数情况下在箱体内断续波动，那么反趋势策略很可能业绩甚好，而趋势追寻策略则会表现不佳。如果市场环境反转为多个明显趋势，那么趋势追寻策略则会盈利而反趋势策略则会亏损。投资组合重组使得资产在不同的基金经理所代表的不同市场策略中总是平均配置。如果不进行投资组合重组，资产就会集中在过去表现好的策略上。如果市场条件变化，那么那些大头的资产配置就很可能会受到打击。事实上，重组投资组合可以帮助减轻由不可避免的市场条件变化对投资组合回报所带来的负面影响，避免资产过于集中在过去表现好（而马上将转差）的策略上，而忽略了过去表现差（而马上将转好）的策略。

另一个帮助我们理解投资组合重组如何起作用的方面是这个方法强制性地从经历了上行趋势的基金经理身上取走盈利，并投入到刚刚经历了低谷的基金经理身上。因此，当一个基金经理在盈利之后不可避免要经历回调的时候，重组投资组合之后在他身上的投资会远远低于不进行重组的情况。相似的，当一个基金经理在亏损之后要反弹的时候，重组投资组合之后在他身上的投资会远远高于不进行重组的情况。

澄清一点

为了便于表达，在本章我们假设每个月都对投资组合进行资本平均分配的重调。但是投资组合重组并不一定意味着资本平均分配。很多时候，在基金经理之间采用不同的资本分配是合理的。比如，给高风险的基金经理分配更小的投资额是完全合理的。如果我们在每个基金经理身上的投资额不同，那么投资组合重组的意思就是在每个月月初把投资按照既定的目标方案重新分配。比如，如果一个投资组合的经理决定由于基金经理 A 的风险高，于是就给他分配了其他基金经理一半投资额的头寸的话，那么以后每个月的重组就会确保组合内资金维持这个分配比例不变。

投资错觉

◆ **投资错觉 48**：在一个包含多个基金经理的投资组合中，把更多的资本投资在业绩好的基金经理身上同时减少投资在业绩差的基金经理身上，会提高整个投资组合的业绩。

　　真相：在更多的情况下，做与以上相反的投资，即如定期对投资组合进行重组所显示的那样，会得到更好的结果。当然，一个投资组合的经理可以对任何一个基金进行赎回，但这是另一回事了。只要一个基金经理管理的基金仍然包含在投资组合内，对低谷的基金增资并对高峰的基金降低资本分配通常是一个更好的策略。

投资见解

　　理论推导和实证证据都表明每月对投资组合重组会提高多基金投资组合的回报／风险比率。这并不意味着每一个含多个基金的组合都能从投资组合重组中获益（即提高回报／风险比率），但是它意味着在多数情况下投资组合都能从中获利。换句话说，对于任何一个含多个基金的组合，用重组获利的可能性更大。投资组合的基金经理和投资者可以通过比较他们自己的投资组合的盈利与假设采用初始投资比例进行每月重组所能获得的盈利相比较，来测试投资组合重组是否有效[⊖]。

如果投资组合重组果真有效，那么为什么多数人都不用？答案很简单：人性。把资本从盈利的基金经理身上转到亏损的基金经理身上有违人的本能。但是，遵循这些人性之本能往往会导致市场做出错误的决断。在市场中成功的一个要素就是要基于证据而不是直觉做决定。

⊖ 这个测试在中途加入新的基金或赎回已有基金的情况下会变得更为复杂，但是这种情况在持有组合一段时间后总会发生。一个简单的方法是按照投资组合变动后第一个月的投资比例来对后续的组合进行分配。事实上，资本配置的目标比率会在每一次投资组合发生变动的时候随之变化。

第 20 章

波幅大就一定不好吗

人们普遍相信，两个基金如果回报近似，其他方面也相近（例如事件风险，管理和运营的质量等），那么应该投资波幅小的基金。表面上看，假设波幅高会带来负面影响是合理的。虽然这个假设在大多数情况下都是对的，但是它能不能成立依据于一个我们常常忽视的因素。其实有时候高波幅没什么影响，甚至可能对我们有好处。

有一次，我跑到一个偏僻的地方去采访一个基金经理。结束之后，我去拜访当地另一个我认识的基金经理。我们聊着聊着就讲到了我刚刚采访过那个基金。我觉得他肯定很了解那个基金，因为那个小地方就那么几个对冲基金。结果他不仅了解那个基金，而且还和里面一个经理在另一个公司共事了12年。他言谈中表露出对那个基金经理很正面的评价。

于是我问他："那你投资那个基金了吗？"

"没有。"他答道。

"你能告诉我为什么吗?"

"哎,他们的夏普比率才 0.4。"他回答说。

"我知道啊,"我说,"这主要是因为他们的波幅很高。但是他们和其他的基金都是反向相关的,如果是这样,高波幅就不是个问题了。对于反向相关的基金来说,高波幅其实反而是好事。夏普比率这种对波幅不友好的比率,在这里没什么意义。"

他狐疑地看着我。他似乎深信如果一个基金的回报对波幅比率太低,这个基金就不值得投资。类似这样的想法的最大问题在于,任何一个投资机会都不应该单独来看,而应该结合它对整个投资组合的影响来看。如果一个基金的收益和投资组合呈收益正相关,那么对这个基金的单独考量也许就足以决定是否应该把它加入我们的投资组合。但是如果一个基金的收益和我们投资组合收益呈负相关,即使单独看它的收益不甚理想,但是把它加入我们的投资组合里能提高组合的回报 / 风险比率。同时,把一个反向相关的高波幅基金加入我们的投资组合中,反而能降低整个投资组合的波幅。这是为什么呢? 因为如果一个基金和投资组合里其他产品呈负相关,在其他产品亏损的时候,它就会盈利。如果它波幅越高,盈利的幅度越大,对投资组合的正向影响也越大。

下面我用一个简单的例子来阐述我这个观点。就用我刚刚访谈过的那个基金作例子:这个基金的策略是偏好卖空,但是它能得到正回报。我们把它加入一个与标普 500 指数相同的投资组合中去。为了计量波幅的影响,我们弄了个虚拟的基金,这个基金的收益具有以下特征。

- 每月平均回报和前述偏好卖空基金的回报相同。
- 月回报的特征与偏好卖空基金的特征相同(即最好的月份和第二好的月份都是同一个月)。
- 波幅比前述基金要大一倍(波幅用标准差来衡量)。

我们用下面这两步来创建上述的回报数据。

（1）把原来前述基金的回报乘以 2。

（2）用第 1 步得到的数据减去前述基金的平均月回报。

新产生的数据就会和原来的偏好卖空基金有相同的平均月回报、相同的回报特征，以及 2 倍的波幅。

我们又按照同样的原理虚拟了另外一个基金，这个基金和原来的偏好卖空基金有相同的平均月回报、相同的回报特征，但是只有一半波幅。在表 20-1 里面，我们比较了原来的基金和我们虚拟的高波幅与低波幅基金的表现。由表可见，这三组数据的平均回报相同，但是波幅不同。最高波幅和最低波幅之间的波幅比例是 4：1。虽然它们的月平均回报相同，它们的年复合回报却不同，因为高波幅降低了回报（可参见第 5 章）。低波幅基金的回报 / 风险比率是高波幅基金的 8 倍（即 0.95：0.12），说明前者的表现远远好于后者。这个结论对单个基金的评估是公道的，但是大家看看如果我们把它加到标普 500 这个投资组合里，结果又会怎样。

表 20-1 波幅对单个基金的回报 / 风险比率之影响

	原来的基金	高波幅副本	低波幅副本
平均月回报	0.47%	0.47%	0.47%
年复合回报	5.11%	2.93%	5.66%
年化标准差	11.90%	23.81%	5.95%
年化回报 / 标准差比率	0.43	0.12	0.95

我们以 80% 的资金投入标普 500 指数，20% 的资金投入原来的偏好卖空基金、其高波幅副本或者其低波幅副本三者之一。在表 20-2 里报告了这三种选择所创造的投资组合的表现。（注意投资组合的表现比原来的偏好卖空基金要差，这是因为我们用于计算的期间是偏好卖空基金有数据的期间，即 2000 年 1 月

到 2012 年 1 月。在此期间，标普 500 的年复合回报只有可怜的 0.7%。）单独来看，高波幅副本的表现远远不如低波幅副本。但是当它和标普 500 组合之后，组合回报略高于低波幅副本和标普 500 组合的组合回报，组合波幅略低于后者。高波幅在对单个投资产品评估时产生了巨大的负面影响，但到了组合层面这个负面影响已经消失不见。这个例子表明，只要投资产品收益和投资组合收益之间呈反向相关，高波幅不是坏事，反而是好事。

表 20-2　在投资产品收益与投资组合收益呈负相关时，波幅的负面影响可能消失

	80% 标普 500 +20% 原来的基金	80% 标普 500 +20% 高波幅副本	80% 标普 500 +20% 低波幅副本
年复合回报	2.11%	2.18%	2.05%
年化标准差	12.02%	11.45%	12.47%
年化回报 / 标准差 比率	0.18	0.19	0.16

不过说句题外话，读者可能会质疑我们这个例子的可行性：为什么有人会愿意投资一个平均回报只有 2% 但是波幅却高达 12% 的投资组合？答案是：过去回报不代表未来回报。我们投资组合里 80% 的头寸是标普 500 指数。标普 500 在我们计算的时期内表现欠佳，只有不到 1% 的年回报。因此，投资者完全有理由预期标普 500 在未来的表现会飙升。实际上我们在第 5 章已经分析过了，标普 500 指数在一段长时期的低迷之后，未来业绩很可能高于历史均值。

投资错觉

◆ **投资错觉 49**：两个基金如果回报近似（其他方面也相近），那么波幅小的基金总是更优的。

> **真相**：虽然低波幅一般而言是更好的，但是如果这个基金与你的投资组合回报呈负相关，那么这个论断就无效了。在这个情况下，如我们前文的例子所示，高波幅很可能有利于组合回报。（高波幅基金和其他与其负相关的资产组合，高波幅到底是有益、有害，还是中性的，则要看与其组合的其他资产的回报性质。）
>
> ◆ **投资错觉 50**：与其他相似基金相比，一个基金的回报 / 风险比率如果高的话，就应该投资于这个基金。
>
> **真相**：如果这个基金与你的投资组合回报呈负相关，其回报 / 风险比率只对评估单个基金有用。是否应该投资这个基金，还要看它加入投资组合之后，整个组合的回报 / 风险比率会如何改变。

投资见解

对投资组合的考量颠覆了我们对单个基金的评估系统。当我们考虑是否将一个基金加入投资组合中去的时候，我们要考虑以下两个方面。

（1）对单个基金的业绩的量化考评。

（2）单个基金与投资组合回报的相关性。

有时候，一个单独来看差强人意的基金会因为其与组合之间呈负相关而成为加入投资组合的优良选择。我们需要领会的精神是：若投资于投资组合，就要用投资组合的思路去思考问题。

第 21 章

投资组合的构建原则

投资组合最优化问题

如果有投资组合最优化软件，构建投资组合貌似很简单。我们只需要把投资组合里所含有的投资产品的回报输入，软件就会自动输出最优的资本配置。这些软件还会画出有效边界曲线（efficient frontier curve）。有效边界曲线会刻画出在既定波幅下回报最大的最优投资组合（或说资本配置组合）。（图 21-1 画出了两条有效边界曲线，一条只有股票和债券，另一条还加入了其他的产品。）当你确定下来目标年化波幅是 8%，有效边界曲线上对应波幅 8% 的那一点就是在该波幅下能提供最大回报的资产组合。就是说，只要投资者选择了一系列的投资产品，并且确定了投资组合的期望波幅，这些软件便能在数学上给你推算出每一个资产的最优资本配置比例，根本不需要下太多的功夫，也不需要做什么决定。

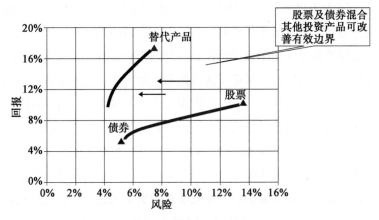

图 21-1　投资组合优化

资料来源：EDHEC-Risk Institute. Reproduced with kind permission.

虽然投资组合优化理论给投资者提供了便捷而且貌似科学的方法进行投资组合资产配置，它其实是基于下面两个存在致命问题的假设。

假设 1：过去的回报、波幅以及相关性代表了未来的回报、波幅以及相关性

一个最大的问题就是通常基金的历史记录都太短，它们无法反映基金在所有不同市场状况下的表现。而投资组合最优化分析局限于这些短期的历史业绩，又使得这个问题更加严重。只要一个投资组合里有一些基金的历史数据不够长，那么要么我们就只能对整个投资组合在一个很短的时期内进行分析，这样的分析可以囊括组合内所有（或者接近所有）的基金，要么我们就只能对投资组合里的一部分投资产品进行分析，这样的分析刨除了那些历史业绩不够长的基金（也就是只包括历史数据涵盖时期超过一定长度的基金）。

　　因为历史业绩数据的局限性，投资组合优化的结论很可能就更适用于最近的市场周期。实际上，所谓的最优资产配置只不过是那些在近几年中会产出优良业绩的投资组合。一旦市场情况发生变化，那些在近期业绩优秀的投资很可能会变成未来业绩糟糕的投资。在这种情况下，投资组合优化不仅无用，而且可能还会比随机选股构建的投资组合表现更差。例如，在2000年之初，采用多仓偏好（long biased）策略的基金，尤其是那些专注于科技方面的基金，其业绩在过去几年如日中天。于是投资组合优化软件肯定会对这些基金给予更大比例的资本配置。但是这时候正是这些基金快要倒霉的时候。同样，如果我们在2008年采用投资组合优化理论指导资本配置，那么我们肯定会大笔投入在那些随后在金融危机中倒大霉的基金，包括那些买入大量有信贷风险，或买入流动性很差的股票，或投资于新兴市场的基金等。

　　数据的局限性也会削弱相关性的指标的有效性。在很多情况下，资产之间的相关性随着情况不同会产生很大的变化，而用短时期数据计算出来的相关性只能反映这种变化的一小部分。同时，用短时期的数据来计算相关性有可能让原本不相关的资产因为随机因素而表现为相关（比如这些资产在同一两个月中，由于完全不同的原因，都产生了巨大的收益或亏损）。

　　即便我们有涵盖更长时期的数据，历史业绩是否能代表未来业绩也存疑。举例说，在2012年，美国国债已经有30年屹立不倒的业绩了。这个历史表现使得它成为众多优化投资组合的重要投资对象。但是讽刺的是，正是因为国债在过去那么长的时期内表现优秀，使得它已经没有继续表现优秀的潜力了。因为利率再往下降的可能性已经非常小，也就是说债券价格上升的空间有限。详情请参见第6章，我们详细地讨论过这个问题。

我们必须始终问一个问题，那就是，导致过去产生回报的因素在未来是否能持续？如果不能持续，那么投资组合优化所产生的结果则是无意义的，甚至会误导我们的决策。

假设 2：波幅是反映风险的最好指标

这是投资组合优化理论的内生假设，但是却是一个不牢靠的假设，因为很多重大的风险根本没有反映在历史数据里。而且有时候那些不能反映系统风险的大额回报也会提高波幅。这一点可以参见第 4 章，里面我们详细讨论了波幅和风险的区别。以波幅作为风险的计量对于一些流动性强的策略来说是合适的，例如那些对远期和外币交易的策略，因为大多情况下不必考虑事件风险。但是对于很多对冲基金策略来说，事件风险是一个重要因素。

可以说，投资组合优化理论对一个错误的问题提供了数学上精确的答案。它回答了这么一个问题：在假设资产未来与过去的回报、波幅和相关性一样的情况下，我们应该如何分配投资。但是我们真正想要问的问题却是：在我们能力的范围内最大限度对资产未来的收益、风险以及资产同时可能发生的亏损进行估计的情况下，我们应该如何配置投资。这两个问题大为不同。因为过去回报无法反映未来回报，过去风险无法代表重大的已知风险，以及过去相关性不能用于精确估计未来资产同时发生亏损的可能性，是家常便饭。投资组合优化理论仅仅在理论的世界里提供了完美的回答。可惜的是，我们是在现实世界进行投资的，理想和现实往往无法相同。因此，手工进行组合优化，并且对一些重要因素包括那些在历史数据里无法反映的因素进行考虑，胜过以投资组合优化模型简单地计算出貌似精确的配置。对一个正确的问题提供大致的答案，总好过对一个错误的问题提供精确的答案吧。

投资组合构建的八个原则

我们在前面的章节里可能已经讨论过这八个原则里面的一些原则了。对这种情况，我在这里只是简要地总结一下相关的概念和理念，并且指出具体的章节以供参考。

原则 1：关注回报 / 风险比率，而非回报（第 8 章）

投资者常常更关注回报，而对会直接影响回报的风险敞口不予考虑。那些投入双倍头寸的基金经理确实能赚取双倍回报，但是他们的风险也翻倍了。傻瓜才把这种双倍回报看成优良业绩，而关注回报 / 风险比率则可以避免这种谬误。如果一个回报 / 风险比率高的基金经理，他平均回报比别人低怎么办？这种情况下，可以用提高杠杆来增加回报。这样做，与那些回报 / 风险比率低，但是回报均值还行的基金经理相比，我们的风险能保持在比他们更低的水平。在其他条件基本相等，而且能保证投资组合保持分散的情况下，我们应该总是投资于回报 / 风险比率高的基金经理。

原则 2：关注风险，而非波幅（第 4 章）

波幅只能反映一类风险。从投资者角度看，风险应该反映未来亏损的大小和可能性，而有时波幅甚至无法反映这样的风险。很多重大风险在历史数据中无法完全反映。波幅只在一种情况下可以算作基本合适的风险指标，那就是在衡量流动性很高的策略时（例如远期或者是外币交易），即便在这些策略里，也不是所有情况下波幅都能很好地计量风险。

原则 3：搞清楚基金经理的历史业绩是由能力还是牛市造就（第 6 章）

基金经理常常在良好的市场环境中增加市场敞口来创造良好的业绩。如果你看到他们过去投资纪录中有不同程度的市场敞口，那么在牛市中盈利也可以称作一种能力的表现。但是，如果这个基金经理的投资记录显示他总是有大量的市场敞口，而他的历史记录时期正好又是市场向好的时期，那么这些历史业绩反映的不过是牛市，而非基金经理的能力。

原则 4：分散投资组合，分散的数目大于 10（第 17 章）

虽然，从平均来看，分散投资的数目大于 10 之后所得到的益处有限。但是这个论断忽略了一个事实，那就是分散投资的主要目的是降低最坏情况下的亏损（用行话来说，即"尾部风险"）。因此，远远超过 10 只投资产品的分散投资仍然有明显优势，只要新增投资的质量与之前投资相似，并且它们的回报与原来组合中的投资产品的回报不呈现高度相关。

原则 5：选择从下至上（即以基金经理为基础），而不是从上至下（即以基金类型为基础）的资本配置

很多母基金的经理都采取一种由上至下的策略，即事先确定在每一种基金类型（例如多 / 空股票策略、事件驱动策略、全球宏观策略等）上的资本配置，然后才在每一类里面选择自己喜欢的基金经理。这种由上至下的策略在逻辑上前后不符，主

要理由如下。

- 策略类型标签没有绝对的定义。不同对冲基金数据库定义策略类型的数目都不一样。
- 有些对冲基金可以同时贴上几个策略类型标签。
- 有些对冲基金用哪个策略类型标签都不合适。
- 同一策略类型下的基金可能风马牛不相及。
- 不同策略类型下的基金又可能高度相关。

策略类型标签之间的自相矛盾很可能误导了我们对不同基金的差异化分析。如果我们的目标是选择高度分散的基金经理，那么更合理的做法是看基金经理之间的相关性和贝塔（Beta）等数据，并关注对他们采用的策略的定性分析，而非仅凭那些主观的和自相矛盾的策略类型标签来判断。

原则 6：基金经理之间的相关性至关重要。以降低基金经理之间的两两相关，以及他们之间同时发生亏损的可能性为目标

选一个基金经理加入我们的投资组合，与选一个单个的基金经理的评判标准有所不同。新增一个基金经理对我们投资组合的影响要看这个经理本身的业绩，以及他和组合中其他基金经理的相关性。相比起那些回报／风险比率更高的基金经理来说，一个条件上基本相似的与投资组合低度相关甚至是负相关的基金经理更值得我们考虑。另一方面，一个与投资组合负相关的基金经理，哪怕他的波幅很高，加入组合之后反而会降低投资者的波幅，而不是增加其波幅。

总而言之，一个母基金的基金经理和投资于多个基金经理的投资者需要以降低基金经理之间的平均配对相关系数为目标。配

对相关（或两两相关）指的是投资组合中任意两个投资产品之间的相关系数。一个投资组合中如果有 N 个投资产品，那么就存在着 $N \times (N–1)/2$ 对组合。例如，如果一个母基金投资组合中有 20 个基金经理，那么这里一共有（20×19）$/2 = 190$ 对基金经理组合。在下一节里将会讨论到的相关性矩阵可以方便我们对投资组合里所有可能出现的每个配对的相关系数一览无遗。

　　另一个有效的方法是直接看投资组合里投资产品同时发生亏损的情况。在本章"在相关性之外"小节中，我们会讨论一个有效的工具，用以侦测投资组合里投资产品同时发生亏损的规律。一个母基金的基金经理应该最小化投资组合里可能同时发生亏损的投资产品的数目。

原则 7：降低投资组合风险，在资本配置过程中考虑风险调整后的配置，而非资本均分

　　假设我们投资组合里的基金经理的质量基本相同，而且每一个相对于其他基金经理而言分散的程度也接近。那么这时候我们应该如何在他们之间配置投资资本？表面上看，资本均分似乎是合理的，因为他们特性相似。然而，资本均分即便在所有基金经理看似相似的时候使用也是愚蠢的。我们下面要讲述的这个虚构的故事就道出了资本均分的谬误。在这个故事里，一个基金的两个基金经理共同管理基金，但却对基金应该如何交易持不同意见。

　　卡洛和安德鲁是共同管理一个基金的两个基金经理，这个基金的策略是系统性期货交易（systematic futures trading）。他俩对自己研发的交易系统甚为满意，但是他们之间有个分歧。他们现在的交易系统使用了一个 14% 的保证金净值比率（margin-toequity ratio），这相比于大多数商品交易顾问基金（CTA）来说也不过是中等风险敞口的程度。卡洛非常保守，她希望把权益的跌幅（equity drawdowns）控制在很低的水平。但是安德鲁则认为他们过于谨慎，应该增加风险敞口。

有一天卡洛说："相比起回报，投资者更关注权益的跌幅。坦白说，我也一样。所以我觉得我们应该把风险敞口砍掉一半，把保证金净值比率降低至 7%。"

"你疯啦？"安德鲁反击道，"我们已经在一个很低的风险敞口下交易了。到目前为止我们最大的跌幅也才 10%。我觉得我们应该把保证金净值比率加倍才对，这样我们的回报就会翻倍，而投资者对 20% 的跌幅也能接受。"

卡洛气得差点没背过气去，她对这个说法很无语。"谁告诉你我们未来的最大跌幅会和我们过去的最大跌幅一样？如果未来跌幅翻倍了呢？按照你的建议，我们的最大跌幅就会达到 40%，那我们就完蛋了！"

最后他们决定按兵不动，但是他们谁都不服对方。接下来的每个星期他们之间都会上演一出类似的辩论，但是他们谁都无法说服对方。于是他们决定把管理的资产对半分，但是双方仍然可以使用他们共同开发的投资系统。

卡洛和安德鲁现在开始运营各自的基金了。他们用的系统一样，不同之处只是卡洛的保证金净值比率是 7%，而安德鲁是 28%。

现在大家来想象一下，你要做个决定把卡洛或者安德鲁管理的基金加入自己的投资组合中去。这两个基金在其他方面都相同，不同的只是他们的保证金净值比率。表面上看，均分资本没什么问题，反正这两只基金基本相似。但是，如果你选了安德鲁基金加入自己的投资组合，均分资本分配会导致一个类似于以 4 倍投资额投资于卡洛基金的效果。以任何逻辑来看，对安德鲁基金的投资额分配都应该是卡洛基金的投资额的四分之一，这样才能把风险和回报拉平。

一个基金的风险水平取决于基金经理的风险偏好，但投资者无须承担与其相同的风险。如果不同投资产品的风险水平不同，投资者可以调整资本配置来调整组合风险。如果投资者有意投资的两个基金大致相似，只是其中一个的风险水平是另一个的两倍，那么前者应该得到相当于后者一半的资本配置。这里的重点是，我们初始的配置应该基于风险均等，而非资产均等。当然，还有其他的因素也会影响我们的资本配置，这些因素包括对投资产品的定性和量化分析、投资产品之间的相关程度，等等。但是当其他条件都一样的时候，对风险高的投资产品应该配置更少的资本。

以资产均分进行资本配置的基金通常波幅都更大，因为其中高风险的头寸对组合造成了不成比例的影响。相反，基于风险均分进行资本配置能降低投资者的波幅，因为对高风险的资产投入比例更低。

原则 8：以负收益的月份里多数投资产品都有正回报为目标

如果你投资于一个母基金是为了分散已有的投资组合，而不是投资于单个母基金，那么你应该寻找那些能在大多数熊市月份里都有正盈利的基金经理。为了更好地找到这样的基金经理，你应该在他们的历史业绩数据里找出市场下调的月份，然后看看谁在这些月份中仍有净盈利。

相关系数矩阵

当我们比较不同的投资组合的时候，我们应该全面研究整个投资组合里投资产品之间的相关性，而不是它们之间两两的相关系数。相关系数矩阵（correlation matrix）把一组投资产品（或者其他数据）之间所有配对相关系数总结到一个表里。图 21-2 画了一个相关系数矩阵作为例子。

基金名称	A	B	C	D	E	F	G	H	I	J
基金A		−0.06	0.17	0.00	0.17	0.30	0.00	0.06	0.19	0.43
基金B	−0.06		0.17	0.00	−0.14	0.15	0.07	−0.14	−0.17	0.17
基金C	0.17	0.17		0.00	0.09	−0.07	0.00	0.13	0.45	0.21
基金D	0.00	0.00	0.00		0.12	0.00	0.30	−0.09	0.87	0.03
基金E	0.17	−0.14	0.09	0.12		−0.04	0.37	0.21	−0.21	0.32
基金F	0.30	0.15	−0.07	0.00	−0.04		0.84	0.03	0.12	0.47
基金G	0.00	0.07	0.00	0.30	0.37	0.84		0.87	0.55	0.17
基金H	0.06	−0.14	0.13	−0.09	0.21	0.03	0.87		−0.07	0.22
基金I	0.19	−0.17	0.45	0.87	−0.21	0.12	0.55	−0.07		0.38
基金J	0.43	0.17	0.21	0.03	0.32	0.47	0.17	0.22	0.38	

图 21-2 相关系数矩阵

请注意在图 21-2 的表中，横向和纵向的标签是一样的。当你想看任何一对投资产品之间相关性系数的时候，你只要找到这两个投资产品相交的那一格。举个例子，比如你想看 C 基金和 E 基金之间的相关性系数，你只需要看标示着 C 基金那一行与标示着 E 基金那一列相交的那个格子即可，又或者，你可以看标示着 E 基金那一行和标示着 C 基金那一列相交的格子，二者的结果是一样的，都显示 C 和 E 的相关系数为 0.09。其实对角线上面的矩阵和对角线下面的矩阵是相同的。因此，相关系数矩阵往往只显示对角线以下的数字。对角线上的数字都是 1，因为这些格子是每个基金的行与自己的列相交之处。这一点无关紧要，因此有时候相关系数矩阵的对角线会留为空白。对于在某一个临界值以上的相关系数应该引起我们的注意。正如图21-2 中，所有在 0.7 以上的相关系数都以阴影表示。相关系数矩阵里表示的所有投资组合里投资产品的配对相关系数取平均值，就是对投资组合的分散程度的一个总结。平均相关性指数越低越好。

在相关性之外

虽然相关性是判断投资产品是否会同时发生亏损的有效工具（理由详见第 9 章），但是两个高度或中度相关的基金不见得会同时发生亏损，而两个低度相关的基金也不见得不会同时发生亏损。要解决组合中投资产品是否会同时发生亏损的问题，研究一个基金在其他基金发生亏损时候的表现比单纯研究其与其他基金之间的相关性更为重要。

同步负回报（coincident negative return，CNR）矩阵就是一个简易的工具，供我们判断当一个组合中的某些投资产品亏损的时候，另一些投资产品也同时亏损的可能性。CNR 矩阵看上去和相关系数矩阵非常相似，但是二者在以下两个方面存在着重要差异。

（1）每个格子里所表示的数据并非相关性系数，而是当某一列的投资产品发生亏损的时候，某一行所代表的投资产品也发生亏损的可能性。例如，E 基金行和 C 基金列相交的格子里的数据表示，当 C 基金发生亏损的时候，有多大机会 E 基金也发生亏损。如果 C 基金在所有月份里发生亏损的可能性是 20%，而这些月份里的 E 基金在 60% 的情况下也同时发生了亏损，那么 C-E 相交的格子里的数据就是 60%。虽然这个例子里我们用每月数据来计算 CNR，但是任何时间长度的数据都可以用于计算 CNR 矩阵。如果可能的话，以每日数据（每周数据都不够准确）来计算 CNR 矩阵能得到在统计上最为有意义的结果，并对分析在投资组合中哪些产品最容易发生同步损失提供了有利的指导。

（2）与相关系数矩阵不同，CNR 矩阵是非对称的，即对角线以上部分与对角线以下部分不同。原因在于，在列基金亏损的时候行基金也亏损的可能性，与行基金亏损时候列基金也同时亏损的可能性是不同的。

我们还需要一个变量才能计算 CNR 矩阵，那就是亏损临界值（T），这个值用以确定亏损期间（如果你用月份数据，那就是月）。T 的缺省值是 0，这样任何亏损的月份都定义为亏损月。但是，你可以用更高的临界值，这样的话更合理，因为我们想关注的是两只基金同时发生大额损失的情况，而不是同时发生小额损失的情况。举个例子，我们可能不在乎在 C 基金发生小额损失的时候 E 基金也下跌的情况。所以，如果我们把 T 设为 0.5，那么 CNR 矩阵就会告诉你当行基金经理亏损 0.5% 的时候，列基金经理也亏损 0.5% 的概率。

请注意：CNR 是我的发明，它在任何软件中都不存在。但是，盖特 39 媒体所开发的"施瓦格分析模块"在未来打算使用 CNR。施瓦格分析模块是"清晰投资组合观察系统"里的一个模块，这个功能预计在 2013 年第二季度发布。对此有兴趣的读者可以从以下网址得到更详细的信息：www.gate39media.com/schwager-analytics。在此声明，本人与该产品有利益关系。

投资错觉

◆ **投资错觉 51**：投资组合优化是在既定波幅下取得最优回报的方式。

　　真相：投资组合优化理论的隐含假设是过去的回报、波幅以及相关性能够很好地代表未来的这些特征。这个隐含假设在大多数情况下都不成立，而且在市场反转的情况下，投资组合优化理论很可能导致我们构建出比随机选股更差的投资组合。投资组合优化所导出的精确性是虚假的，因为它的结论建立在错误的前提假设之上。

◆ **投资错觉 52**：由上至下的资产配置方式是一个能确保资产得到分散的有效工具。

　　真相：资产类型标签必然是主观的，它不是一个对基金类型进行甄别的好标准。如果我们的目标是有效地分散投资，那么我们应该把资本投到不同的基金经理上，而不是把某个比例的资金投到贴了某一类标签的基金上，这样做更加有效。由上至下的资产配置方式会导致我们选择高度相关的基金经理，因为不同策略类型下的基金经理可能仍然无法抗拒同一种风险因素。

◆ **投资错觉 53**：如果基金经理之间在其他方面没有大的区别，我们应该选那些回报／风险比率比较高的基金经理。

　　真相：我们用于选择单个投资产品的标准并不适用于为投资组合选择投资产品。一个历史表现不尽人意的投资产品可能比一个表现良好的投资产品对我们的投资组合更为有用，只要这个投资产品与我们投资组合中的其他投资呈负相关。

◆ **投资错觉 54**：如果我们认为投资组合中所有投资产品之间差别不大，我们应该把资金平均分配在各个投资产品上。

　　真相：基于风险均分比基于资本均分的投资组合配置更加实用，它能有效地降低投资组合的风险水平。

◆ **投资错觉 55**：投资组合的相关系数矩阵能综合反映投资组合里哪些产品会同时发生亏损。

　　真相：相关系数矩阵在判断哪些投资产品可能同时发生亏损上能提供一定帮助。但是，因为相关系数的计算基于投资产品的所有月份数据，而非那些亏损月份的数据，因此，相关系数矩阵在指导当一个投资产品发生损失时，另一个产品也发生损失的可能性方面可能不足，甚至产生误导性结论。同步负回报矩阵对于相关系数矩阵是一个有用的补充工具，它能帮助投资者判断投资组合内产品发生同步损失的可能性。

投资见解

　　有效投资组合配置所用的条件有时候会僭越单个投资产品选择的条件。比如说，它可能选择回报／风险比率较低而非较高的基金经理，只要这个基金经理与投资组合内其他产品呈负相关。这里，关键条件在于哪个基金经理能让投资组合呈现最高的预期回报／风险特征，而不是哪个基金经理自己的回报／风险特征最好。

　　投资组合优化理论能给我们提供数学上精确的结论，但是这些结论往往基于错误的前提假设。投资组合优化理论典型的隐含假设是过去的回报、波幅以及相关性能够很好地代表未来的这些指标的预期值。问题是这个假设往往错得离谱，尤其是在对回报的预测上。在市场反转的情况下，投资组合优化理论很可能导致我们构建出比随机选股更差的投资组合。

　　均分资本常常被视作投资组合配置的标配。然而在现实中，因为不同基金经理愿意承担的风险不同，均分资本会导致对风险大的基金经理配置过多资本。一个更合理的中性策略是按照均分风险水平来进行分配，讽刺的是，这样会让一些基金经理得到比另一些基金经理更多的资金配置。

附录一

期权基础知识[⊖]

期权分两种，认购期权（call）和认沽期权（put）。购买认购期权之后，投资者便获得了一个权利（而非义务），可以在从购买之日起到期权到期日（expiration date）之间以预设价格购买期权的标的资产，这个预设的价格称为行权价格（strike price）或执行价格（exercise price）。而认沽期权则为投资者提供了从购买之日起至到期日之间以预设价格卖出期权标的物的权利（而非义务）。注意，买入认沽期权表明对市场看淡，而卖出认沽期权则表明对市场看好。期权的价格称为权利金（premium）。举个例子，IBM 的 4 月 210 认购期权给购买者提供了在期权有效期内以210 美元买入 100 股 IBM 股票的权利。

认购期权的购买者预期市场价格会上行，因此通过期权锁定一个买入价格并由此获利。认购期权购买者的最大损失就是他们

⊖ 本附录由本书作者杰克 D. 施瓦格的《金融怪杰》(纽约：金融机构出版社，1989)一书的附录改编而来。

支付的权利金的数额。这个最大损失（即权利金数额）发生在如
果整个期权的有效期内期权的行权价都比市场价格高的情况下。
举个例子，如果 IBM 在 210 期权到期的时候市价还只是 205 美
元，那么这个期权毫无价值[⊖]。如果在期权到期前它的标的物市
价比行权价高，那么这个期权就有价值，而且会被购买者执行。
当然，如果市价虽然高于执行价，但是二者之差小于权利金的
话，购买者在这笔交易中仍然发生了净损失。认购期权的购买者
要想实现净利润，市价与行权价之差在扣除佣金之后必须大于买
入时支付的权利金。而市价越高，利润越大。

认沽的购买者预期市场价格会下行，因此通过期权锁定一个
卖出价格并由此获利。与认购期权购买者一样，他们的最大损失
就是他们购买期权时候支付的权利金的数额。如果一个认沽期权
被持有至到期日，那么整个交易在行权价超过市价，而且这个差
异（扣除佣金之后）大于权利金的时候，会产生净利润。

认购和认沽期权的购买者有着无限的利润空间和有限的风
险，但是这点对于卖出这些期权的一方则正好相反。期权的卖方
（或称立权者，即 writer）的收益是买方支付的权利金，但是他们
在买方行权的时候必须以行权价与买方进行反向的交易。比如，
在买方对一个认购期权行权的时候，卖方必须对期权的标的物按
行权价进行卖出（因为买入期权的买方要用行权价买入）。

认购期权的卖方的获利点是预期大市会一直横盘或者轻微下
跌，这样出售认购期权所获的权利金便成为最好的投资机会。但

⊖ 就是说，如果行权价是 210 美元，但是市价仅为 205 美元，那购买者就
  没必要行权。他还不如直接在市场上买。但是如果行权价是 210 美元而
  市价是 220 美元，那期权购买者就应该行权，用 210 美元买入 IBM 的
  股票然后在市场上用 220 美元卖掉，这样就挣到了 10 美元。——译者注

是如果投资者觉得大市会大幅下跌，他还不如在市场上卖空，或者买入认沽期权，这样盈利的空间无限。同样，认沽期权的卖方的获利点是期望大市会横盘，或轻微上扬。

有些菜鸟会奇怪，如果是这样为什么大家不都做期权的买方呢（可以是认购或认沽期权，视市场条件而定）？这样的话不就上行的空间无限而风险确定了吗？这种疑惑反映了他们没有考虑到概率。虽然理论上卖方的风险是无限的，但是市价最有可能的走向（即期权交易时市价波动的空间）会给期权的卖方带来净利润。换句话说，期权的买方是以一个大概率的小损失（即支付的权利金）来博取一个小概率的大收益，而期权的卖方则是以一个大概率的小收益来交换小概率的大损失。

期权权利金包含两个部分：内在价值（intrinsic value）和时间价值。认购期权的内在价值是当前时间高于行权价的部分（对认沽期权来说，是现行市价低于行权价的部分）。实际上，内在价值是购买者如果在现行市价下行权所需要支付的那部分权利金。内在价值是期权价格的底线。为什么呢？因为如果权利金比内在价值还小的话，投资者可以马上购买期权并且行权，然后在市场上进行反向操作，这样他们就获得了净利润（假设他们的收益超过交易佣金）。

具有内在价值的期权（即行权价低于市场价的认购期权或者是行权价高于市场价的认沽期权）被称为价内期权（in-the-money）。而没有内在价值的期权则被称为价外期权（out-of-the-money）。行权价与市价接近的期权被称为平价期权（at-the-money）。

价外期权，顾名思义，其内在价值为 0。但是，这样的期权仍然有些许价值，因为还是有一定可能在到期日之前未来市价会超越行权价。而价内期权的定价则比内在价值更高，因为要不然的话大家都会买价内期权而不是期权所代表的资产，毕竟二者在资产市价上涨的时候挣的钱一样多，但是后者在资产价格下跌的时候风险有限。期权定价超过内在价值的部分就是时间价值。

期权的时间价值受到以下三个因素的影响。

（1）行权价和市场价之间的关系。深度价外的期权时间价值很小。这是因为在到期日之前市价都不太可能接近或者超越行权价了。而深度价内的期权时间价值也很小，因为这些期权所提供的头寸和市场能提供的一样。就是说，期权标的物市场价格上涨下跌的时候，期权的价值也随之上涨下跌相同的数额，除非市场发生巨大的反转。换句话说，对于深度价内的期权而言，由于行权价和市场价相差太远，反转的可能性很小，所以期权具有的控制风险的这个特性就不值钱了。

（2）在到期日之前所剩时间。离到期日越远的期权越值钱。这是因为有效期越长，内在价值超过一个既定数字的可能性就越大。

（3）**波幅**。时间价值与在期权到期之前的剩余时间内预计资产波幅直接相关（波幅指的是期权标的物的市价波动幅度）。这是因为波幅越大，在到期日之前内生价值超过一个特定数额的可能性就越大。换句话说，波幅越大，期权标的物市场在到期日之前可能出现的价格区间就越宽。

虽然波幅是期权定价的重要因素，但是值得注意的是，在事前我们无法准确知道从现在开始到期权到期日为止市场波幅到底有多大。（而时间价值则正好相反，我们在任何一个时点都能准确知道当前市价与行权价之差。）因此，我们总是以**历史波幅**数据来估计未来波幅。期权市场价格（及其权利金）里所隐含的波幅很可能比历史波幅高或者低，我们把这个隐含的波幅称为**引伸波幅**（也有译作隐含波动率，implied volatility）。

　　一般而言，期权的引伸波幅要比其后（直至到期日）市场真正实现的**实际波幅**（realized volatility）要高。换句话说，期权定价偏高。这种偏高的定价是必需的，它诱使期权的卖方愿意给买方提供价格保险，并接受无限的风险。这正如保险公司会将保费定得偏高来保证自己从中获利一样，要不然他们才不愿意承担那无限的风险呢。

风险调整后的收益指标

本附录提供了第 8 章中列举的绩效指标的公式。

夏普比率

$$SR = \frac{AR - RF}{SD}$$

式中　SR——夏普比率；

　　　AR——平均收益率，作为期望收益的替代；

　　　RF——无风险利率（如美国国债收益率）；

　　　SD——标准差。

标准差的计算方法如下：

$$SD = \sqrt{\frac{\sum\limits_{I}^{N}(X_i - \overline{X})^2}{N - 1}}$$

式中　$\overline{X}$——均值；

　　　X_i——单个收益；

　　　N——收益样本个数。

假设使用月度数据来计算夏普比率，大多数情况下，夏普比率需要乘以 $\sqrt{12}$ 来转化成年化夏普比率。注意收益是算术平均收益率，不是复合收益率。

索提诺（Sortino）比率

$$SR = \frac{ACR - MAR}{DD}$$

式中　　SR——索提诺比率；

ACR——年度复合收益；

MAR——最低可接受收益（例如，0、无风险利率、平均收益率）；

DD——下行标准差。

其中下行标准差 DD 的定义是：

$$DD = \sqrt{\frac{\sum\limits_{i}^{N}(MIN(X_i - MAR, 0))^2}{N}}$$

式中　　X_i——单个收益；

MAR——最低可接受收益（例如 0、无风险、均值）；

N——样本个数。

例如，如果我们定义最低可接受收益 $MAR = 0$，那么下行标准差 DD 的定义只包含收益率为负数的月份的标准差（其他月份的为 0）。

对称下行夏普比率

$$SDRSR = \frac{ACR - RF}{\sqrt{2} \times DD}$$

式中　　$SDRSR$——对称下行夏普比率；

ACR——年度复合收益；

RF——无风险利率；

DD——下行标准差。

其中下行标准差 DD 的定义是：

$$DD = \sqrt{\frac{\sum\limits_{i}^{N}(MIN(X_i - \overline{X}, 0))^2}{N-1}}$$

式中 X_i——单个收益；

$\overline{X}$——基准收益（如：均值、零、无风险）。

因为 SDR 夏普比率只包含了下行标准差，乘以 $\sqrt{2}$（这是两倍的方差）相当于假定了上行标准差与下行标准差相等（即，对称）。这种对上行标准差的替代使得 SDR 夏普比率与夏普比率可以进行比较。

收益亏损比率（GPR）

$$GPR = \frac{\sum\limits_{i=1}^{N} X_i}{\left|\sum\limits_{i}^{N} MIN(X_i, 0)\right|}$$

式中 X_i——单个收益。

尾部比率

$$TR = \frac{\dfrac{\sum\limits_{p=0}^{p=T} X_p}{N_{p<T}}}{\dfrac{\sum\limits_{p=100-T}^{p=100} X_p}{N_{p>100-T}}}$$

式中 X_p——位于 $p\%$ 处的收益；

T——用于计算尾部比率分子的阈值百分位数（隐含的假设：百分位数越低，则收益越高。例如，前 10% 的收益是所有排序小于 T 的收益，其中 $T=10$）；

$N_{p<T}$——收益低于 T 分位数的个数；

$TN_{p>100-T}$——收益高于 $100-T$ 分位数的个数。

MAR 和卡玛（Calmar）比率

$$MAR = \frac{ACR}{1-MIN\left(\dfrac{NAV_j}{NAV_i}\right)}$$

式中　ACR——年度复合收益（小数形式）；

NAV——净资产值；

$j>i$。

收益回撤比率

$$RRR = \frac{ACR-RF}{AMR}$$

式中　ACR——年度复合收益；

RF——无风险收益；

AMR——平均最大回撤$=MR_i/N$；

N——月份的个数；

MR_i——$\max(MRPNH_i, MRSNL_i)$。

其中 $MRPNH_i$ 是从前面 NAV 的最高点到当前的最大回撤，其定义为：

$$MRPNH_i = (PNH_i - NAV_i)/PNH_i$$

式中　PNH_i——前面 NAV 的最高点（月份 i 之前）；

NAV_i——在月份 i 末的净资产值。

$MRSNL_i$ 是当前到往后最低点的 NAV 的最大回撤，其定义为：

$$MRSNL_i = (NAV_i - SNL_i)/NAV_i$$

其中 SNL_i 是往后最低点的 NAV（i 月份往后）。

关于作者

　　杰克 D. 施瓦格（Jack D. Schwager）是期货和对冲基金行业公认的专家，同时也是多部金融畅销书的作者。目前，他作为 ADM 投资服务公司多元投资策略基金的管理人，管理着一个由期货和外汇构成的投资组合。此外，他还是一家印度量化交易公司 Markettopper 的顾问，指导着该公司的一个重要项目——让公司的交易技术运用于全球期货投资组合交易。

　　此前，施瓦格先生是一家总部位于伦敦的对冲基金咨询公司财富集团的合伙人，在那之前还有 22 年华尔街顶尖公司期货研究部总监的经历以及 10 年 CTA 的生涯。

　　施瓦格先生曾写作了大量关于期货领域以及金融市场中一些伟大交易员的著作。其中最为人所知的可能就是他与过去 20 年最伟大的对冲基金经理访谈的系列畅销书：《金融怪杰》（1989，2012 再版），《新市场奇才》（1992），《股票市场怪杰》（2001），以及《对冲基金奇才》（2012）。施瓦格先生第一部著作《期货市场完全指南》（1984），被认为是这个领域的经典参考书之一，之后他又把这本书拓展成三卷系列著作：《施瓦格说期货》（基本面分析 1995，技术分析 1996，以及托管交易 1996）。此外，他还是《技术分析入门》的作者，这本书是 John Wiley 畅销系列丛书"入门"中的一册。

施瓦格先生还常常出现在一些研讨会的讲台上，他演讲的题目广泛，包括伟大交易员的特质、投资误区、对冲基金投资组合、管理账户、技术分析，以及交易系统评估等。他拥有布鲁克林学院经济学学士学位（1970）和布朗大学经济学硕士学位（1971）。

推荐阅读

  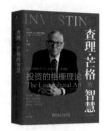

序号	中文书名	定价
1	股市趋势技术分析（原书第11版）	198
2	沃伦·巴菲特：终极金钱心智	79
3	超越巴菲特的伯克希尔：股神企业帝国的过去与未来	119
4	不为人知的金融怪杰	108
5	比尔·米勒投资之道	80
6	巴菲特的嘉年华：伯克希尔股东大会的故事	79
7	巴菲特之道（原书第3版）（典藏版）	79
8	短线交易秘诀（典藏版）	80
9	巴菲特的伯克希尔崛起：从1亿到10亿美金的历程	79
10	巴菲特的投资组合（典藏版）	59
11	短线狙击手：高胜率短线交易秘诀	79
12	格雷厄姆成长股投资策略	69
13	行为投资原则	69
14	趋势跟踪（原书第5版）	159
15	格雷厄姆精选集：演说、文章及纽约金融学院讲义实录	69
16	与天为敌：一部人类风险探索史（典藏版）	89
17	漫步华尔街（原书第13版）	99
18	大钱细思：优秀投资者如何思考和决断	89
19	投资策略实战分析（原书第4版·典藏版）	159
20	巴菲特的第一桶金	79
21	成长股获利之道	89
22	交易心理学2.0：从交易训练到流程设计	99
23	金融交易圣经II：交易心智修炼	49
24	经典技术分析（原书第3版）（下）	89
25	经典技术分析（原书第3版）（上）	89
26	大熊市启示录：百年金融史中的超级恐慌与机会（原书第4版）	80
27	敢于梦想：Tiger21创始人写给创业者的40堂必修课	79
28	行为金融与投资心理学（原书第7版）	79
29	蜡烛图方法：从入门到精通（原书第2版）	60
30	期货狙击手：交易赢家的21周操盘手记	80
31	投资交易心理分析（典藏版）	69
32	有效资产管理	59
33	客户的游艇在哪里：华尔街奇谈（典藏版）	39
34	跨市场交易策略（典藏版）	69
35	对冲基金怪杰（典藏版）	80
36	专业投机原理（典藏版）	99
37	价值投资的秘密：小投资者战胜基金经理的长线方法	49
38	投资思想史（典藏版）	99
39	金融交易圣经：发现你的赚钱天才	69
40	证券混沌操作法：股票、期货及外汇交易的低风险获利指南（典藏版）	59
41	通向成功的交易心理学	79

推荐阅读

序号	中文书名	定价
42	击败庄家：21点的有利策略	59
43	查理·芒格的智慧：投资的格栅理论（原书第2版·纪念版）	79
44	彼得·林奇的成功投资（典藏版）	80
45	彼得·林奇教你理财（典藏版）	79
46	战胜华尔街（典藏版）	80
47	投资的原则	69
48	股票投资的24堂必修课（典藏版）	45
49	蜡烛图精解：股票和期货交易的永恒技术（典藏版）	88
50	在股市大崩溃前抛出的人：巴鲁克自传（典藏版）	69
51	约翰·聂夫的成功投资（典藏版）	69
52	投资者的未来（典藏版）	80
53	沃伦·巴菲特如是说	59
54	笑傲股市（原书第4版·典藏版）	99
55	金钱传奇：科斯托拉尼的投资哲学	69
56	证券投资课	59
57	巴菲特致股东的信：投资者和公司高管教程（原书第4版）	128
58	金融怪杰：华尔街的顶级交易员（典藏版）	80
59	日本蜡烛图技术新解（典藏版）	60
60	市场真相：看不见的手与说缰的马	69
61	积极型资产配置指南：经济周期分析与六阶段投资时钟	69
62	麦克米伦谈期权（原书第2版）	120
63	短线大师：斯坦哈特回忆录	79
64	日本蜡烛图交易技术分析	129
65	赌神数学家：战胜拉斯维加斯和金融市场的财富公式	59
66	华尔街之舞：图解金融市场的周期与趋势	69
67	哈利·布朗的永久投资组合：无惧市场波动的不败投资法	69
68	憨夺型投资者	59
69	高胜算操盘：成功交易员完全教程	69
70	以交易为生（原书第2版）	99
71	证券投资心理学	59
72	技术分析与股市盈利预测：技术分析科学之父沙巴克经典教程	80
73	机械式交易系统：原理、构建与实战	80
74	交易择时技术分析：RSI、波浪理论、斐波纳契预测及复合指标的综合运用（原书第2版）	59
75	交易圣经	89
76	证券投机的艺术	59
77	择时与选股	45
78	技术分析（原书第5版）	100
79	缺口技术分析：让缺口变为股票的盈利	59
80	预期投资：未来投资机会分析与估值方法	79
81	超级强势股：如何投资小盘价值成长股（重译典藏版）	79
82	实证技术分析	75
83	期权投资策略（原书第5版）	169
84	赢得输家的游戏：精英投资者如何击败市场（原书第6版）	45
85	走进我的交易室	55
86	黄金屋：宏观对冲基金顶尖交易者的掘金之道（增订版）	69
87	马丁·惠特曼的价值投资方法：回归基本面	49
88	期权入门与精通：投机获利与风险管理（原书第3版）	89
89	以交易为生II：卖出的艺术（珍藏版）	129
90	逆向投资策略	59
91	向格雷厄姆学思考，向巴菲特学投资	38
92	向最伟大的股票作手学习	36
93	超级金钱（珍藏版）	79
94	股市心理博弈（珍藏版）	78
95	通向财务自由之路（珍藏版）	89